Eeuwige Wijsheid

Deel 1

Eeuwige Wijsheid

Upadeshamritam

Deel 1

Mata Amritanandamayi Center, San Ramon
Californië, Verenigde Staten

Eeuwige Wijsheid, Deel 1
Upadeshamritam
Samengesteld door Swami Jnanamritananda Puri
Uit het Malayalam in het Engels vertaald door Dr. M.N. Nambudiri

Uitgegeven door:
  Mata Amritanandamayi Center
  P.O. Box 613
  San Ramon, CA 94583
  Verenigde Staten

–––––––––––––– *Eternal Wisdom, Volume 1 (Dutch)* ––––––––––––

Eerste uitgave door het MA Center:: mei 2016

In Nederland:
  www.amma.nl
  info@amma.nl

In België:
  www.vriendenvanamma.be

In India:
  www.amritapuri.org
  inform@amritapuri.org

Moeder,

Mogen al mijn daden
een aanbidding van U zijn
met totale overgave.

Moge iedere klank die van mijn lippen komt
een recitatie van Uw grote mantra zijn.

Moge iedere beweging van mijn handen
een mudra ter aanbidding van U zijn.

Moge iedere stap die ik zet
een omgang rondom U zijn.

Moge al mijn eten en drinken
een offergave in Uw heilige vuur zijn.

Moge mijn rust een buiging voor U zijn.

Moeder, moge iedere handeling van mij
en alle hulp een aanbidding van U zijn.

Inhoud

Voorwoord

Zeer zeldzaam zijn de mahatma's (grote zielen) die de gave hebben het hele universum in de Atman (Zelf) te zien en de Atman in het universum. Zelfs wanneer ze herkend worden, zijn ze misschien niet geneigd om met ons te communiceren of ons te raad te geven, omdat ze in de eeuwige stilte van het Zelf verzonken zijn. Daarom zijn wij heel fortuinlijk wanneer een volledig gerealiseerde mahatma bereid is om ons te adviseren en te disciplineren met de tedere liefde van een moeder en het onverklaarbare mededogen van een guru. Over de hele wereld brengen nu de darshan en de honingzoete woorden van Śri Mata Amritanandamayi Devi veranderingen teweeg in het leven van honderdduizenden mensen. Hoewel dit boek onvolledig is, is het een kostbare verzameling gesprekken tussen de Heilige Moeder en Haar leerlingen, toegewijden en geïnteresseerde bezoekers in de periode van juni 1985 tot september 1986.

De wijsheid van de mahatma's die gekomen zijn met de opdracht om de wereld te verheffen, heeft zowel een directe als een eeuwige betekenis. Hoewel zij waarden verduidelijken die eeuwig zijn, zijn zij afgestemd op de vraag van de tijd waarin zij leven, en hun woorden zijn afgestemd op de hartslag van hun luisteraars.

Moeder spreekt Haar onsterfelijke woorden die de samenleving transformeren, in een tijd waarin de mens zijn traditionele waarden, edele gevoelens en gemoedsrust verloren heeft in een dolle poging om de uiterlijke wereld van zintuiglijk genot, macht en prestige te versterken. Het zinloze achternajagen van deze afleidingen, terwijl hij zijn eigen Zelf blijft vergeten, heeft hem de harmonie en de genade in zijn leven ontnomen. Gebrek aan vertrouwen, angst en een gevoel van competitie hebben persoonlijke banden en gezinsrelaties kapotgemaakt. Liefde is niet meer dan een luchtspiegeling in een cultuur van overmatige consumptie.

11

Onbaatzuchtige liefde voor God heeft plaatsgemaakt voor een vorm van devotie, die helemaal door verlangens geleid wordt. De mens hecht overdreven belang aan het intellect dat direct voordeel zoekt, terwijl hij de blijvende glorie die door echte wijsheid beloofd wordt, afwijst. Er stralen geen verheven, spirituele principes en edele ervaringen in het leven van de mensen. Deze worden beperkt tot enkel woorden. Het is op zo'n kritiek ogenblik dat Moeder tot ons spreekt in een taal van smetteloze devotie, een taal van het hart, van wijsheid en van liefde die Haar hele leven vormt. Haar ambrozijnen woorden hebben zowel een onmiddellijke als een eeuwige betekenis.

De wijsheid van Moeder die persoonlijk geluisterd heeft naar de ontelbare problemen die Haar door honderdduizenden mensen zijn toevertrouwd, toont Haar diepe inzicht in de menselijke situatie. Zij herkent hun behoeften en daalt af naar het niveau van de rationalist, de gelovige, de wetenschapper, de gewone man, de huisvrouw, de zakenman, de geleerde en de ongeletterde – man, vrouw of kind – en geeft allen het juiste antwoord, dat aansluit bij hun behoeften.

Moeder wijst op Haar eigen leven en verklaart: "Omdat ik alles als de Waarheid of Brahman zie, buig ik voor die Waarheid. Ik buig voor mij Zelf. Ik dien iedereen en zie hen als het Zelf." Ze accepteert advaita (non-dualiteit) als de uiteindelijke waarheid. Maar de weg die Zij gewoonlijk voorschrijft, is een harmonieus mengsel van mantra-japa, meditatie op een goddelijke vorm, devotioneel zingen, archana, satsang en onbaatzuchtige dienstbaarheid aan de wereld.

Haar advies is niet gewoon theoretisch, maar uiterst praktisch en geworteld in het dagelijkse leven. Haar instructies werpen licht op de noodzaak van spirituele training en sadhana (spirituele oefeningen) in het leven van het individu en in de samenleving, de rol van onbaatzuchtige dienstverlening bij het zoeken naar het Zelf, het belang van oprecht gebed met devotie, en zuivere liefde. Ze bespreekt ook kwesties als de gedragsregels voor hen die een gezinsleven leiden, de problemen van het dagelijks leven, de dharma van de relatie tussen man en vrouw en praktische richtlijnen voor spirituele zoekers, die soms raadsels van filosofische aard aanbieden.

We horen Haar Haar kinderen aansporen om een spiritueel leven te leiden, om luxe op te geven, om slechte gewoontes op te geven en hen die lijden te dienen: "Kinderen, Godsrealisatie is het werkelijke doel van het leven." Spiritualiteit is niet blind geloof. Het is het ideaal dat de duisternis verdrijft. Het is het principe dat ons leert om iedere ongunstige situatie of hindernis met een glimlach tegemoet te treden. Het is onderwijs voor de geest. Moeder wijst erop dat we al het andere onderwijs alleen effectief kunnen gebruiken, als we ons deze kennis eigen maken.

Moeders oneindige wijsheid drukt zich uit als opbeurende woorden voor hen die troost zoeken voor de problemen van het leven, als antwoorden op vragen die gesteld worden door hen die belangstelling hebben voor spiritualiteit, en als instructies die Zij van tijd tot tijd aan Haar leerlingen geeft. Ze geeft ieder antwoord in overeenstemming met de aard en de omstandigheden van de vragensteller. Zelfs wanneer de vragensteller niet in staat is om zijn ideeën volledig uit te drukken, geeft Moeder die de taal van het hart kent, het juiste antwoord. Een antwoord van Moeder, zelfs voordat de twijfel in de geest wordt uitgedrukt, is een algemene ervaring van hen die naar Haar toekomen.

Wanneer Zij een vraag die Haar uitdrukkelijk door één persoon gesteld wordt, beantwoordt, is het Haar gewoonte om vaak ook advies voor een stille luisteraar erbij in te sluiten. Alleen het stille individu zal begrijpen dat dit antwoord voor hem was. Wanneer men Moeders onderricht bestudeert, moet men deze speciale kwaliteiten in het oog houden.

De woorden van een mahatma hebben vele niveaus van betekenis. We moeten die betekenis absorberen die het beste bij ons past. Een bekend verhaal in de Upanishaden vertelt dat toen Heer Brahma het woord 'da' uitte, de demonen het interpreteerden als een advies om mededogen (daya) te tonen, de mensen als een oproep om te geven (dana) en de hemelbewoners als een bevel om beheersing (dama) te beoefenen.

Het is een zoete ervaring om naar Moeder te luisteren en Haar te zien spreken met levendige uitdrukkingen en gebaren. Zij spreekt een taal die eenvoudig is en tegelijkertijd verfraaid met zeer toepasselijke verhalen en analogieën, die genomen zijn uit het leven rondom Haar. De liefde die in Moeders ogen schijnt en Haar stralende, mededogende gezicht blijven levendig in de spiegel van de geest van de luisteraar als onderwerp van meditatie.

Er is tegenwoordig geen gebrek aan spirituele literatuur, maar toch blijft het een triest feit dat de hoogste idealen alleen maar woorden blijven en niet in het leven van de mensen tot uitdrukking komen. Maar Moeder spreekt vanuit Haar dagelijkse leven. Ze geeft nooit advies dat Ze zelf niet in Haar eigen leven in praktijk brengt. Ze herinnert er ons herhaaldelijk aan dat spirituele principes en mantra's niet bedoeld zijn om op onze lippen te blijven, maar ook in ons leven vertaald moeten worden. Diepe spirituele principes komen in een voortdurende stroom uit Moeder, die de geschriften niet bestudeerd heeft en geen instructies van een guru ontvangen heeft, voort. Het geheim hierachter is niets anders dan Haar eigen directe ervaring van het Zelf.

Het leven van de mahatma's vormt de basis van de geschriften. Moeders gezegden zoals: "De hele wereld behoort toe aan iemand die de Werkelijkheid kent," "Vriendelijkheid tegenover de armen is onze plicht tegenover God," "Als je je toevlucht tot God neemt, zal Hij geven wat je nodig hebt, wanneer je het nodig hebt," weerspiegelen Haar eigen leven. In ieder van Haar bewegingen is de dans van mededogen voor de hele wereld en liefde voor God. Deze eenheid van gedachte, woord en daad in Moeders leven vormt de basis van Haar bewering dat Haar kinderen geen enkel ander geschrift hoeven te bestuderen als zij Haar eigen leven zorgvuldig analyseren en bestuderen. Moeder schijnt in de samenleving als een levendige belichaming van Vedanta.

De mahatma's die de wereld door hun aanwezigheid heiligen, zijn tirtha's, heilige pelgrimsoorden, in beweging. Zoals regelmatige pelgrimstochten en aanbidding in een tempel onze geest zuiveren na jarenlange beoefening, zo heiligt een enkele darshan, aanraking of woord van een mahatma ons en legt in ons zaden van verheven samskara.

De woorden van de mahatma's zijn niet enkel klanken. De mahatma's gieten hun genade over ons uit tegelijk met hun woorden. Hun woorden moeten Bewustzijn tot leven brengen, zelfs in iemand die ernaar luistert zonder hun betekenis te begrijpen. Wanneer deze woorden in de vorm van een boek verschijnen, wordt de bestudering ervan de grootste satsang en meditatie. Mahatma's als Moeder, die de Werkelijkheid ervaren hebben, transcenderen tijd en ruimte. Het lezen of horen van Moeders onsterfelijke woorden stelt ons in staat om een onzichtbare innerlijke band met Haar te handhaven en maakt ons geschikt om Haar zegeningen te ontvangen. Dat is het werkelijke belang van de studie van zulke boeken.

We bieden deze verzameling van Moeders onsterfelijke woorden nederig aan aan de lezers. We bidden dat het hen mag inspireren om de prijzenswaardige spirituele idealen, die door Haar hele leven heen schijnen, na te streven en om vooruit te gaan op het pad van de uiteindelijke Waarheid.

De uitgevers

Hoofdstuk 1

Maandag, 3 juni 1985

De dageraad brak aan door het bos van kokospalmen op het ashramterrein. Men kon de zoete tonen van de tamboera[1] in Moeders kamer horen. Sinds Moeder de tamboera kortgeleden van een toegewijde gekregen had, had Zij er iedere morgen lang op gespeeld. Moeder pakte het instrument pas op nadat Zij het eerbiedig aangeraakt had en ervoor gebogen had. Ze boog er weer voor wanneer ze het terugzette.

Voor Moeder is alles een vorm van God. Ze heeft vaak gezegd dat we alle muziekinstrumenten als vormen van Devi Sarasvati moeten zien. Men kan niet precies zeggen wanneer Moeder tijdens de bhajans de belletjes waarop Ze gespeeld heeft, neerlegt, omdat Ze ze met zo'n eerbied en aandacht neerlegt.

De Moeder die nooit rust

Moeder kwam naar de darshanhut iets na negen uur 's morgens. Verscheidene toegewijden zaten daar al op Haar te wachten.

Moeder: "Kinderen, zijn jullie hier al lang?"

Een toegewijde: "Maar eventjes. We hadden vandaag het geluk dat we Amma op de tamboera konden horen spelen."

Moeder: "Amma vergat de tijd toen Ze erop speelde. Ze had vannacht geen tijd om na de bhava darshan te slapen. Er waren veel brieven te lezen, en tegen de tijd dat ze allemaal gelezen waren, was het ochtend. Gayatri[2] drong er bij Haar verscheidene keren op aan om naar bed te gaan, maar Amma bleef maar zeg-

---

[1] Indiaas snaarinstrument

[2] Swamini Amritaprana

gen: 'Nog eentje.' Maar bij het zien van de volgende brief, kon Amma het niet weerstaan hem te openen en te lezen. Ze kon voelen hoe het verdriet van die kinderen Haar eigen hart doorboorde. Veel kinderen verwachten zelfs geen antwoord. Alles wat ze willen is dat Amma over hun verdriet leest. Hoe kan Amma deze gebeden negeren? Steeds wanneer Zij aan hun verdriet denkt, vergeet Ze totaal Haar eigen moeilijkheden.

Tegen de tijd dat Ze alle brieven gelezen had, was het ochtend. Ze was helemaal niet naar bed gegaan. Na Haar bad voelde Amma dat Ze wat eenzaamheid nodig had, dus begon Ze op de tamboera te spelen. De klanken ervan doen Amma alles vergeten. Ze merkt niet dat de tijd verstrijkt als Ze erop speelt. Pas toen de klok negen uur sloeg, kwam de gedachte aan jullie, kinderen, weer op. Dus kwam Amma hier onmiddellijk heen!"

Er was die dag niets ongewoons aan Moeders dagindeling. De meeste dagen zijn zo. Ze heeft vaak geen tijd om te eten of te slapen. Tijdens bhava darshan nachten is het erg laat als Ze naar Haar kamer teruggaat. En dan begint Ze de brieven te lezen. Iedere dag komen er vele brieven en de meeste daarvan vertellen verhalen vol tranen. Moeder leest ze allemaal voordat Ze naar bed gaat. Op sommige dagen heeft Ze misschien wat tijd om tussen de middag brieven te lezen. Maar hoe kan Ze tijd vinden om te rusten wanneer Ze zoveel aandacht besteedt aan de problemen van Haar kinderen, wier aantal in de honderdduizenden loopt? Slechts heel af en toe krijgt Ze meer dan twee uur slaap. Soms slaapt Ze helemaal niet. Maar wanneer Ze zich herinnert dat Haar toegewijden op Haar wachten, vergeet Ze alles en komt Ze naar beneden rennen. Dan is alle vermoeidheid van Haar gezicht verdwenen.

Advies aan mensen met een gezinsleven

Een jonge vrouw met bevuilde kleren en haar haar in de war hield een kindje in haar armen toen zij Moeder benaderde en voor Haar knielde. Het verdriet was op haar gezicht af te lezen.

Moeder: "Vertrek je vandaag, dochter?"

Vrouw: "Ja, Amma, ik ben nu drie dagen van huis weg."

Ze legde haar hoofd op Moeders borst en begon te snikken. Moeder tilde haar gezicht op en veegde haar tranen af en zei: "Maak je geen zorgen, dochter. Alles zal in orde komen."

De vrouw knielde weer voor Moeder en ging naar buiten.

Een toegewijde: "Ik ken die jonge vrouw. Ze is zo veranderd."

Moeder: "Haar man had een goede baan, maar hij kwam met slecht gezelschap in aanraking en begon te drinken. Spoedig had hij geen geld meer en vroeg om haar juwelen om zijn drank mee te betalen. Toen zij aarzelde, begon hij haar te slaan. Uit angst heeft ze die uiteindelijk allemaal aan hem gegeven. Hij verkocht de juwelen en besteedde al het geld aan drank. Hij kwam iedere nacht dronken thuis en trok aan haar haren en sloeg haar. Kijk hoe ze er nu uitziet nu ze zo vaak geslagen is. Een paar dagen geleden vochten ze om het gouden halskettinkje van de baby en ze werd heel hard afgeranseld. Toen heeft ze het kind opgepakt en is ze hiernaartoe gekomen. Het was in het begin zo'n gelukkig gezin. Kan er iets goeds komen van drank? Gezondheid, rijkdom en vrede thuis, alles is verdwenen."

Een andere vrouw: "Eén van onze buren drinkt. Onlangs kwam hij dronken thuis, pakte zijn dochter op, die pas anderhalf jaar oud is, en smeet haar gewelddadig neer. Wat voor iemand kan zoiets doen? Zijn vrouw is er slecht aan toe door alle slaag die ze krijgt."

Moeder: "Wanneer alcohol iemand gevoelloos maakt, is hij zelfs niet in staat om zijn vrouw en kinderen te herkennen. Hij kan thuis komen na in een ruzie in elkaar geslagen te zijn. Wat voor geluk krijgt men door alcohol? Men verbeeldt zich gewoon dat men genot krijgt door verdovende middelen. Is er geluk in sigaretten, alcohol of drugs? Er zijn mensen die honderden roepies per maand oproken. Dat geld zou genoeg zijn voor het onderwijs van een kind. Verdovende middelen kunnen je helpen alles voor slechts een korte tijd te vergeten, maar in werkelijkheid verliest het lichaam zijn vitaliteit. De persoon gaat zijn ondergang tegemoet en de verslechterde gezondheid leidt tot een vroegtijdige dood. Zij die voor hun gezin en voor het land van nut horen te zijn, vernietigen in plaats daarvan uiteindelijk zichzelf en brengen anderen schade toe."

Toegewijde: "Amma, waarom vernietigen deze mensen zichzelf willens en wetens?"

Moeder: "Kinderen, het is het zelfzuchtige zoeken van de mens naar genot, dat hem ertoe leidt te gaan roken en drinken. Hij denkt dat dit alles geluk betekent. We moeten de spirituele principes aan de mensen uitleggen. Maar om dit te doen, moeten we zelf volgens die principes leven. Dan zullen anderen ons nastreven. Zij zullen ook goedhartig worden en hun egoïsme zal verdwijnen.

We zien mensen die duizenden roepies besteden aan overdreven comfort en praal. Tegelijkertijd kunnen hun buren hongerlijden. Of het huwelijk van een meisje gaat niet door omdat haar ouders zich geen duizend roepies voor de bruidsschat kunnen veroorloven. In een ander gezin wordt een getrouwde dochter terug naar huis gestuurd, omdat ze een te klein deel van de rijkdom van haar vader heeft gekregen. De buren besteden ondertussen miljoenen aan het huwelijk van hun dochter. Zij die de middelen hebben, maar niet bereid zijn anderen in nood te helpen, brengen de samenleving de grootste schade toe. Ze verraden ook hun eigen ziel."

Een spiritueel leven leiden om je gedrag te zuiveren

Moeders gezicht werd serieus. Ze zei met krachtige stem: "Kinderen, zulke egoïstische geesten kunnen alleen vrijgevig gemaakt worden door spirituele gedachten als: 'Wij zijn allemaal hetzelfde Zelf. Wij zijn allemaal kinderen van dezelfde Moeder, de Moeder van het Universum. We ademen allemaal dezelfde lucht in. Toen ik geboren werd had ik geen naam of kaste; kaste en godsdienst kwamen veel later. Daarom is het mijn taak om die belemmeringen af te breken en van iedereen als broer of zus te houden. Ik kan alleen echt geluk in het leven vinden door anderen lief te hebben en te helpen. Echte aanbidding van God is hulp verlenen aan hen die lijden.' We moeten in zulke gedachten verdiept zijn. Het zal ons doen groeien en zal onze blik verruimen. Wanneer we deze principes begrijpen, zal er een echte verandering in ons karakter zijn. We zullen vol mededogen zijn.

Tegenwoordig hebben de meeste mensen alleen de houding van 'ik' en 'mijn'. Ze denken alleen aan hun eigen geluk en aan dat van hun gezin. Dit is de dood. Het zal henzelf en de samenleving alleen maar ruïneren. Kinderen, zulke mensen moeten we uitleggen: 'Zo moet je niet leven. Jullie zijn geen kleine vijver waar het water stagneert, en die met de tijd steeds viezer wordt. Jullie zijn rivieren die voor het welzijn van de wereld moeten stromen. Jullie horen niet te lijden. Jullie horen gelukzaligheid te ervaren!'

Door in een rivier te stromen wordt het water van een vijver gezuiverd. Door in een goot te stromen wordt het alleen maar viezer. De goot is de egoïstische houding van 'ik' en 'mijn'. De rivier is God. Kinderen, laten we onze toevlucht nemen tot God. We zullen er baat bij vinden, of we nu winnen of verliezen in het leven. Door onze toevlucht tot God te nemen ervaren we vreugde en gemoedsrust. Vrede en welvaart zullen in het gezin en in de wereld groeien."

Moeder keek naar een toegewijde die vlakbij zat en zei: "Toen deze zoon voor de eerste keer kwam om Amma te zien, was hij zo dronken dat hij bewusteloos was. Enkele mensen ondersteunden hem en brachten hem naar binnen." Moeder lachte.

Toegewijde: "Nadat ik Amma gezien had, heb ik niet meer gedronken. Enkele vrienden van mij zijn ook opgehouden met drinken, toen ze zagen dat ik de gewoonte opgegeven had. Nu heb ik er een hekel aan om zelfs maar over alcohol te horen praten."

Moeder: "Zoon, toen jij ten goede veranderde, veranderden toen enkele andere mensen ook niet tegelijkertijd? Bracht dat ook geen vrede in hun gezin?

Kinderen, wij worden geboren en we scheppen onze eigen kinderen. Maar wat doen we behalve dit voor het welzijn van de wereld? Het is waar dat we voor ons gezin zorgen, maar is dat onze enige plicht? Hoe kunnen we alleen daardoor vrede krijgen? Zijn we tevreden wanneer de dood komt? Omdat we leven zonder de principes van een juist leven te kennen, ervaren we niet alleen zelf verdriet, maar veroorzaken we ook verdriet bij anderen. We zetten ook kinderen op deze wereld, die ook pijn en lijden ervaren. Is dat niet hoe het leven tegenwoordig is?"

Een toegewijde: "Zegt Amma dat we geen vrouw en kinderen moeten hebben?"

Moeder: "Nee, dat zegt Amma niet. Ze zegt dat we moeten leren om in dit leven vrede te bereiken in plaats van dit leven een beestachtig bestaan te leiden. In plaats van genot achterna te hollen moeten we het doel van het leven begrijpen en daarvoor leven. Leid een eenvoudig leven. Geef aan anderen wat over is nadat je eigen behoeften vervuld zijn. Leef zonder anderen schade te berokkenen en leer elkaar deze principes. We moeten ons steentje bijdragen aan het creëren van zo'n grote cultuur. Laten we goed en deugdzaam zijn. Laten we ons eigen hart goed maken en zo anderen helpen ook goed te worden. Dat is wat we nodig hebben.

Als we dit doen, zullen we van binnen altijd rust en tevredenheid voelen, zelfs als het ons ontbreekt aan uiterlijk comfort.

Zelfs als we anderen geen hulp kunnen geven, moeten we hen op zijn minst geen schade berokkenen. Dat is op zichzelf een grote dienst. Maar het is niet genoeg. Probeer werk te doen dat anderen ten goede komt. Beperk alles tot wat werkelijk nodig is en onderneem niets wat niet essentieel is. Voedsel, gedachten, slaap en praten moeten allemaal beperkt worden tot wat noodzakelijk is. Als we met die discipline leven, zullen er alleen maar goede gedachten in onze geest zijn. Zij die op deze manier leven, verontreinigen de atmosfeer niet. Zij heiligen hem daarentegen. We moeten zulke mensen als ons voorbeeld beschouwen."

De gezichten van de toegewijden lieten zien hoe diep zij geraakt waren door Moeders advies voor het welzijn van het individu en de samenleving. Zij zagen dat Zij Haar toegewijden duidelijk leiding gaf hoe ze de rest van hun leven moesten leiden. Zij knielden voor Moeder en voelden zij zich vervuld dat zij deze kostbare momenten in Haar gezelschap doorgebracht hadden.

Maandag, 10 juni 1985

Om tien uur 's ochtends zaten enkele brahmachari's en toegewijden met Moeder voor de kalari (oude tempel). Rechts van de kalari was het gebouw waarin het kantoor, de bibliotheek, de keuken en de eetzaal ondergebracht waren. Achter het gebouw waren drie kamertjes voor de brahmachari's. Moeders familie had in dit huis geleefd totdat zij naar een nieuw gebouw verhuisden. Links van de kalari waren de Vedantaschool, een paar hutten, Moeders kamer en de meditatiekamer.

De instructies van de Guru

Moeder: "Amma heeft vandaag één van Haar zonen een flinke uitbrander gegeven." Ze had het over een van de brahmachari's. Toegewijde: "Waarom, Amma?" Moeder: "Hij ging onlangs naar Kollam om de auto te laten repareren. Voordat hij vertrok, vertelde Amma hem dat hij diezelfde dag terug moest komen, of de reparaties af waren of niet. Toch bracht hij daar de nacht door omdat de auto niet klaar was. Toen hij de volgende dag terugkwam, gaf Amma hem dus een uitbrander. Gisteren ging hij terug naar Kollam zonder het Haar te vertellen of zelfs een briefje voor Haar achter te laten. Vandaag heeft Amma hem opnieuw voor alles berispt. Amma is ongelukkig wanneer Ze Haar kinderen de les moet lezen, maar de kwaliteit van een spirituele zoeker blijkt uit de manier waarop hij instructies opvolgt. Wat kan Amma doen? Ze lijkt soms heel wreed voor Haar kinderen.

Sommige patiënten staan de dokter niet toe hun een injectie te geven, omdat ze bang zijn dat het pijn zal doen. Maar de dokter weet dat ze niet zullen genezen zonder de injectie. Dus geeft hij hun de injecties zelfs als hij kracht moet gebruiken en de patiënt in bedwang moet houden terwijl hij dat doet. Als hij uit vriendelijkheid ervan afziet de injectie te geven, sterft de patiënt misschien. De behandeling is onvermijdelijk als de patiënt wil genezen. Op dezelfde wijze verzekert een guru zich ervan dat de leerling hem gehoorzaamt. Dit is noodzakelijk als de leerling het doel wil bereiken. Het is de plicht van de guru om de leerling te laten doen wat nodig is.

De smid verhit een stuk ijzer in de oven en slaat er herhaaldelijk op, niet uit wreedheid maar alleen om het de gewenste vorm te geven. Iemand kan een stuk papier in vele stukken knippen alleen om er een mooie bloem van te maken. Op dezelfde manier berispt en disciplineert de guru de leerling alleen om de leerling de aard van zijn eigen Zelf te onthullen. Iedere bestraffing die hij geeft, toont zijn grote mededogen voor de leerling. De leerling moet nederigheid leren, een houding van overgave en de houding dat hij de dienaar van de guru is. Alleen dan zal de guru zijn genade over hem uitstorten en hem verheffen tot de eigen wereld van de guru. De leerling moet de houding hebben: 'Ik ben niets. U bent alles. Ik ben slechts uw instrument.' Alles behalve ons ego behoort aan God toe. Alleen het ego is van ons en het is niet gemakkelijk om daarvan af te komen. Alleen door gehoorzaamheid aan de guru kunnen we het ego vernietigen. Wanneer we de instructies van de guru opvolgen en voor zijn wil buigen, zal het ego dankzij zijn genade verdwijnen.

Een stuk hout dat in de rivier drijft, gaat met de stroom van de rivier mee. Zo ook moet de leerling zich bewegen overeenkomstig de wens van de guru met een houding van overgave en het gevoel van 'U bent alles'. Dit is de enige manier om het ego te verwijderen. Welke kracht bezitten wij die wij 'onze wil' kunnen noemen? Iemand zegt boven aan de trap: 'Ik kom naar beneden', maar na slechts tien stappen valt hij naar beneden en is dood. Zijn er niet ontelbare van zulke voorbeelden? Als het 'onze wil' zou zijn, zou hij dan niet helemaal naar beneden komen zoals hij van plan was? Maar hij was niet in staat dat te doen. Daarom moeten we begrijpen dat alles Gods wil is."

Haar handen samenvouwend bad Moeder hardop: "O Devi, zorg er alstublieft voor dat ik van nu af aan mijn kinderen niet meer hoef te berispen. Geef ze intelligentie en onderscheid. Geef hun uw zegen!" Moeder bleef een paar ogenblikken in die houding. De mensen om Haar heen vouwden ook hun handen, sloten hun ogen en begonnen te bidden.

Dinsdag, 11 juni 1985

Zetel van mededogen

Om vier uur 's middags kwam Moeder naar beneden naar de darshanhut. Er zat een slang naast de hut en de toegewijden en brahmachari's probeerden hem te verwijderen. Moeder kwam naar hen toe en zei: "Kinderen, doe hem geen pijn. Gooi gewoon wat zand naar hem." Alsof de slang Moeders woorden gehoord had, ging hij langzaam weg. De geschriften zeggen:

Vele buigingen voor Devi,
die in alle wezens verblijft
in de vorm van mededogen.

Moeder ging in de hut zitten en begon darshan te geven. Eén voor één kwamen de toegewijden, bogen zich ter aarde en gaven hun lasten over aan Haar voeten. Zij fluisterden de verlangens en problemen die aan hun gemoedsrust knaagden, in Haar oren. Sommigen barstten in tranen uit op het moment dat ze Moeder zagen. Zij die naar Haar toekwamen en worstelden met de kwellingen van het leven, vertrokken met een tevreden en rustige geest.

Toen alle toegewijden vertrokken waren, verzamelden de brahmachari's zich rondom Moeder. Een brahmachari zei: "Amma heeft vandaag niet over spirituele zaken gesproken."

Moeder: "Zoon, alle mensen die hier zaten, leden erg veel. Een hongerig kind heeft geen uiteenzetting over Vedanta of spirituele principes nodig. Laten we eerst het verdriet van deze mensen verminderen. Dan kunnen we over spiritualiteit praten. Hoe kunnen ze nu zoiets in zich opnemen?

Zij daarentegen die sterk naar God verlangen, houden er niet van om over iets anders dan God te praten, zelfs wanneer zij veel verdriet ervaren. Zij zijn evenwichtig van geest in verdriet en geluk. Wanneer geluk komt, verliezen zij zich niet door erin op te gaan. Zij storten ook niet in tijdens verdriet. Zij accepteren beide als Gods wil. Zij accepteren zowel verdriet als vreugde als Zijn zegen.

Als je onder het lopen op een doorn trapt, zul je iedere stap voorzichtiger zetten. Daardoor val je misschien niet in een sloot die vlak voor je ligt. God geeft ons verdriet om ons te redden. Echte gelovigen houden zich aan Gods voeten vast zelfs als ze verdriet hebben. In hun gebeden vragen zij nooit om geluk. Zij denken nooit aan egoïstisch voordeel. Maar wanneer er iemand die lijdt naar ons toekomt, moeten we hem troosten. We moeten de tijd vinden om een paar troostende woorden te spreken."

Omdat Moeder het verdriet van anderen als het Hare ziet, schept Zij er vreugde in om de lasten van de lijdenden op zich te nemen. Zij is het offervuur waarin ieders prarabdha geofferd wordt en het lichtbaken van hoop voor allen die lijden.

Moeder kwam uit de tempel na de bhava darshan en iedereen verzamelde zich rondom Haar. De meeste toegewijden waren van plan om met de ochtendbus te vertrekken. Daarom dromden zij verlangend om Moeder samen om nogmaals voor Haar te knielen en Haar zegen te ontvangen voordat zij vertrokken. Eén jongeman ging echter niet naar Moeder toe. Hij zat alleen op de veranda van de meditatiekamer op een afstand van de menigte. Een brahmachari vroeg hem: "Ga je niet naar Amma toe?"

Jongeman: "Nee."

Brahmachari: "Wanneer iedereen vol verlangen is om bij Moeder te zijn en met Haar te praten, waarom zit jij hier dan alleen?"

Jongeman: "Ik was net als zij. Gewoonlijk wacht ik buiten de kalari omdat ik de eerste wil zijn die voor Moeder buigt als

Ze naar buiten komt. Maar vandaag staat mijn geest mij niet toe naar Haar toe te gaan. Ik ben zo'n zondaar."

Brahmachari: "Ik geloof dat niet. Je verbeeldt je iets. Welke fout heb je begaan waardoor je niet naar Moeder kan gaan?"

Jongeman: "Ik woon in Kollam. Een paar jaar lang dronk ik regelmatig en dit leidde tot ruzie met mijn vrouw. Ik stuurde haar terug naar haar ouders. Mijn familie en mijn buren hadden een hekel aan me. Ik had geen enkele vriend op de wereld. Dus besloot ik uiteindelijk om mijn leven te beëindigen. Op dat moment had ik het geweldig goede geluk Amma's darshan te ontvangen. Dat was een keerpunt in mijn leven.

Na mijn eerste darshan hield ik helemaal op met drinken. Er was een grote verandering in mijn gedrag en de mensen veranderden van mening over mij. Maar vandaag heb ik weer gedronken. Enkele vrienden en ik waren naar een bruiloft gegaan en op de terugweg wilden zij drinken. Zij zetten mij onder druk om met hen mee te doen en ik gaf toe. Maar later kon ik mijn schuldgevoel niet verdragen. Ik kwam direct hiernaartoe. Vroeger had ik geen schuldgevoel, hoeveel ik ook dronk. Maar nu is het anders. (Zijn stem trilde onder het spreken.) Nu vind ik het moeilijk om zelfs maar naar Moeders gezicht te kijken."

Brahmachari: "Dit berouw is een goedmaking voor je fout. Maak je geen zorgen. Vertel alles aan Moeder. Al je zorgen zijn dan voorbij."

Jongeman: "Ik weet dat ik alleen maar voor Haar hoef te buigen en al mijn ongemak zal over zijn. Dat is mijn ervaring. Maar dat is niet wat me nu dwarszit. Mijn vrienden laten me niet alleen als ik thuisblijf. Daarom zou ik graag een paar dagen hier willen blijven, maar ik heb niet de moed om het Moeder te vragen. Ik voel me zo zwak omdat ik weer fouten begaan heb in de ogen van mijn Moeder, die mij meer liefheeft dan de moeder die mij ter wereld gebracht heeft."

Zijn ogen waren vol tranen. De brahmachari had niet de woorden die nodig waren om de jongeman te troosten, maar er was iemand die de stekende pijn in zijn zwaarmoedige hart begreep...

Nadat Moeder de andere toegewijden had laten zien waar ze konden slapen, ging Zij naar de jongeman toe, die onmiddellijk opstond en eerbiedig met samengevouwen handen voor Haar stond. Moeder hield zijn beide handen in de Hare en vroeg: "Ben je zo zwak, mijn zoon?"

Tranen stroomden over zijn wangen. Moeder veegde ze af en ging verder: "Zoon, hou op met je zorgen te maken. Waarom bedroefd zijn over iets wat voorbij is? Ga niet met die mensen mee, wanneer zij weer bij je langskomen. Dat is alles.

Eens hadden zowel een tempel als een drankwinkel een papegaai als huisdier. Terwijl de tempelpapegaai Vedische mantra's reciteerde, uitte de papegaai in de drankwinkel obscene taal. Zoon, je gedrag wordt bepaald door het gezelschap waarmee je omgaat. Als we in een kamer zitten met de tv aan, zullen we daar uiteindelijk naar gaan kijken. Als we er niet naar willen kijken, moeten we hem uitzetten of we moeten naar een andere kamer gaan. Als we met slechte mensen omgaan, zullen we hun slechte gewoontes overnemen. Dus moeten we speciaal oppassen dat we niet bij zulk gezelschap terechtkomen. Zoon, als je met een probleem zit, kun je naar Amma komen. Amma is hier voor jou. Blijf hier een paar dagen. Haal wat boeken uit de bibliotheek om te lezen."

Moeder wendde zich tot de brahmachari: "Regel dat deze zoon boven in het huis aan de noordkant kan verblijven."

Toen de jongeman deze liefdevolle woorden hoorde van Moeder, die iedere gedachte in zijn geest kende, kon hij zich niet beheersen. Hij barstte weer in tranen uit. Moeder veegde zijn tranen met liefhebbende handen af en troostte hem: "Zoon, ga nu naar bed. Amma zal morgen met je praten."

Nadat Moeder de jongeman met de brahmachari weggestuurd had, ging Ze naar de kokospalmen voor de ashram. Een vrouw die lang op een kans gewacht had om privé met Haar te spreken, vergezelde Haar. Tegen de tijd dat Moeder haar getroost had en naar Haar kamer ging, was het na drie uur 's morgens

Woensdag, 12 juni 1985

Bhakti Yoga

Moeder kwam naar de kalari vergezeld van vier brahmachari's en enkele wereldlijke toegewijden die voor het eerst naar de ashram gekomen waren. Moeder sprak met hen over het belang van zuivere devotie tot God.

Moeder: "Amma's gebed was als volgt: 'O Devi, ik wil gewoon van U houden. Het is prima als U mij Uw darshan niet geeft. Geef me gewoon een hart dat van iedereen houdt! Het is prima als U niet van me houdt, maar laat mij alstublieft van U houden!' Iemand die echt van God houdt is als iemand die aan koorts lijdt. Voedsel smaakt hem niet. Hij geniet niet van zoute of zure gerechten. Zelfs zoete gerechten smaken hem bitter. Hij is nauwelijks geïnteresseerd in voedsel. Maar het is erg ongewoon dat een zoeker dit soort liefde in het begin voelt. Daarom moet men in het begin proberen zijn verschillende gewoonten met shraddha[3] te beheersen, vooral als het om voedsel gaat. Als de geest afdwaalt naar uiterlijke dingen, dan moet men hem telkens

---

[3] Shraddha betekent in het Sanskriet geloof, geworteld in wijsheid en ervaring, terwijl hetzelfde woord in het Malayalam wordt gebruikt om bewustzijn vol aandacht in iedere activiteit aan te geven. Moeder gebruikt het vaak in die tweede betekenis.

opnieuw naar de gedachte aan God terugbrengen. Geen enkel ogenblik mag verspild worden."

Een toegewijde: "Amma, ik verspil geen tijd. Of ik kom hier om bij U te zijn, of ik ga naar de tempel. Is dat niet alles wat ik kan doen?"

Moeder: "Hier komen of naar een tempel gaan is prima, maar ons doel moet zijn om de geest te zuiveren. Als we onze geest niet zuiver kunnen maken, is alles tevergeefs. Denk niet dat we vrede kunnen vinden zonder onze geest en onze handelingen zuiver te maken. We moeten hieraan denken wanneer we naar een mahatma gaan of een tempel bezoeken. We moeten een houding van overgave hebben. Maar tegenwoordig maken de meeste mensen zich zorgen over het reserveren van een kamer in het hotel zelfs voordat zij aan de pelgrimstocht beginnen. Zodra zij op reis gaan, beginnen zij over gezin en buren te praten. Zelfs wanneer ze weer thuis zijn, houdt dit niet op. God wordt temidden van dit alles vergeten.

We kunnen nog zoveel mahatma's of tempels bezoeken of nog zoveel offers brengen, maar alleen van onze sadhana zullen we enig profijt hebben. Ons hart moet op God afgestemd worden. Enkel naar Tirupatti of Varanasi gaan geeft geen bevrijding. Men heeft er niet zoveel aan, spiritueel of materieel gezien, als men gewoon rond de tempels loopt of in die plaatsen baadt. Als men bevrijding kan krijgen door naar Tirupatti te gaan, zouden alle zakenmensen daar nu bevrijd moeten zijn, nietwaar?

Waar je ook heen gaat, vergeet Gods naam niet. Kijk naar het 'metaal'[4] dat met beton gemengd wordt om de wegen te repareren. Alleen als het 'metaal' schoon is, zal het beton op de juiste manier hard worden. Op dezelfde manier kunnen wij God alleen in ons hart laten wonen als we het door japa zuiveren. Om

---

[4] Stukken gebroken graniet

de geest te zuiveren is er geen betere weg dan het reciteren van de goddelijke naam.

Wanneer tv-programma's vanuit de studio worden uitgezonden, kunnen we ze thuis alleen zien als we de tv aanzetten. Zou het niet zinloos zijn anderen de schuld te geven als je niets op de tv kunt zien, omdat je hem niet aangezet hebt? Gods genade stroomt altijd naar ons toe, maar om ervan te profiteren moeten we afgestemd zijn op Zijn wereld. Wat voor nut heeft het om binnen te blijven met alle deuren dicht en te klagen dat het donker is, wanneer de zon buiten helder schijnt? Als we alleen maar de deur van ons hart openen, kunnen we de genade ontvangen die God voortdurend over ons uitstort.

Wanneer het regent, verandert de bodem in modder en dan geeft hij iedereen moeilijkheden. De regen die op zand valt gaat ook verloren. Maar de zeeschelp gebruikt een enkele druppel water die hij krijgt, om een kostbare parel te vormen. God laat voortdurend Zijn mededogen naar ons toestromen. Hoe we daarvan profiteren hangt af van hoe we het van binnen ontvangen.

Kinderen, totdat we ons afstemmen op de wereld van God, zullen we alleen de wanklanken van onwetendheid voortbrengen, geen goddelijke muziek. We zullen genoegen moeten nemen met ons gebrek aan volmaaktheid. Het heeft geen zin anderen daarvan de schuld te geven.

We zijn bereid op een bus te wachten hoe lang het ook duurt. We vinden het niet erg om de hele dag in het gerechtsgebouw door te brengen wanneer we een of andere rechtszaak proberen te winnen. Maar we hebben geen geduld wanneer we een mahatma bezoeken of naar een tempel gaan. Wanneer je naar een ashram of een tempel gaat, breng daar dan wat tijd door en herinner je God met toewijding. Herhaal de goddelijke naam en mediteer een tijdje of doe wat onzelfzuchtig werk. Alleen dan zul je baat vinden bij het bezoek."

Het belang van de juiste houding

Moeder ging door: "Als onze geest zuiver is en als we alles doen terwijl we ons God herinneren, zal Zijn genade met ons zijn, zelfs als we nooit naar een tempel gaan. Van de andere kant zullen ontelbare reizen naar een tempel ons geen goed doen als we niet ophouden egoïstisch te zijn of een hekel te hebben aan anderen.

Er waren twee vrouwen die buren waren. De een was een toegewijde van God en de ander een prostituee. De toegewijde zei telkens tegen haar buurvrouw: 'Wat jij doet is heel zondig. Het zal je alleen maar naar de hel leiden.' Dit bleef de prostituee altijd bij en ze huilde iedere dag. Ze dacht: 'Wat ben ik een zondares. Ik heb geen andere middelen van bestaan. Daarom doe ik dit. O God, het spijt me zo. Laat mij tenminste in mijn volgende leven de kans hebben om tot U te bidden en U iedere dag te vereren, zoals mijn vriendin doet. Vergeef alstublieft mijn zonden!'

De minachting van de andere vrouw voor de prostituee en haar manier van leven ging door, zelfs wanneer ze in de tempel was. Uiteindelijk stierven beide vrouwen en de dienaren uit de hemel en de hel kwamen. Ze stonden op het punt om de prostituee naar de hemel te brengen en de toegewijde naar de hel. De zogenaamd vrome vrouw kon dit niet verdragen. Ze vroeg de goddelijke dienaren: 'Jullie brengen iemand naar de hemel die haar hele leven lang haar lichaam verkocht heeft. Ik heb iedere dag in de tempel God vereerd en gebeden, maar toch brengt u me naar de hel. Wat voor rechtvaardigheid is dit? U moet zich vergissen.'

De hemelse dienaren antwoordden: 'We maken geen vergissing. Zelfs toen u de tempel bezocht en puja (rituele aanbidding) deed, dacht u aan de slechte handelingen van de prostituee. Aan de andere kant, hoewel zij een prostituee was, identificeerde zij zich niet met haar werk. Haar gedachten waren bij God. Er ging geen enkele dag voorbij zonder dat ze diep berouw over haar fouten voelde en God om vergeving vroeg. Hoewel ze gedwongen was om haar kost als prostituee te verdienen, was zij een echte toegewijde. Daarom gaat ze naar de hemel.' "

Voor spirituele zoekers

De avondbhajans waren voorbij. Moeder kwam uit de kalari en ging op het zand liggen tussen de kalari en de meditatiekamer. De bel voor het avondeten luidde en Moeder vroeg de toegewijden te gaan eten. Eén voor één vertrokken ze. Slechts één of twee brahmachari's bleven achter om in Moeders aanwezigheid te mediteren.

Alle toegewijden kwamen na het avondeten terug en gingen rondom Moeder zitten. Eén vrouw legde Moeders voeten in haar schoot en begon ze te wrijven.

Moeder: "Hebben jullie gegeten, kinderen?"

Een toegewijde: "Ja, Amma, we hebben allemaal gegeten."

Moeder: "Jullie zouden thuis lekkere dingen gegeten hebben. Zoiets hebben we hier niet. Jullie hebben waarschijnlijk niet genoeg gekregen."

Een andere toegewijde: "We hebben allemaal voldoende gegeten, Amma. We kunnen thuis veel lekkers hebben, maar niets smaakt zo goed als wat we hier krijgen."

Moeder lachte: "Zoon, je zegt dit gewoon uit liefde voor Amma!" Iedereen lachte.

Een toegewijde: "Amma, ik heb een vraag."

Moeder: "Kinderen, jullie kunnen Amma alles vragen."

Toegewijde: "Ik hoorde U onlangs een brahmachari vertellen dat we een gelofte van ahimsa (geweldloosheid) moeten afleggen. We moeten op niemand kwaad zijn. Zelfs als iemand kwaad op ons is, moeten we proberen God in hem te zien en moeten we liefdevol voor hem zijn. Is dat niet erg moeilijk in de praktijk te brengen?"

Moeder: "Het belangrijkste is niet of we hierin volledig slagen, maar of we het oprecht geprobeerd hebben. Zij die hun leven aan spiritualiteit gewijd hebben, moeten bereid zijn om iets op te offeren. Zij zijn in hun leven deze weg al ingeslagen. Als iemand hen tegenwerkt, moeten zij dit zien als een door God geschapen gelegenheid om hun ego te elimineren. Zij moeten niet onder de invloed van het ego terugvechten. Alleen door God in iedereen te zien en door liefdevol en mededogend te zijn, kan een sadhak (spiritueel zoeker) groeien."

Een toegewijde: "Amma, ik heb veel dingen omwille van God opgegeven, maar ik kan geen vrede vinden."

Moeder: "Zoon, we praten allemaal over de offers die we gebracht hebben. Maar wat bezitten we echt dat we kunnen opgeven? Wat hebben we dat van onszelf is? Wat we vandaag als het onze beschouwen, zal morgen niet van ons zijn. Alles behoort aan God toe. Alleen door Zijn genade zijn we in staat om van dingen te genieten. Als er iets is dat van ons is, dan zijn het onze voorkeur en afkeer. Dat is wat we moeten opgeven. Ook al doen we nu van veel dingen afstand, we geven onze gehechtheid aan die dingen niet op. Dat is de reden van ons verdriet. Echte onthechting vindt alleen plaats wanneer we in ons hart ervan overtuigd zijn dat gezin, rijkdom, positie of faam ons geen blijvende vrede zullen geven. Wat leert de Gita ons? Is het niet om zonder gehechtheid te handelen?"

Het gevaar van rijkdom

Moeder begon een verhaal te vertellen. "Er was eens een rijke man. Op een dag kwamen enkele vrienden hem opzoeken. Zij zagen een bediende voor het huis en vroegen hem waar zijn meester was. Na binnen gezocht te hebben, kwam de bediende terug en vertelde hun dat zijn meester kiezelstenen aan het tellen was. 'Zo'n rijke man die kiezelstenen telt?' vroegen de gasten zich af.

Toen de rijke man een tijdje later verscheen, vroegen ze hem hiernaar. Hij antwoordde: 'Ik was geld aan het tellen. Is mijn bediende zo gek dat hij denkt dat ik kiezelstenen aan het tellen was? Hoe dan ook, het spijt me voor de verwarring.' Hij berispte de bediende ernstig nadat zijn vrienden vertrokken waren.

Een paar dagen later kwam een andere vriend de rijke man opzoeken. Hij vroeg de bediende zijn meester te gaan halen. Nadat hij binnen gekeken had, deelde de bediende mee: 'Hij is bezig van zijn vijand te houden.' De rijkaard was in feite zijn geld aan het tellen en borg het op in zijn kluis. Omdat hij vond dat de bediende hem opzettelijk beledigd had, was hij woedend over de onbeschaamdheid. Hij sloeg de bediende in elkaar en ontsloeg hem. Toen de bediende vertrok, gaf de rijke man hem een pop en zei: 'Als je iemand ziet die dwazer is dan jij, geef hem dan deze pop!' De bediende vertrok zwijgend.

Een paar maanden gingen voorbij. Op een nacht werd het huis van de rijke man beroofd. De rovers namen alle rijkdom van de man mee. Toen hij probeerde hen tegen te houden, wierpen ze hem van de bovenste verdieping van het huis naar beneden en gingen er met alles vandoor. De volgende ochtend vonden de familieleden van de man hem op de grond voor het huis. Hij was niet in staat om overeind te komen. Men probeerde allerlei verschillende behandelingen, maar zijn gezondheid werd niet beter. Al zijn rijkdom was verdwenen en daarom verlieten zijn vrouw en kinderen hem ook. Hij had pijn en er was niemand om voor hem te zorgen. Hij had geen voedsel in huis, dus at hij wat de buren hem gaven.

Zijn oude dienaar hoorde over zijn moeilijkheden en kwam hem opzoeken. Hij had de oude pop bij zich. Zodra hij aankwam, gaf hij de pop aan zijn meester. Zijn meester realiseerde zich zijn eigen dwaasheid en vroeg hem: 'Waarom strooi je zout in mijn wonden?'

De bediende antwoordde: 'Je hebt nu vast de betekenis begrepen van wat ik zei. Is het geld dat je vergaarde, je nu net zoveel waard als een kiezelsteen? Bleek je rijkdom uiteindelijk niet je vijand te zijn? Je rijkdom heeft je in deze toestand gebracht. Heb je alles niet verloren door je rijkdom? Wie is er dwazer dan jij die de rijkdom tot het voorwerp van je liefde maakte? Zij die tot nu toe van je hielden, hielden in werkelijkheid van je geld, niet van jou. Toen je geld verdwenen was, was je in hun ogen zo goed als dood. Niemand houdt nu van je. Realiseer je nu tenminste dat God je enige blijvende vriend is. Roep hem om hulp!'

De bediende begon zijn meester met veel liefde te verzorgen. De rijke man was vol berouw. 'Ik weet niet wat ik ga doen. Mijn leven is tot nu toe zinloos geweest. Ik dacht dat mijn vrouw en kinderen en mijn rijkdom altijd bij me zouden zijn, en ik leefde voor hen. Ik heb me God zelfs geen ogenblik herinnerd. Maar nu is alles weg. Zij die hun hoofd voor mij uit respect bogen, kijken zelfs niet meer naar me. In plaats daarvan spugen ze vol minachting naar me.'

De bediende troostte hem: 'Denk niet dat je niemand hebt die voor je zorgt. God is bij je.' Hij bleef bij zijn oude meester en verzorgde hem."

Moeder hield op. Een man die achter in de groep toegewijden zat, begon luid te huilen. Dit was zijn eerste bezoek aan Moeder. Hij huilde bitter, niet in staat om zijn verdriet te beheersen. Moeder riep hem naar Zich toe en troostte hem. Terwijl hij nog steeds snikte, zei de man: "Amma, U heeft zojuist mijn eigen geschiedenis verteld. Al mijn geld is verdwenen. Mijn vrouw en kinderen haten me. Mijn enige troost is mijn oude dienaar."

Moeder veegde zijn tranen af en zei: "Wat voorbij is, is voorbij, mijn zoon. Treur daar niet over. Alleen God duurt eeuwig. Al het andere zal vandaag of morgen weg zijn. Het is genoeg als je met die gedachte in je geest leeft. Maak je geen zorgen."

Moeder vroeg Brahmachari Balu[5] het lied *'Manasa nin svantamayi...'* te zingen. Hij zong:

Herinner je, o geest, deze hoogste waarheid:
Niemand is van jou!

Omdat je zinloze handelingen verricht,
zwerf je in de oceaan van deze wereld rond.

Ook al eren mensen je en noemen ze je 'Heer, Heer',
het zal slechts voor een korte tijd zijn.

Je lichaam dat zo lang geëerd is,
moet afgeworpen worden wanneer het leven ophoudt.

De lieveling voor wie je al deze tijd geworsteld hebt,
waarbij je zelfs niet voor je eigen leven zorgde,
zelfs zij zal schrikken van je dode lichaam
en zal je niet vergezellen.

Nu je gevangen bent in de subtiele strik van Maya,
vergeet de heilige naam
van de Goddelijke Moeder niet.

God zal met-devotie-verzadigde zielen aantrekken
zoals een magneet ijzer aantrekt.

Positie, prestige en rijkdom zijn tijdelijk,
de enige werkelijkheid is de Universele Moeder.

Laten we afstand doen van alle verlangens
en in die gelukzaligheid dansen,
de naam van Moeder Kali zingend.

---

[5] Swami Amritaswarupananda

Woensdag 19 juni 1985

Moeder van het universum

Een jongeman met lang haar en een baard kwam naar de ashram. Hij benaderde een brahmachari en stelde zich voor als een verslaggever van een krant. "We hebben verscheidene goede en slechte dingen over Moeder gehoord," zei hij. Ik ben gekomen om uit te zoeken wat er werkelijk aan de hand is in deze ashram. Ik heb met één of twee bewoners gesproken. Maar er is één ding dat ik helemaal niet begrijp."

Brahmachari: "Wat is dat?"

Verslaggever: "Hoe kunnen goed opgeleide mensen zoals u blind in een menselijke God geloven?"

Brahmachari: "Wat bedoelt u met God? Bedoelt U een wezen met vier armen, die een kroon draagt en die in de hemel zit hoog in de lucht?"

Verslaggever: "Nee, iedereen heeft zijn eigen opvatting over God. Over het algemeen stellen we ons God voor als de belichaming van alle eigenschappen die we als verheven beschouwen."

Brahmachari: "Wat is er dan verkeerd aan om een individu in wie we al die goddelijke eigenschappen zien, als goddelijk te vereren? Als we dat niet accepteren, zeggen we dat God beperkt is tot de beelden die de mens uit steen houwt, in een tempel installeert en aanbidt.

De spirituele teksten van India verklaren dat een mens, een individuele ziel (jivatman), niet werkelijk verschillend is van God. Dat hij zijn goddelijkheid begrijpt wanneer zijn ego (het besef dat hij beperkt is) door voortdurende oefening vernietigd wordt. Als het allesdoordringende, Hoogste Absolute zich kan manifesteren in een tempelgodheid, waarom kan het dan niet schijnen in een individu?"

De verslaggever had geen antwoord.

De brahmachari ging verder: "In Moeder zien we alle eigenschappen die de geschriften aan God toeschrijven, zoals liefde, mededogen, onbaatzuchtigheid, vergevingsgezindheid en gelijke behandeling van iedereen. Hierom zien sommigen van ons Haar als de Moeder van het Universum. Anderen zien Haar als de liefhebbende Moeder, die talloze levens bij ons is geweest. Anderen beschouwen Haar als de guru die de kennis van het Zelf wakker maakt. Zijzelf maakt er geen aanspraak op God of guru of wat dan ook te zijn. Als je vis uit de oceaan wil, krijg je vis, maar als je parels wilt kun je die ook krijgen. Zo ook is alles aanwezig in Moeder. Als we er moeite voor doen, kunnen we krijgen wat we willen.

De boodschap van de Upanishaden is dat ieder van ons de essentie van het Hoogste Absolute is. Waren Rama, Krishna en Boeddha niet allemaal eens in menselijke vorm op deze aarde? Als we hen kunnen aanbidden, waarom kunnen we dan niet iemand aanbidden, die al Haar oneindige, glorieuze eigenschappen toont, terwijl Ze in een menselijke gedaante in ons midden is?"

Verslaggever: "Is het niet voldoende om Haar als guru te zien? Waarom Haar tot God maken?"

Brahmachari: "Dat is prima. Maar de geschriften zeggen dat de guru niemand anders is dan God in een menselijke vorm. In zekere zin plaats onze traditie de guru zelfs hoger dan God."

Tegen deze tijd was Moeder in de hut gekomen en begon darshan te geven aan de toegewijden. De brahmachari nodigde de verslaggever uit om naar Haar toe te gaan. "Laten we naar binnen gaan. U kunt uw vragen direct aan Moeder stellen."

De verslaggever ging bij Moeder zitten en keek vol verwondering toe hoe de toegewijden één voor één naar Moeder gingen. Zij liefkoosde en troostte iedereen met overstromende liefde. Toen de verslaggever aan Moeder werd voorgesteld, moest Ze lachen.

Moeder: "Amma leest geen kranten of zoiets, zoon. De meeste kinderen hier zien zelfs nooit een krant."

Verslaggever: "Ik heb een brahmachari hier gevraagd of Amma God is."

Moeder: "Ze is gewoon een gekke vrouw. Al deze mensen noemen Haar 'Amma' (Moeder), en dus noemt Zij hen Haar kinderen."

Meestal verbergt Moeder Haar ware Zelf als Ze spreekt. Alleen iemand die een bepaalde mate van spiritueel inzicht verworven heeft, kan zelfs maar een klein beetje van Haar aangeboren aard waarderen. Veel mensen stellen zich een guru voor als iemand die met een glimlach op een schitterende troon zit, die altijd door zijn leerlingen gediend wordt en die allen overstelpt met zijn zegeningen. Zij die naar deze ashram komen, zullen dit idee echter op moeten geven. Iemand die Moeder voor de eerste keer ziet, zal in Haar iemand zien, die gewoner is dan de meeste gewone mensen. Soms zie je Haar de voortuin schoonmaken, groenten snijden, koken, de toegewijden naar hun kamers brengen of een vracht zand dragen. Maar voor iemand die weet wat de geschriften zeggen, is het toch gemakkelijk de ware Moeder te herkennen. Haar nederigheid bewijst duidelijk Haar grootheid.

Eens vroeg een brahmachari aan Moeder: "De meeste mensen zullen wanneer zij zelfs maar de kleinste siddhi verworven hebben, eropuit trekken, pretenderen Brahman te zijn en vele leerlingen aannemen. En mensen stellen vertrouwen in hen. Wanneer dit overal gebeurt, waarom houdt Amma Haar kinderen dan voor de gek door te zeggen dat ze niets is?"

Moeder gaf het volgende antwoord: "De brahmachari's die hier nu wonen, zijn bestemd om morgen de wereld in te gaan. Zij moeten een voorbeeld voor de wereld worden. Hier leren ze van ieder woord en handeling van Amma. Als er zelfs maar een spoortje ego in Haar woorden en daden zit, zal dat in ieder van jullie tien maal vergroot worden. Jullie zullen denken: 'Als Amma dat kan doen, waarom kan ik het dan niet?' En dat zal de wereld schaden.

Kinderen, weten jullie hoe moeilijk het voor Amma is om op jullie niveau te blijven? Een vader doet erg zijn best om met zijn baby te wandelen en neemt daarbij kleine stapjes. Hij doet dat niet voor zichzelf, maar voor het kind. Alleen als hij kleine stappen neemt, kan het kind hem bijhouden. Deze rol die Amma speelt, is niet voor Haarzelf, maar voor jullie allemaal. Het is in het belang van jullie groei.

Wanneer een kind geelzucht heeft, zal een liefhebbende moeder het koken van scherpe en zoute gerechten vermijden. Ze zal al zulk voedsel verbergen, omdat het kind dit zou kunnen eten als het dit vindt. Dan kan het koorts krijgen en het zou zelfs kunnen sterven. Omwille van het kind eet de moeder ook ongekruid voedsel. Hoewel ze niet ziek is, ziet ze af van haar eigen voorkeur. Op dezelfde manier zijn al Amma's woorden en daden voor het welzijn van jullie allemaal. Bij iedere stap denkt Zij aan jullie groei. Alleen als de dokter zelf niet rookt, zal de patiënt zijn instructie om op te houden met roken, accepteren. Alleen als de dokter niet drinkt, zal ook de patiënt geïnspireerd worden om met drinken op te houden. Amma doet niets voor Haarzelf. Alles is voor de wereld. Alles is bedoeld om jullie te helpen vooruit te gaan."

De rol van een guru

De verslaggever vroeg aan Moeder: "Amma, leidt U de mensen hier niet als hun guru?"

Moeder: "Dat hangt van iemands houding af. Amma had geen guru, en ook heeft ze niemand als leerling aangenomen.

Amma zegt alleen dat alles gaat volgens de wil van de Goddelijke Moeder."

Verslaggever: "Ik heb een vriend die een groot toegewijde is van J. Krishnamurti."

Moeder: "Er zijn hier veel kinderen gekomen die zijn toegewijde zijn. Met name westerse kinderen mogen hem graag."

Verslaggever: "Krishnamurti neemt geen leerlingen aan. Niemand verblijft bij hem. We kunnen naar hem toe gaan en we kunnen met hem praten. Men gelooft dat we krijgen wat we nodig hebben gewoon door het gesprek. Alleen al zijn aanwezigheid is een inspiratie. Hij is erg vrolijk en er is geen aura van een guru om hem heen."

Moeder: "Maar juist zijn bewering dat je geen guru nodig hebt, is onderricht, nietwaar? En wanneer iemand naar hem zit te luisteren, hebben we dan niet een guru en een leerling?"

Verslaggever: "Hij geeft geen advies of instructies."

Moeder: "Maar zijn toespraken dan, zoon?"

Verslaggever: "Dat zijn gewoon gesprekken, heel licht van aard."

Moeder: "Geen enkele guru staat erop dat anderen hem gehoorzamen of volgens zijn woorden leven. Maar ieder woord van een guru is een vorm van advies. Zijn leven zelf is zijn onderricht. We luisteren naar Krishnamurti's woorden en wanneer we die woorden volgen, leren we onze echte essentie kennen, nietwaar? Die bereidheid om te volgen is niets anders dan leerling zijn. Het bevordert nederigheid en goed gedrag in ons. Gewoonlijk worden alleen de kinderen die het advies van hun ouders opvolgen, goede volwassenen.

Het gehoorzamen aan onze ouders brengt ons geleidelijk een gevoel van plicht en juist gedrag bij. Amma zegt niet dat Krishnamurti's methode verkeerd is. Hij heeft veel boeken gelezen. Hij is naar veel wijze mensen gegaan en heeft veel van hen geleerd.

Bovendien heeft hij veel methoden beoefend. Pas toen bereikte hij het niveau waarop hij nu is, want hij begreep dat alles binnen hemzelf is. Maar, zoon, jij hebt die toestand niet bereikt.

Vandaag de dag gaat onze aandacht vooral naar uiterlijke dingen. We kijken bijna nooit naar binnen. Wanneer kinderen op school zitten, zijn ze er vooral in geïnteresseerd om te spelen. Ze studeren hoofdzakelijk uit vrees voor hun ouders. Maar wanneer ze een doel beginnen te krijgen – met hoge cijfers een diploma halen, ingenieur worden, enzovoorts – beginnen ze te studeren zonder aansporing. Hoewel we een spiritueel doel hebben, onttrekt de geest zich hieraan door de druk van onze vasana's (latente neigingen). Om zo'n geest onder controle te krijgen is een satguru (gerealiseerde leraar) essentieel. Maar na een bepaald stadium is er geen hulp nodig. De guru in jou is dan ontwaakt.

De hymne die we eens van buiten hebben geleerd, vergeten we misschien in de loop van de tijd. Maar als iemand ons de eerste regel geeft, zijn we in staat om het hele lied te zingen. Op dezelfde manier is alle wijsheid in ons. De guru herinnert ons hieraan. Hij maakt wakker wat in slaap is.

Er is een guru impliciet aanwezig zelfs in de bewering dat men geen guru nodig heeft. Per slot van rekening moest iemand ons vertellen dat we geen guru nodig hadden. Een guru is iemand die onze onwetendheid verwijdert. Als men niet een bepaalde zuiverheid van geest bereikt heeft, is het essentieel om enige tijd onder de leiding van een guru door te brengen. Zelfs als je een aangeboren talent voor muziek hebt, ben je pas in staat dat talent volledig te ontplooien, nadat je onder een bekwame leraar geoefend hebt.

Gewone gurus kunnen spirituele principes alleen uitleggen. Maar een satguru die het Zelf gerealiseerd heeft, brengt een deel van zijn spirituele kracht over op zijn leerlingen. Dit stelt de leerling in staat om het doel sneller te bereiken. Net zoals een schildpad haar eieren door haar gedachtekracht uit laat komen, maken de gedachten van de satguru de spirituele kracht in de leerling wakker.

Satsang en spirituele boeken hebben de kracht om onze geest op goede gedachten te richten. Maar dat alleen is niet genoeg om met gestage pas vooruit te gaan. Gewone doktoren onderzoeken de patiënt en schrijven medicijnen voor. Maar als een operatie nodig is, moet men naar een chirurg gaan. Zo ook moeten wij onze toevlucht zoeken bij een guru om onze geest van al het vuil te zuiveren en vooruit te gaan naar het uiteindelijke doel."

Verslaggever: "Zeggen de geschriften niet dat alles in ons is? Waarvoor is dan al die sadhana nodig?"

Moeder: "Hoewel alles in ons is, is het nutteloos als we het niet feitelijk ervaren. Daarvoor is sadhana absoluut noodzakelijk. De rishi's die ons de mahavakya's (grote gezegden) gaven, zoals 'Ik ben Brahman' en 'Gij zijt Dat' waren mensen die dat niveau van ervaring bereikt hadden. Hun manier van leven verschilde erg van de onze. Zij zagen alle levende wezens als gelijkwaardig. Zij hielden van en dienden alle wezens zonder onderscheid. In hun ogen was niets in het universum gescheiden van henzelf. Terwijl zij de eigenschappen van God bezaten, hebben wij de kwaliteiten van een vlieg. Een vlieg leeft op vuil en uitwerpselen. Zo ook kan onze geest alleen fouten en gebreken in anderen zien. Dit moet veranderen. We moeten in staat zijn het goede in alles te zien. Totdat we de Waarheid realiseren door sadhana en contemplatie, heeft het geen zin te zeggen dat alles reeds in ons is.

Er komen hier mensen die de geschriften en Vedanta veertig of vijftig jaar bestudeerd hebben. Zelfs zij zeggen dat ze geen gemoedsrust hebben. We kunnen geen licht krijgen door een foto van een lamp aan de muur te hangen. Als we iets moeten zien, moeten we het echte licht aandoen. Uit boeken leren en toespraken houden is niet genoeg. Om de Waarheid te ervaren moet men sadhana doen en het echte 'ik' ontdekken. Hiervoor is de hulp van een guru essentieel."

Verslaggever: "Is dat de hulp die Amma hier geeft?"

Moeder: "Amma zelf doet niets. De Paramatman laat Haar alles doen! Deze mensen hebben Amma nu nodig. De zoeker heeft de guru nodig. Waarom? Omdat hun geest in dit stadium niet sterk genoeg is. Kleine kinderen steken hun hand graag in het vuur. Hun moeder zal hun zeggen: 'Niet aankomen, mijn zoon. Het zal je hand verbranden!' Iemand moet dat tegen het kind zeggen om het van het vuur af te houden. Dit is alles wat Amma doet. Op een bepaald punt hebben we iemand nodig om onze aandacht op onze fouten te vestigen."

Verslaggever: "Is het geen slavernij wanneer men de guru blindelings volgt?"

Moeder: "Mijn zoon, om de Waarheid te kennen moeten we het ikbesef kwijtraken. Het is moeilijk dit te bereiken door in je eentje sadhana te doen. Om het ego te elimineren is het essentieel om spirituele oefeningen te doen onder de leiding van een guru. Wanneer we voor de guru buigen, buigen we niet voor dat individu, maar voor het ideaal in hem. We doen het opdat ook wij zijn niveau kunnen bereiken.

We kunnen alleen vooruitkomen door nederigheid. Het zaad heeft de boom in zich, maar als het er tevreden mee is ergens in een voorraadkamer te liggen, zal het door de muizen opgegeten worden. Alleen door onder de grond te gaan, zal zijn ware vorm naar buiten komen. Wanneer je de knop naar beneden drukt, gaat de paraplu open. Dan is hij in staat om je tegen de regen te beschermen.

Omdat we onze ouders, oudere mensen en leraren gerespecteerd en gehoorzaamd hebben, zijn we gegroeid en hebben we kennis verkregen. Zij hebben goede eigenschappen en goed gedrag in ons versterkt. Op dezelfde manier verheft gehoorzaamheid aan de guru de leerling naar een weidser, hoger niveau.

Het is om later de Koning over de koningen te worden dat de leerling nu de rol van dienaar aanneemt. We plaatsen een omheining rond een kleine mangoboom. We voeden hem en laten hem groeien, zodat we later de zoete vruchten ervan krijgen. De leerling toont eerbied voor de guru en gehoorzaamt hem om de Waarheid te bereiken die de guru vertegenwoordigt.

Wanneer we in een vliegtuig stappen, vragen ze ons om onze veiligheidsgordels vast te maken, niet om hun macht over ons te tonen, maar voor onze eigen veiligheid. Op dezelfde manier vraagt de guru aan de leerling om bepaalde regels te volgen en beheersing in acht te nemen enkel om hem te verheffen. Hij doet dit alleen om de leerling te beschermen tegen de gevaren die hem kunnen overkomen. De guru weet dat de impulsen die uit het ego van de leerling voortkomen, hem en anderen in gevaar zullen brengen. De weg is er om door voertuigen gebruikt te worden. Maar als je autorijdt op een manier die je zelf leuk vindt, zullen er zeker ongelukken gebeuren. Daarom vraagt men ons om de verkeersregels te gehoorzamen. Gehoorzamen we de politieagent niet die het verkeer op kruispunten regelt? Door dat te doen voorkomen we veel ongelukken.

Wanneer ons besef van 'ik' en 'mijn' op het punt staat ons te vernietigen, worden we gered door het advies van de satguru te volgen. Hij geeft ons de training om later zulke omstandigheden te vermijden. Alleen al de nabijheid van de guru geeft ons kracht.

De guru is de belichaming van onzelfzuchtigheid. We zijn in staat om te leren wat waarheid, dharma, rechtvaardigheid, onthechting en liefde betekenen, omdat de guru die kwaliteiten leeft. De guru is het leven zelf in die kwaliteiten. Door hem te gehoorzamen en na te volgen schieten deze eigenschappen wortel in ons. Gehoorzaamheid aan de guru is geen slavernij. Het doel van de guru is enkel de veiligheid van de leerling. Hij toont ons werkelijk de weg. Een echte guru zal zijn leerling nooit als zijn slaaf zien. Hij is vol liefde voor de leerling. Hij wil zien dat de leerling slaagt, zelfs als dat ontbering voor hemzelf betekent. De echte guru is werkelijk als een moeder."

Moeders woorden drongen diep door in de geest van de luisteraars. Zij roeiden twijfel uit en plantten het zaad van vertrouwen. De verslaggever nam afscheid met de voldoening dat hij veel opgenomen had wat hij van tevoren niet geweten had.

Zaterdag, 22 juni 1985

Meditatie

Moeder en de brahmachari's zaten in de meditatiekamer. Enkele wereldlijke toegewijden zaten ook vlakbij. Een brahmachari die net aangekomen was en de kans om deze ochtend bij Moeder te zijn niet wilde missen, wilde meer over meditatie weten.

Brahmachari: "Amma, wat verstaat men onder meditatie?"

Moeder: "Laten we zeggen dat we payasam (rijstpudding) gaan maken. Als iemand ons vraagt waarom we water in de pot gieten, zeggen we dat het voor de payasam is. Maar we hebben gewoon water genomen om dat warm te maken. Wanneer we de rijst en de jaggery (ongeraffineerde bruine suiker) nemen, zeggen we dat deze dingen ook voor de payasam zijn, maar in feite moet de payasam nog gemaakt worden. Op dezelfde manier zeggen we dat we mediteren wanneer we met onze ogen dicht zitten. Eerlijk gezegd is het geen meditatie. Het is een oefening om de staat van echte meditatie te bereiken. Echte meditatie is een toestand van de geest, een ervaring. Het kan niet met woorden beschreven worden.

Spreken we niet over 'sadhak' in verband met zingen? Het betekent gewoon oefenen om te zingen. Om goed te kunnen zingen moet men herhaaldelijk oefenen en moet men vaardigheid krijgen. Op dezelfde manier is sadhana oefening op het spirituele pad en meditatie is de toestand die je bereikt als resultaat daarvan. Voortdurend denken aan God is meditatie, zoals het stromen van een rivier. Je bereikt de toestand van meditatie alleen door echte doelgerichtheid te verwerven. In het begin moet je de geest zuiveren, hem doelgericht maken en hem oplossen door japa en devotioneel zingen. Beoefen daarna meditatie.

Zonder liefde voor God in je te voelen kunnen we onze geest niet aan hem binden. Als iemand die liefde eenmaal heeft, zal zijn geest niet opnieuw afdwalen naar wereldse dingen. Voor hem zijn wereldse genoegens als hondenpoep. Kleine baby's pakken modder en vuil op en stoppen het in hun mond. Zullen ze in de verleiding komen om dat zelfs maar eventjes te doen als ze groot worden en onderscheidingsvermogen ontwikkelen?"

Het verdriet van leven in de wereld

Een brahmachari bracht wat brieven die net gekomen waren en Moeder begon ze te lezen. Toen Zij ze las, zei Ze tegen de toegewijden: "Door dit te lezen kun je alles over het leven te weten komen. De meeste brieven zijn lijdensverhalen."

Brahmachari: "Zijn er geen brieven die vragen stellen over spirituele zaken?"

Moeder: "Ja, maar de meeste brieven vertellen verdrietige verhalen, zoals de brief die onlangs van een dochter kwam. Haar man komt iedere dag dronken thuis en slaat haar dan. Op een dag kwam hun kind van twee jaar tussen hen in. Wat is het verschil tussen een kind en een volwassene voor iemand die helemaal dronken is? Slechts één trap en het been van de baby was gebroken. Het been zit nu in het gips. Zelfs hierna drinkt de man nog evenveel als voorheen. De vrouw moet voor de baby zorgen en al het andere werk thuis doen. Ze schreef en vroeg om Amma's zegen zodat haar man zou ophouden met drinken."

Een toegewijde: "Amma, leest U al die brieven zelf? Er is een grote stapel alleen al van de post van vandaag."

Moeder: "Wanneer Amma aan hun tranen denkt, hoe kan Ze die dan niet allemaal lezen? Ze schrijft zelf een antwoord op sommige brieven. Als er veel brieven zijn zal Zij iemand uitleggen wat hij moet schrijven. Het is moeilijk om ze allemaal te lezen en te beantwoorden. Sommige brieven bestaan uit tien of twaalf vellen. Amma heeft gewoon niet de tijd om ze allemaal te lezen. Ze leest brieven bijna tot aan het aanbreken van de dag. Ze heeft een brief in Haar hand zelfs als Ze aan het eten is. Vaak dicteert Amma een antwoord terwijl ze een bad neemt."

Ze gaf de brieven aan een brahmachari en zei: "Breng al deze brieven naar Amma's kamer, zoon. Amma zal ze later lezen."

Details van sadhana

Moeder vroeg een pas aangekomen brahmachari: "Lees je tegenwoordig nog boeken, zoon?"

Brahmachari: "Ja Amma, maar de meeste boeken zeggen hetzelfde. En veel ervan wordt op vele plaatsen in hetzelfde boek herhaald."

Moeder: "Zoon, er hoeft maar één ding gezegd te worden. Wat is eeuwig, wat is vergankelijk? Wat is goed, wat is slecht? Hoe kan men het eeuwige realiseren? De Gita en de Purana's proberen allemaal deze zelfde dingen uit te leggen. De basisprincipes worden telkens opnieuw uitgelegd. Dat is om te laten zien hoe belangrijk ze zijn. Als mensen de principes telkens weer opnieuw horen, zullen ze in hun geest blijven hangen. Er zijn wat ogenschijnlijke verschillen tussen deze boeken, dat is alles. Terwijl de Ramayana over de strijd tussen Rama en Ravana gaat,

gaat de Mahabharata over de oorlog tussen de Kaurava's en de Pandava's. Het basisprincipe is hetzelfde. Hoe kan men zich aan de principes houden en vooruitkomen in de verschillende situaties die het leven brengt? Dat is wat alle mahatma's en alle boeken ons proberen te leren."

Een andere brahmachari: "Amma, mijn lichaam voelt deze dagen heel zwak. Dit is begonnen toen ik met yogalessen begonnen ben."

Moeder: "Zoon, wanneer je yogahoudingen begint te oefenen, zul je de eerste maanden vermoeidheid voelen. Je moet goed eten. Als het lichaam eenmaal gewend is aan de oefeningen, zul je je weer normaal voelen. Dan moeten je eetgewoonten ook weer normaal worden." Moeder lachte: "Laat me jou niet betrappen terwijl je je volstopt en dan zegt dat Amma je heeft gezegd dat je veel moet eten… " Iedereen lachte.

Moeder ging verder: "Sadhaks moeten erg voorzichtig zijn met hun eetgewoonten. Het is beter om 's morgens niets te eten. Je moet je in meditatie verdiepen tot ongeveer elf uur. De tamas-kwaliteit neemt toe als je te veel eet en je geest zal vol slechte neigingen zijn. Als je 's morgens wel iets eet, moet het erg licht zijn. De geest moet zich op de meditatie concentreren."

Een jongeman zat bij de deur van de meditatiekamer en luisterde intens naar Moeders woorden. Hij was een goed opgeleid iemand met een Masters degree en had de laatste vier jaar in Rishikesh gewoond. Toen hij de vorige maand een vriend in Delhi bezocht, had hij over Moeder gehoord. Hij was twee dagen geleden in de ashram aangekomen om Moeder te zien.

Jongeman: "Amma, ik heb de laatste jaren sadhana beoefend. Tot nu tot is het teleurstellend geweest. Ik verlies mijn kracht wanneer ik bedenk dat ik tot nu toe niet in staat geweest ben om God te realiseren."

Moeder: "Zoon, weet je wat voor onthechting nodig is om Godsrealisatie te bereiken? Stel je voor dat je thuis lekker ligt te slapen. Plotseling word je wakker omdat je het erg warm hebt. Je ziet dat er overal om je heen vuur woedt. Zou je op dat ogenblik niet waanzinnig worden en proberen aan het vuur te ontsnappen? Denk aan de nood waarmee je om hulp zou schreeuwen, nu je de dood voor ogen ziet. Je moet met diezelfde nood schreeuwen om een visioen van God te krijgen. Denk hoe iemand die in diep water valt en niet kan zwemmen, worstelt om adem te krijgen. Zo moet je ervoor vechten om in het Hoogste Absolute op te gaan. Je moet voortdurend het verdriet voelen dat je het visioen van God niet bereikt hebt. Ieder ogenblik moet je hart ernaar hunkeren."

Moeder hield even op en ging toen verder: "Je zult het visioen van God niet krijgen enkel door in de ashram te wonen. Je moet sadhana doen met uiterste onthechting. Je moet voelen 'Ik wil niets anders dan God.' Zelfs zoete dingen smaken bitter voor iemand die koorts heeft. Op dezelfde manier zal je geest aan niets anders denken als je de koorts van liefde voor God hebt. Je ogen zullen niets anders willen zien dan de vorm van God. Je oren zullen ernaar verlangen de goddelijke naam te horen. Alle andere geluiden zullen je irriteren en je oren pijn doen. Je geest zal worstelen als een vis op het droge totdat je God bereikt." Moeder sloot Haar ogen en was verzonken in meditatie. Iedereen zat aandachtig naar Haar te kijken.

Enkele minuten later stond Moeder op en wandelde langs de buitenmuur van de meditatiekamer. Het drinkwaterreservoir was aan de zuidkant, op een halve meter afstand van de muur van de meditatiekamer. Er was dus slechts een smalle doorgang. Het water uit dit reservoir werd naar een ander, hoger reservoir gepompt, vanwaar het over de ashram verdeeld werd.

Moeder keek in het reservoir. Voordat Ze verder ging naar de hut om darshan te geven aan de mensen die daar wachtten, zei Ze tegen de brahmachari's: "Er begint mos te groeien in het reservoir, kinderen. Het moet schoon gemaakt worden."

De schemering was ingetreden. Verzonken in een goddelijke stemming zat Moeder op de bank in Haar kamer een bhajan te zingen. De vlammen in de olielampen die bij de schemering aangestoken waren, waren volkomen stil, alsof ze verdiept waren in Haar lied *Agamanta porule jaganmayi.*

O, Essentie van de Veda's,
die het universum doordringt,
die vol wijsheid is, kent iemand U?
O gelukzalig Zelf, Eeuwig Wezen zonder verdriet,
Hoogste Oerkracht, bescherm mij!

U verblijft in alle harten en kent allen,
vol verlangen om de zaligheid
van bevrijding te schenken.
Verborgen voor de zondigen, maar altijd stralend
in de meditatie van de deugdzamen.

U straalt in de vorm van eeuwige Waarheid.
O eeuwige Devi, toon mij het pad naar verlossing.
Schijn in mij, een sufferd onder de mensen.

Duidelijk vertel ik U moeder,
verwaardig U in mijn hart te komen
en daar te schijnen.
Sta mij toe om Uw lof te zingen
en bevrijd mij van deze Maya.

Aan de muur achter Moeder hing een afbeelding van Devi Sarasvati met Haar vina. Begonnen Devi's vingers de vina te bespelen, toen Moeder begon te zingen? Voordat de echo van Haar lied was weggeëbd, pakte Moeder Devi's afbeelding en kuste die telkens opnieuw. Ze hield de afbeelding tegen Haar hart en zat een tijdje stil.

Ze zat in deze houding zonder de geringste beweging. Toen de avondbhajans in de kalari begonnen, zette ze de afbeelding zachtjes op het bed neer. Twee natte stromen van tranen waren zichtbaar op de afbeelding. Ze stond op en begon langzaam heen en weer te lopen, nog steeds verzonken in Haar goddelijke stemming.

De bhajans eindigden en de arati was bijna afgelopen. Moeder ging naar buiten en wandelde in de kleine binnenplaats voor de meditatiekamer.

Advies aan mensen met een gezinsleven

Enkele toegewijden die op een afstand stonden, gingen naar Moeder toe. Ze leidde hen naar de kalari en ging zitten.

Een toegewijde: "Amma, ik heb een vraag over iets wat U vanochtend tegen de brahmachari's zei."

Moeder: "Wat is het, zoon?"

Toegewijde: "Amma zei dat het wereldlijke leven gelijk is aan hondenpoep. Moet je het wereldlijke leven zo negatief zien?"

Moeder lachte: "Sprak Amma toen niet met de brahmachari's? Zij moeten dat soort onthechting krijgen om vol te houden op het spirituele pad. Een brahmachari die een sterk gevoel voor het doel heeft, zal zich helemaal niet aangetrokken voelen tot het wereldlijke leven. Amma moet hem een lage dunk van het wereldlijke leven geven, zodat hij de kracht krijgt om door te gaan naar zijn doel. Anders zal hij verstrikt raken in lichamelijke genoegens en zijn kracht verliezen.

Een soldaat krijgt de training die nodig is voor zijn werk in het leger, terwijl een politieman op een andere manier getraind wordt voor zijn taak als politieagent. Zo ook zijn de instructies voor een brahmachari en iemand met een gezinsleven verschillend. Hoewel het doel voor beiden hetzelfde is, is er een verschil in het niveau van de intensiteit. De brahmachari heeft al zijn relaties al opgegeven en heeft zich volledig aan zijn pad gewijd. Hij zingt een mantra van onthechting bij iedere stap. Amma zou nooit zeggen dat grihasthashrama inferieur is. Hadden alle oude rishi's geen gezinsleven? Leidden Rama en Krishna niet een leven als gezinshoofd? Maar iemand die de gelofte van brahmacharya heeft afgelegd, moet het wereldlijke leven als hondenpoep zien. Dan zal hij in staat zijn om het niveau van onthechting te handhaven dat nodig is om op het pad te blijven.

Dus moet een brahmachari het advies gegeven worden dat nodig is voor volledige onthechting. Amma is heel blij dat Zij een gevoel van onthechting ziet opkomen bij Haar kinderen die in de wereld leven. Zij moeten er slechts voor op hun hoede zijn dat die vlam niet wordt uitgedoofd. Dan kunnen zij uiteindelijk het doel bereiken. Amma zal niemand vragen om alles op te geven en een sannyasi te worden, voordat hij een volledig gevoel van onthechting heeft.

Het pad dat Amma voorschrijft is er niet een waarbij je naar de Himalaya's gaat en met je ogen dicht zit en alleen aan moksha (bevrijding) denkt. Men moet leren om ongunstige situaties te overwinnen. Als de jakhals in het oerwoud zit, denkt hij dat hij niet zal janken de volgende keer dat hij een hond ziet. Maar zodra hij toevallig een hond ziet, kan hij niet nalaten uit pure gewoonte te janken. Iemand met echte moed heeft geen gehechtheid of gevoel van bezit zelfs temidden van wereldse ervaringen. Zo moet de echte grihasthashrami zijn.

Net zoals de bloem afvalt, wanneer de vrucht vorm krijgt, zullen wereldse verlangens verdwijnen wanneer onthechting rijpt. Geen enkel verlangen kan zo iemand dan nog binden, of hij nu in een huis woont of in het bos. Iemand die Godsrealisatie als zijn doel heeft gekozen, zal geen belang aan iets anders hechten. Hij heeft reeds begrepen dat niets stoffelijks eeuwig is en dat echte gelukzaligheid in je is."

Toegewijde: "Hoe kunnen we de geest terugbrengen wanneer hij op zoek gaat naar uiterlijke genoegens?"

Moeder: "De kameel eet doornige struiken wanneer hij honger heeft. Zijn mond bloedt door de doornen. Stel dat je, wanneer je honger hebt, alleen scherpe pepers eet, omdat je van pepers houdt. Je mond zal branden en je maag ook. Je wilde je honger stillen, maar nu moet je pijn lijden. Op dezelfde manier zal je uiteindelijk verdriet ervaren, als je voor je geluk van materiële dingen afhankelijk bent.

Neem bijvoorbeeld het muskusdier. Hoe lang hij ook zoekt naar de bron van de muskusgeur, hij zal die niet vinden omdat de geur vanuit hemzelf komt. Gelukzaligheid zit niet in uiterlijke dingen. Het bestaat in onszelf. Wanneer we ons hierop eenmaal bezinnen en voldoende onthechting krijgen, zal de geest ophouden achter uiterlijke genoegens aan te rennen.

Wanneer we weten dat het sap binnen in de vrucht zit, schillen we de vrucht en gooien de schil weg. Dit is de houding die een sadhak moet hebben. Dan zal de geest niet naar buiten gaan. We zullen in staat zijn om het wezen van alles te waarderen."

Toegewijde: "Amma, is het niet mogelijk om spirituele gelukzaligheid te genieten terwijl je een werelds leven leidt?"

Moeder: "Hoe kun je spirituele gelukzaligheid volledig ervaren zonder je geest volledig op God te richten? Als je payasam met veel andere gerechten mengt, kun je dan volledig van de smaak ervan genieten?

Heer Vishnu vroeg Sanaka en de andere wijzen verscheidene malen om te trouwen. Maar zij antwoordden: 'Ieder ogenblik dat we gehuwd leven, zullen we doorbrengen zonder aan U te denken. We hebben alleen U nodig, Heer! Niets anders!'

Omdat niets gescheiden is van God, voeren sommige mensen aan dat het wereldse leven in orde moet zijn. Het is best als men zich God onder alle omstandigheden kan herinneren. Maar kunnen we dat? Wat doen we gewoonlijk wanneer we iets zoets eten? Van de goede smaak genieten of ons God herinneren? Als je zelfs dan aan niets anders dan God kunt denken, dan is er geen probleem. Je kunt die weg volgen."

Toegewijde: "Schrijven onze geschriften niet vier stadia in het leven voor: brahmacharya, grihasthashrama, vanaprastha and sannyasa? Nadat men het leven van een grihastha (gezinsleven) geleid heeft, gaat men naar vanaprastha wanneer men onthechting begint te krijgen. Men wordt sannyasi wanneer men volledige onthechting heeft. Alle banden worden verbroken en men geeft zich helemaal aan God over. Dat is inderdaad het doel van het leven."

Een andere toegewijde: "Er wordt ook gezegd dat men direct van brahmacharya naar sannyasa kan gaan, als men volledige onthechting heeft."

Moeder zei lachend: "Zeker, maar de ouders staan het niet toe, zo zit dat. Sommige kinderen in de ashram moesten ernstige tegenwerking overwinnen om hier te blijven."

Toegewijde: "Amma, verdienen we zelfverwerkelijking eigenlijk wel? We zitten zo ellendig in dit wereldse leven gevangen!"

Moeder: "Jullie moeten niet zo denken, mijn lieve kinderen! Denk dat dit bedoeld is om alle hindernissen op de weg naar God te verwijderen. Als we op reis gaan en we zien iets dat onze weg blokkeert, verwijderen we het en gaan dan verder. Als we dat niet doen, zal het daar altijd als een obstakel liggen. Het wereldlijke leven stelt ons in staat om het verlangen en de woede die in ons aanwezig zijn, uit te roeien. Amma beveelt soms het huwelijk aan voor die kinderen in wie de vasana's erg sterk zijn. Als de vasana's onderdrukt worden, zullen ze vroeg of laat ontploffen.

We moeten ze transcenderen. Het gezinsleven verschaft hiervoor de omstandigheden.

De geest moet door contemplatie sterk gemaakt worden. Als een peuter valt wanneer hij probeert te lopen, moet hij weer opstaan en verder lopen. Als hij gewoon blijft liggen, zal hij nooit verderkomen. Het gezinsleven is niet bedoeld om ons van God weg te leiden, maar om ons dichter bij Hem te brengen. Gebruik het met dat doel, kinderen, zonder je onnodig zorgen te maken.

Het gezinsleven stelt ons in staat onze vasana's te overwinnen. Zorg dat je niet in de vasana's verdrinkt. Begrijp wat ze zijn en ga eraan voorbij. We zullen ons doel alleen bereiken als we volledig zonder vasana's zijn. We voelen ons verzadigd als we van onze portie payasam genoten hebben, maar even later willen we twee keer zoveel. Als we eenmaal de ware aard van dit verlangen begrijpen, zal de geest het niet meer najagen. Zou iemand de payasam aanraken als er een hagedis in gevallen was?

Als de vasana's ons naar zich toetrekken, zal de geest hieraan weerstand bieden als hij weet dat zij niet de bron van ware vreugde zijn en dat zij ons alleen verdriet zullen brengen. Maar deze kennis moet stevig in de geest en het intellect verankerd zijn. Verspil je leven niet door een slaaf van je geest te zijn, kinderen! Ruil een kostbaar juweel niet om voor een stukje snoep. Onze geest zal tot rust komen als we niet zoveel belang hechten aan zintuiglijk genot als we nu doen.

Maak je geen zorgen als je niet de kracht hebt om dat nu meteen te doen. Ga iedere dag even alleen zitten en denk hierover na, waarbij je de houding van een getuige aanneemt. Maak er een gewoonte van. Je zult zeker de nodige kracht krijgen. Het heeft geen zin om ergens te zitten huilen dat je te zwak bent. Vind de kracht die je nodig hebt. Dan zul je iedere uitdaging aankunnen zonder je evenwicht te verliezen. Kinderen, stort geen tranen denkend dat je het niet verdient. Dat berooft je alleen van je kracht.

Zoon, wees er niet verdrietig om dat je geen brahmachari kon worden, of dat je niet de hele tijd bij Amma kunt zijn. Kinderen, jullie zijn allemaal als de bladen van een plant. Sommige bladen zijn dicht bij de bloem en andere zijn er ver vandaan, maar alle bladen behoren tot dezelfde plant. Zo ook zijn allen Amma's kinderen. Daar moet je absoluut niet aan twijfelen. Wees niet verdrietig dat je niet van Amma's lichamelijke aanwezigheid kunt genieten omdat je niet bij Haar bent. Op een dag kun jij het uiteindelijke doel ook bereiken."

Toegewijde: "Maar is ons leven toch niet verspild doordat we vastzitten in al deze wereldse verlangens?"

Moeder: "Waarom zou je het verleden betreuren? Ga met vertrouwen verder.

Er was eens een houthakker. Hij was erg arm. Hij ging iedere dag naar het bos, hakte hout, maakte er houtskool van en bracht het naar een winkel waar het als brandstof verkocht werd. Hij verdiende hiermee maar een klein inkomen, beslist niet genoeg om zijn maag te vullen. Zijn huis was een oude, rottende, lekkende hut. Omdat zijn gezondheid hem niet toeliet om harder te werken, was hij altijd wanhopig. Op een dag kwam de koning toevallig door het dorp. Hij vernam de hopeloze toestand van de arme houthakker. De koning zei tegen hem: 'Vanaf nu hoef je niet meer te zwoegen. Ik geef je een sandelhoutbos. Met het inkomen daarvan kun je comfortabel leven.'

De volgende dag ging de houthakker zoals gewoonlijk aan het werk. Omdat hij nu zijn eigen bos had, hoefde hij niet meer naar bomen te zoeken die hij om kon hakken. Hij hakte wat sandelhout, maakte er houtskool van en bracht het zoals gewoonlijk naar de brandstofwinkel. Hij verdiende niet meer dan vroeger.

Na een paar jaar kwam de koning weer naar het dorp. Hij vroeg naar de man aan wie hij het sandelhoutbos gegeven had. De koning verwachtte dat hij nu een rijk man zou zijn. Hij was verbaasd toen hij de houthakker zag. De man was bijna nog armer dan eerst. Er straalde geen geluk van zijn gezicht en hij had het lachen helemaal verleerd. De koning vroeg hem verbijsterd: 'Wat is er met jou gebeurd? Wat heb je met het bos gedaan dat ik je gegeven heb?' 'Ik heb de bomen omgehakt en ze als houtskool verkocht,' zei de man. De koning kon niet geloven dat de man die kostbare bomen voor zo'n armzalig bedrag had weggegeven. 'Zijn er nog bomen over?' vroeg hij. 'Ja, nog één,' zei de man. De koning antwoordde: 'Jij, dwaas! Wat ik je gegeven heb was een bos vol sandelhoutbomen. Het was niet de bedoeling ze als brandstof te gebruiken! Maar goed, er is tenminste één boom over. Hak hem om en verkoop hem zonder er houtskool van te maken. Daarmee zul je voldoende verdienen om de rest van je leven van te leven.' De houthakker volgde het advies van de koning op en was van toen af in staat om een comfortabel leven te leiden.

Kinderen, jullie hebben het verlangen om God te kennen. Dat is genoeg. Jullie levens zullen vervuld worden. Het is voldoende als jullie in de toekomst een juist leven leiden."

Een vrouw kwam naar Moeder met twee kleine kinderen en knielde voor Haar. Zij legde haar hoofd in Moeders schoot en begon bitter te huilen toen zij het verhaal van haar verdriet vertelde.

Haar man was een zaak begonnen met geld dat hij tegen een overdreven hoge rente geleend had. Het bedrijf ging failliet. Zij verkochten hun land en gaven de sieraden van de vrouw in onderpand om de schuld terug te betalen. Zij konden de juwelen niet op tijd terugvorderen, dus werden die bij opbod verkocht. Onder druk van de schuldeisers verkochten zij hun huis en huurden een andere woning. Nu was er geen geld om de huur te betalen. De vrouw was met haar kinderen vertrokken met de idee om zelfmoord te plegen. Maar toen hoorde ze van een vriendin over Moeder en ze kwam Haar opzoeken. Ze zei door haar tranen heen: "Amma, weet U wat een comfortabel leven we hadden? Mijn man heeft alles kapotgemaakt. Ik kan daar niet langer leven. Er is zelfs geen geld voor de huur. Al mijn familieleden maken het goed. Hoe kan ik me aan hen vertonen? Daarom besloot ik mijn leven te beëindigen en ook dat van mijn kinderen."

Moeder: "Dochter, hiervoor hoef je niet te sterven. Trouwens, beslissen wij wel over de dood? En welk recht heb je om je kinderen het leven te ontnemen?

Waar vuur is, is ook rook, mijn kind. Waar verlangen is, is ook verdriet. Net zoals de zon en zijn warmte. Jullie wilden een geweldig leven en dus begonnen jullie een grote zaak. Dat veroorzaakte jullie verdriet. Als jullie geleerd hadden tevreden te zijn met wat jullie hadden, zou er nu geen probleem zijn. Het leven is vol geluk en verdriet. Er is geen leven dat enkel geluk kent of enkel verdriet.

Er is een tijd voor alles. In bepaalde perioden in ons leven leidt alles wat we beginnen, tot een mislukking. Het heeft geen zin om in te storten wanneer zoiets gebeurt. Houd je stevig aan God vast. Hij is onze enige toevlucht. Hij zal ons zeker een uitweg tonen. Je hebt in ieder geval je gezondheid. Je kunt voor je levensonderhoud werken. God zal dat regelen. Het is niet nodig om in een hoek te zitten huilen. Daardoor verspil je alleen je tijd en het ruïneert je gezondheid. Treur niet over wat voorbij is, mijn dochter! Aan het verleden denken en erover treuren is als het knuffelen van een dood lichaam.

Het verleden zal nooit terugkomen. We weten ook niets over de toekomst. In plaats van je tijd te verknoeien en je gezondheid te ruïneren door over het verleden en de toekomst te piekeren, moet je het heden sterker maken. Je verpest nu het heden door voortdurend bij het verleden en de toekomst stil te staan. Alleen de Paramatman kent alle drie: verleden, heden en toekomst. Daarom moet je alle drie aan Hem overgeven en vooruitgaan, waarbij je je Hem altijd herinnert. Dan zal er altijd een glimlach op je gezicht zijn.

Stel je iemand voor die een ijsje zit te eten. Terwijl hij eet denkt hij: 'In het restaurant waar ik gisteren was, was al het voedsel onbedekt. Is er misschien een kakkerlak of een hagedis in gevallen? Werd mijn hoofdpijn vanochtend door het eten van dat voedsel veroorzaakt? Vanochtend vroeg mijn zoon weer om nieuwe kleren. Hoe kan ik iets voor hem kopen? Ik heb het geld er niet voor. Ik droom al zo lang van een beter huis, maar wat ik verdien, is niet genoeg. Alles zou beter gaan als ik maar een betere baan kon vinden!' Tegen die tijd is al het ijs op. Omdat de man in zijn gedachten verdiept was, heeft hij zelfs de smaak ervan niet geproefd. Het verleden verontrustte zijn geest en de toekomst baarde hem ook zorgen. Zo verspilde hij een prettige gelegenheid in het heden. Als hij in plaats daarvan het verleden en de toekomst vergeten had en aandacht geschonken had aan het huidige moment, had hij in ieder geval van de smaak van het ijs kunnen genieten. Geniet daarom van ieder ogenblik van het leven, kinderen! Geef alles aan God over of begroet alle omstandigheden met een glimlach. Vergeet het verleden en de toekomst en houd je vol alertheid bezig met wat er op dit ogenblik gebeurt.

Als je valt, sta dan op en ga enthousiast verder. Zie het zo dat de val bedoeld was om je meer alert te maken. Zie het verleden als een afgehandelde cheque. Het heeft geen zin erover te piekeren. Het is nutteloos om bij de pakken neer te zitten en je over je wonden zorgen te maken. Je moet zo snel mogelijk een geneesmiddel aanbrengen op de wond.

Dochter, niemand brengt iets mee naar deze wereld of neemt hieruit iets mee. We krijgen hier dingen en we verliezen ze weer. Dat is alles. Als we eenmaal erkennen dat de aard van de dingen zo is, verliezen we onze kracht niet door erover te piekeren.

Gemoedsrust is echte rijkdom, dochter. Dat is de rijkdom die we op de een of andere manier moeten beschermen.

Blijf hier totdat je man werk krijgt. Je kinderen kunnen ook hier blijven. Houd op met piekeren!"

Met Haar handen veegde Moeder de tranen en alle zorgen van de vrouw weg.

Een andere vrouw zei: "Amma, ik voel me heel verdrietig wanneer ik niet in staat ben om mijn geest met God te verbinden, omdat er veel slechte gedachten opkomen en me dwarszitten."

Moeder: "Dochter, maak je geen zorgen over de slechte gedachten. De geest is enkel een verzameling gedachten. Denk dat de slechte gedachten opkomen omdat het tijd voor hen is om te verdwijnen. Maar wees voorzichtig dat je je niet met hen identificeert.

Wanneer we in een bus reizen, zien we onderweg zoveel leuke dingen: leuke huizen, mooie bloemen, prachtige tuinen, enzovoorts. Maar we vormen daarmee geen band. We laten ze gewoon voorbijgaan omdat ze niet ons doel zijn. We moeten leren om de gedachten die door onze geest gaan, op dezelfde manier te zien. Neem ze waar, maar heb er geen relatie mee. Houd je er niet aan vast. We kunnen op de oever staan en de rivier zien stromen. De rivier is interessant om te zien, maar als we erin springen, zullen we spoedig onze kracht verliezen. Probeer de bekwaamheid te ontwikkelen om op een afstand als een getuige te staan wanneer er gedachten door je geest gaan. Dat zal je geest sterk maken."

Een vrouw die naar Amma's woorden geluisterd had, zei: "Amma, als we eenmaal in het web van het gezinsleven verstrikt raken, is het moeilijk om daaruit te ontsnappen, hoe hard we het ook proberen!"

Moeder: "Een vogel zit op een verdroogde tak van een boom en eet een stukje fruit dat hij ergens gevonden heeft. Hij weet dat het takje ieder moment kan breken. Dus is hij erg op zijn hoede, wanneer hij op de tak zit. Je moet begrijpen dat deze wereld ook zo is. Je kunt alles op ieder moment verliezen. Jullie moeten dat niet vergeten, kinderen. Houd je stevig vast aan de waarheid dat God alleen eeuwig is. Dan zal er geen reden voor verdriet zijn.

Als we ons ervan bewust zijn dat er rondom ons vuurwerk wordt afgestoken, zullen we niet schrikken van de volgende luide knal en zullen we ons evenwicht niet verliezen. Op dezelfde manier zullen we, als we de ware aard van deze wereld begrijpen, ons evenwicht niet verliezen. We moeten leren om alles te doen als een taak die ons is toebedeeld en verdergaan zonder ons met iets te identificeren.

Kijk naar een bankdirecteur. Kijk naar alle mensen die onder hem werken. Hij moet hun aandacht geven en hij moet ook zaken doen met alle aanvragers van leningen die veel ondersteunende documenten meebrengen. Als de directeur bekoord wordt door de glimlach en de complimenten van de aanvragers en hen allemaal leningen geeft zonder hun documenten zorgvuldig te onderzoeken, zal hij in de gevangenis terecht komen. Hij weet dat sommige van deze mensen zijn gekomen om op welke manier dan ook geld van hem te krijgen. Hij weet dat het geld in de bank niet van hem is, maar toch geeft hij het niet weg aan iedereen die erom vraagt. Hij ergert zich aan niemand en hij aarzelt niet om leningen te geven aan hen die het verdienen. Hij doet zijn werk gewoon op de juiste manier, dat is alles. Dan is er geen reden dat hij later spijt krijgt.

We moeten allemaal zo zijn. We moeten in staat zijn alles met oprechtheid en enthousiasme te doen. We moeten niet ontmoedigd worden of lui worden en denken dat we uiteindelijk niets zullen hebben. We moeten ons werk als een plicht en met shraddha doen. Er moet geen afkeer van zijn. Zie alles als een aspect van de Paramatman. Alles is datzelfde uiteindelijke principe.

Hebben jullie wel eens snoepjes in papiertjes van verschillende kleur gezien: rood, wit, blauw en groen? Ze zijn van buiten allemaal verschillend. Kinderen zullen om hun favoriete kleur vechten: 'Ik wil blauw', 'Ik wil rood,' enzovoorts. Het kind dat een rode wil zal niet blij zijn als hij een blauwe krijgt. Hij zal huilen totdat hij een rode krijgt. Maar wanneer de papiertjes verwijderd zijn, smaken alle snoepjes hetzelfde. Wij zijn als deze kinderen. Wij denken niet aan het snoepje. We zijn gefascineerd door de verschillende papiertjes en vechten erom. In werkelijkheid is het principe dat in alle levende wezens aanwezig is, hetzelfde. Hoewel de uiterlijke vormen en kleuren kunnen verschillen, verandert het hoogste principe niet. We zijn niet in staat om dit te begrijpen omdat we onze kinderlijke onschuld en innerlijke zuiverheid verloren hebben.

Stel dat iemand kwaad op ons is of zich op een vijandige manier gedraagt. Als we kwaad op hem reageren of hem straffen, dan is dat alsof je prikt in een wond die hij op zijn hand heeft en die daardoor groter wordt, in plaats van er zalf op te smeren en hem te genezen. De etter uit zijn wond zal op ons lichaam vallen en zal ons ook laten stinken. Zijn ego wordt sterker en onze onwetendheid wordt groter. Als we hem daarentegen vergeven, is dat als het aanbrengen van medicijnen op zijn wond, en het verruimt onze eigen geest. Leid daarom een leven van liefde en vergeving, kinderen. Dit alles lijkt misschien erg moeilijk, maar als je het probeert, zul je zeker slagen."

Toegewijde: "Amma, waar kunnen we de tijd vinden voor meditatie en japa temidden van alle verantwoordelijkheden van het gezinsleven?"

Moeder: "Niets is moeilijk, voor hen die echt willen. Je moet een oprecht verlangen hebben om het te doen. Je moet tenminste één dag per week in eenzaamheid doorbrengen en sadhana doen. Je hebt misschien verantwoordelijkheden en werk dat je moet doen. Maar ook dan moet je één dag apart houden. Neem je geen ziekteverlof als je je niet goed voelt, zelfs als er veel werk is? Neen je geen vrije dag om het huwelijk van een familielid bij te wonen? En dit is zoveel belangrijker! Ga dus tenminste één dag in de week naar een ashram en doe sadhana en seva. Die dag word je getraind om ook de liefde en samenwerking in je gezin te versterken.

Wanneer jullie kinderen kattenkwaad uithalen, leg ze dan alles liefdevol uit. De jeugd is de basis van het leven. Als we geen aandacht besteden aan onze kinderen en hun onze liefde en genegenheid niet tonen, kunnen ze het verkeerde pad opgaan. Ouders moeten niet vergeten om bijzonder liefdevol te zijn voor hun kinderen wanneer ze erg jong zijn, net zoals je een gevoelig, jong plantje water zou geven. Als de kinderen eenmaal volwassen zijn en werk gevonden hebben, moeten de ouders hun de verantwoordelijkheden van het gezin toevertrouwen. Zij moeten zich dan terugtrekken in het ashramleven en in eenzaamheid sadhana doen. Zuiver de geest door dienstbaarheid. Het is niet verstandig om je tot je laatste adem aan je huis en je kinderen vast te klampen. Wanneer de kinderen volwassen zijn, wordt het verlangen sterk om je kleinkinderen te zien en met hun opvoeding te helpen. Alle levende wezens op aarde slagen erin om te groeien en te overleven, nietwaar? Ze wachten niet op hulp. Laat je kinderen aan God over. Dat is wat liefhebbende ouders moeten doen. Dat is echte liefde.

Tot nu hebben we geploeterd 'voor mijzelf en mijn kinderen'. Hierin is geen verschil tussen ons en de dieren. Wat is dan de vrucht van dit kostbare menselijke leven? Van nu af moet ons werk 'voor U' zijn. Dan verdwijnt het 'ik' langzaam vanzelf. Onze zorgen en verdriet zullen ook verdwijnen.

Waarom blijven we onze last dragen en klagen we dat die zo zwaar is, als we eenmaal in de trein gestapt zijn? We kunnen alles neerzetten. Leer zo ook om je toevlucht te nemen tot het Hoogste Zijn en alles helemaal over te geven.

Als één keer per week niet haalbaar is, moet je minstens twee dagen per maand in de atmosfeer van een ashram doorbrengen en je verdiepen in japa, meditatie en dienstverlening. De herinnering van God is de echte basis van het leven. Te zijner tijd kunnen we ons van alle banden bevrijden, net zoals een slang zijn huid afstoot, en opgaan in God. Volg een regelmatige discipline. Sommige mensen zeggen dat de wereld om ons heen ook Brahman is, dus waarom zouden we ons eruit terugtrekken? Ja, alles is Brahman, maar hebben wij dat stadium bereikt? God kan in niemand kwaad zien. Hij ziet in alles alleen het goede. Wanneer wij diezelfde houding krijgen, betekent het iets als we zeggen 'Alles is Brahman'. Als er slechts één ding goed is en duizend dingen verkeerd, zal God slechts dat ene ding zien.

Een guru had twee leerlingen. Hij gaf één van hen altijd meer verantwoordelijkheden in de ashram. De tweede leerling vond dit niet leuk, omdat hij zich als de beste leerling in de ashram beschouwde. Hij begon een hekel te krijgen aan de andere leerling. Op een dag vroeg hij de guru: 'Waarom vertrouw je mij niet een aantal ashramzaken toe? Ik kan deze dingen beter doen dan hij.'

De guru riep beide leerlingen en vroeg hen om eropuit te gaan en te leren wat de aard van de mensen is. Toen de eerste leerling een wandeling maakte, zag hij dat een man snoep gaf en een klein kind troostte langs de kant van de weg. Bij navraag kwam hij te weten dat de man in feite een moordenaar was. Toch was de leerling blij over de goede kant van de man. Toen hij verder liep, zag hij iemand water geven aan een oude man, die verzwakt was door honger en dorst en die langs de kant van de weg lag. De leerling kwam erachter dat de man die dit deed, een rover was. Hij was blij dat er zelfs in de rover mededogen was. Vervolgens zag hij een vrouw die de tranen van een andere vrouw afveegde en haar troostte. De vriendelijke vrouw was een prostituee. De leerling kon niet op de prostituee neerkijken toen hij het mededogen in haar hart zag. Hij ging terug naar de guru en beschreef alles, waarbij hij vooral de goede daden die hij gezien had, prees.

De tweede leerling kwam ook tegen deze tijd terug. Hij vertelde dat hij een man een kind had zien slaan. Vervolgens had hij iemand een bedelaar op zijn donder zien geven. En verder had hij een verpleegster gezien die erg boos was op een patiënt. Deze waarnemingen verwekten alleen haat in het hart van de leerling tegenover de mensen die hij gezien had. De man die het kind geslagen had, had een warm hart. Bovendien gaf hij aan veel arme kinderen voedsel en kleding en betaalde hij hun onderwijs. Dit ene kind had de gewoonte om te stelen. Met hem praten hielp niet en de man nam uiteindelijk zijn toevlucht tot het slaan van het kind, om hem zijn fout duidelijk te maken. Maar de leerling kon dit niet rechtvaardigen. Hij dacht bij zichzelf: 'Mag iemand ook al is hij nog zo goedhartig, een kind slaan? Slechte man!'

De tweede man die hij had ontmoet, gaf gul aan anderen. Hij zag een gezonde man bedelen en probeerde hem te overreden om zijn door God gegeven gezondheid te gebruiken en om te werken voor zijn levensonderhoud. De leerling kon dit ook niet goedkeuren. Hij dacht: 'Hoe vrijgevig iemand ook mag zijn, wat voor recht heeft hij om iemand een uitbrander te geven? Als hij niets wilde geven, had hij de bedelaar gewoon weg kunnen sturen.'

De verpleegster die de leerling ten slotte zag, hield erg veel van haar patiënten. Ze verzorgde de patiënten dag en nacht. Deze ene patiënt had de gewoonte om zijn verband te verwijderen. Dit vertraagde de genezing van zijn wonden. De verpleegster berispte hem hiervoor uit liefde. Wel, de leerling vond dit ook maar niets: 'De verpleegster moet een medicijn aangebracht hebben, dat zijn wonden irriteerde. Daarom verwijderde de patiënt waarschijnlijk het verband. En zij berispt hem daarvoor. Slechte vrouw!'

De guru luisterde naar de verklaringen die zijn twee leerlingen hem gaven en zei: 'Niemand in deze wereld is helemaal slecht. Hoe slecht iemand volgens anderen ook mag zijn, er zal altijd iets goed in hem zijn. Eén van jullie kon het goede zien in een moordenaar, een rover en een prostituee. Als er goedheid in ons is, zullen we het ook in anderen zien. Zulke ogen hebben we nodig.'

De guru zei toen tegen de tweede leerling: 'Mijn zoon, jij zag je eigen aard in anderen. Je kon alleen maar slechte dingen zien, zelfs in hen die veel goedheid in zich hadden. Zodra je eigen aard verandert, zul je het goede in alles kunnen zien.'

Op het ogenblik is onze geest als die van de tweede leerling. Zelfs als er duizend goede dingen zijn, zien we die niet. We zien de ene fout die er misschien is. Maar God ziet alleen wat goed is in Zijn kinderen. Alleen wanneer we die houding hebben, kunnen we zeggen dat alles Brahman is, of dat alles God is.

Er zijn mensen die vragen: 'Is de guru niet in ons? In het niet voldoende om onze eigen geest te volgen? Waarom moeten we onze toevlucht zoeken bij iemand anders?' Het is waar dat de guru in ons is, maar die 'guru' is nu de slaaf van onze vasana's. We hebben onze geest niet onder controle. Die staat onder controle van de vasana's. Daarom is het gevaarlijk de geest te volgen.

Amma zal jullie het verhaal vertellen van een man die veel gurus bezocht. Zij spraken allemaal alleen over nederigheid, geloof en devotie. De man hield hier niet van. 'Ik wil niemands slaaf zijn', besliste hij. Hij zat aan de kant van de weg en zei tegen zichzelf: 'Geen van de gurus die ik gezien heb is geschikt om mij goed te leiden.' Terwijl hij dit dacht, keek hij om zich heen en zag vlakbij een kameel grazen, die met zijn hoofd knikte. De man was verrast dat de kameel begreep wat hij dacht. 'Dit moet de guru zijn naar wie ik gezocht heb,' dacht hij bij zichzelf. Hij ging naar de kameel toe en vroeg: 'Wilt U mijn guru zijn?' De kameel knikte weer met zijn hoofd. De man was gelukkig.

Hierna deed hij niets zonder het eerst aan zijn kameel-guru te vragen. De kameel stemde in met alles wat hij vroeg door met zijn hoofd te knikken. Op een dag vroeg hij de kameel: 'Ik heb een meisje gezien. Mag ik van haar houden?' De kameel knikte met zijn hoofd. Een paar dagen later kwam hij naar de kameel terug en vroeg: 'Zal ik met haar trouwen?' De kameel-guru gaf ook hieraan zijn goedkeuring. Er gingen weer een paar dagen voorbij. De volgende vraag was: 'Is het goed als ik wat drink?' De kameel knikte weer. De man kwam die dag stomdronken thuis. Spoedig werd dit een gewoonte. Zijn vrouw vond het niet leuk. Hij ging naar de guru en vroeg of het goed was als hij ruzie maakte met zijn vrouw. Opnieuw stemde de guru toe. Spoedig kwam de man terug om te vragen: 'Mijn vrouw heeft er een hekel aan dat ik drink. Zal ik haar vermoorden?' De kameel knikte zelfs bij deze vraag met zijn hoofd. De man haastte zich naar huis. Hij stak zijn vrouw neer en verwondde haar ernstig. De politie kwam en arresteerde hem. Hij kreeg levenslang.

Onze geest is als deze kameel-guru. Hij vraagt niet of iets juist of verkeerd is. Hij keurt alles goed wat ons bevalt. Hij denkt niet na over gevolgen in de toekomst. Als we afhankelijk zijn van onze geest, die een slaaf is van de vasana's, zullen we alleen eeuwige gebondenheid ervaren. Op het ogenblik heeft ons intellect geen onderscheidingsvermogen, daarom is de beste weg om het advies van een echte guru te volgen. Vandaag de dag doen we verkeerde dingen met het excuus dat God ze ons laat doen. We kunnen niet eisen dat de guru het eens is met alles wat we doen. Alleen iemand die de instructies van de guru zonder te twijfelen opvolgt, zal het doel kunnen bereiken. Hij is de echte leerling.

Net zoals de schildpad haar eieren uitbroedt door eraan te denken, is een gedachte van de guru genoeg om de leerling naar het doel te brengen. Een satguru is iemand die de Waarheid gerealiseerd heeft. Als we zijn advies opvolgen, zal ons dat verder brengen, zelfs als het lastig lijkt om dat nu te doen. Die 'gurus' die met alle wensen van de leerlingen instemmen, zijn geen echte gurus. Zij weten alleen hoe zij ja moeten knikken net als de kameel. Zij denken niet aan de vooruitgang van de leerlingen."

Een toegewijde: "Amma, zeggen de geschriften niet 'Alles is Brahman'?"

Moeder: "Maar we hebben dat stadium niet bereikt! Daarom moeten we met onderscheid handelen. Het is niet verstandig om naar een dolle hond te gaan en dan te verklaren dat alles Brahman is. De vriend die je vraagt om uit de buurt van de hond te blijven is ook Brahman. Als je niet het onderscheidingsvermogen hebt om in dit geval over de juiste gedragslijn te beslissen, zal je leven een puinhoop worden.

Wat heeft het voor zin om te zeggen 'Alles is Brahman', zolang we het niet ervaren? Denk aan de verschillende voorwerpen die van riet gemaakt worden. Er zit riet in de stoel, de tafel en de mand. Maar het riet heeft ook de stoel, de tafel en de mand in zich. Op dezelfde manier zit er goud in de ring, de armband en de oorringen. Maar we worden het meest bekoord door de uiterlijke vorm van deze dingen. Zij die niet gefascineerd worden door de vorm, zien het goud in al deze voorwerpen. Dat is de visie die we moeten ontwikkelen. We moeten begrijpen dat alles de ene uiteindelijke waarheid bevat, Brahman. Zij die dit stadium bereikt hebben, kunnen niets verkeerd doen. Zij die alleen over Brahman praten, maar Het niet ervaren hebben, begaan fouten.

Advaita (non-dualiteit) is de staat waarin er slechts Eén is. Het is de toestand waarin je spontaan ziet dat iedereen hetzelfde is als je eigen Zelf. Het is niet iets waar je over praat. Het is een staat die je moet ervaren.

Er was eens een man die geld van een aantal mensen leende en een eiland kocht. Daar bouwde hij voor zichzelf een paleis. Met iedereen die hem opzocht, sprak hij alleen over zijn paleis en over zijn eigen belangrijkheid. Op een dag kwam daar een sannyasi voor bhiksha (aalmoezen). Omdat de rijke man vond dat de sannyasi hem niet voldoende respect toonde, ergerde hij zich. Hij zei tegen de sannyasi: 'Weet U wie dit eiland, het paleis en alles hier bezit? Dit is allemaal van mij. Ik beheer alles. Niemand toont mij respect!'

De sannyasi luisterde geduldig en vroeg toen: 'Is alles hier van U?'

'Ja', was het antwoord.

'Echt waar?'

'Ja, echt waar.'

De sannyasi zei: 'Van wie was het geld waarmee U al deze dingen kocht? Stel je geweten die vraag!'

De rijke man werd hierdoor in verlegenheid gebracht. Hij realiseerde zich zijn fout. In werkelijkheid was niets daar van hem. Hij viel neer aan de voeten van de sadhu.

De 'kennis' die we nu hebben is niet door sadhana verkregen. We hebben gewoon gelezen wat anderen hebben geschreven. We lanterfanten en mompelen de woorden 'Ik ben Brahman'. We zeggen 'Ik ben Brahman', maar we tonen geen mededogen, nederigheid of vergeving tegenover anderen. Zulke mensen hebben zelfs het recht niet het woord 'Brahman' te uiten.

Als je een papegaai traint, zal hij ook zeggen: 'Brahman, Brahman'. Maar als er een kat aankomt, kan de papegaai alleen van angst schreeuwen. Hij zal schreeuwend sterven. In plaats van alleen maar het woord 'Brahman' te zeggen, moeten we dat principe in ons opnemen. We moeten het in onze geest vastleggen door voortdurende contemplatie. Dat principe is het symbool van mededogen en expansie. Je moet het ervaren. Zij die het ervaren hebben, hoeven niet voortdurend te zeggen 'Ik ben Brahman'. We kunnen die kwaliteit voelen door gewoon dicht bij hen te zijn. Hun glimlach zal onder alle omstandigheden standhouden.

Nu is Brahman in ons als een boom in het zaad. Hoe klinkt het als het zaad zegt: 'Ik ben een boom'? De boom is in het zaad aanwezig, maar het zaad moet in de grond gaan. Daarna moet de kiem zich ontwikkelen en dan de jonge plant. Wanneer het een boom geworden is, kun je er zelfs een olifant met een ketting aan vastleggen. Maar als we het zaad niet beschermen, zal het door een vogel opgegeten worden. Het hoogste principe is echt in ons, maar we moeten het op het niveau van ervaring brengen door studie en voortdurende meditatie.

Op een keer benaderde een jongeman een guru en vroeg hem om hem als leerling aan te nemen. Het was een ashram met vele bewoners. De guru zei tegen de jongeman: 'Het spirituele leven is erg zwaar. Het is beter als je weggaat en later terugkomt.'

De jongeman was erg teleurgesteld. Toen de guru dit zag, zei hij: 'Goed, wat voor werk kun je doen?' De guru stelde verschillende werkzaamheden voor, maar de jongeman was aan geen daarvan gewend. Tenslotte zei hij: 'Waarom zorg je niet voor onze paarden?'

De jongeman zei 'Zoals u wilt'.

Hij werd verantwoordelijk voor de paarden. De nieuwe leerling deed zijn werk met veel toewijding. Weldra werden de paarden sterker en gezonder.

De guru gaf gewoonlijk geen speciale instructies aan zijn leerlingen. Iedere ochtend gaf hij hun een vers waarover zij moesten nadenken en dat zij in hun leven in de praktijk moesten brengen. Dat was zijn manier van onderwijs.

Op een ochtend begon de guru vroeger dan gewoonlijk. Hij gaf de leerlingen hun dagelijkse verzen en stond op het punt om op reis te gaan met één van de paarden. Toen kwam de jonge leerling aanrennen om zijn instructies te krijgen. Hij was aan het werk geweest en kon daardoor niet eerder komen, toen de guru de anderen geroepen had. 'O meester', zei hij 'wat is mijn les voor vandaag?' De guru antwoordde streng: 'Weet je niet dat ik op reis ga? Is dit de tijd voor zo'n vraag?' Toen beklom hij zijn paard en reed weg. De jongeman was niet teleurgesteld. Hij begon te mediteren op de woorden van de guru: 'Weet je niet dat ik op reis ga? Is dit de tijd voor zo'n vraag?'

De guru kwam 's avonds terug. Hij kon de jongeman niet bij de andere leerlingen vinden. De guru vroeg naar hem. De anderen zeiden spottend: 'Die dwaze kerel zit ergens en mompelt iets als: "Weet je niet dat ik op reis ga? Is dit de tijd voor zo'n vraag?"' Ze begonnen allemaal te lachen. De guru begreep wat er gebeurd was. Hij riep de jongeman en vroeg wat hij aan het doen was. Hij zei: 'Meester, ik contempleerde over wat u mij vanochtend zei.' De ogen van de guru voelden zich met tranen. Hij legde zijn hand op het hoofd van de leerling en zegende hem. De andere leerlingen vonden dit helemaal niet leuk. Zij vertelden de guru hun klacht: 'Meester, u negeerde ons allemaal, terwijl wij hier zolang geweest zijn. Waarom geeft u zoveel liefde aan die dwaas?'

De guru vroeg één van hen om wat sterke drank te gaan halen. Toen de drank kwam, mengde hij het met water en goot een beetje in ieders mond. Hij vroeg hun het onmiddellijk uit te spugen. Toen vroeg hij: 'Voelde iemand zich dronken?'

'Hoe is dat mogelijk? Vroeg u ons niet om het onmiddellijk uit te spugen?'

De guru zei: 'Op dezelfde manier nemen jullie mijn ochtendinstructies in je op. Jullie horen wat ik zeg, maar vergeten het onmiddellijk. Maar de jongeman over wie jullie klagen, is niet zo. Hij accepteert alles wat ik hem vertel zonder de minste twijfel. Hij heeft die onschuld. Bovendien, toen jullie verantwoordelijk waren voor de paarden, waren zij vel over been, omdat jullie ze niet goed voerden. Jullie wasten ze niet en ze waren ook prikkelbaar en trapten naar iedereen die in de buurt kwam. Toen ik hem die taak gaf, werden de paarden gezond en werden dikker. Als iemand hen nu benadert, komen zij dichterbij en tonen hun liefde door de manier waarop ze hun hoofd bewegen. Hij heeft hun niet alleen voedsel gegeven, maar ook liefde. Hij heeft zijn werk oprecht en regelmatig gedaan, waarbij hij iedere handeling belangeloos verrichte. Maar bovenal is hij in staat om mijn woorden helemaal in zich op te nemen, zonder iets in twijfel te trekken.'

Kinderen, zo moeten we zijn. We moeten niet één woord van de guru als zinloos beschouwen. We moeten bereid zijn om over zijn woorden na te denken en ze volledig in ons op te nemen. De genade van de guru stroomt vanzelf naar iemand die dat doet."

Een vrouwelijke toegewijde vroeg: "Amma, is het juist dat iemand die getrouwd is, zijn vrouw en kinderen in de steek laat, als hij onthecht van de wereld wordt?"

Haar man, die naast haar stond, lachte toen hij de vraag van zijn vrouw hoorde. Toen moest iedereen lachen.

Moeder zei lachend: "Wees niet bang, mijn dochter. Mon (zoon) zal je niet verlaten en hier komen. Als hij dat wel doet, sturen we hem snel naar je terug." Iedereen lachte.

Moeder ging verder: "Als je eenmaal getrouwd bent, kun je alles niet zomaar opgeven en vertrekken. Maar als je intense onthechting bereikt hebt en als er voldoende rijkdom is waarvan het gezin zonder jou kan leven, dan kun je alles opgeven. Maar de onthechting moet echt zijn, zoals de onthechting van Boeddha en Ramatirtha.

Het is nooit juist om sannyasi te worden om onze verant-woordelijkheden te ontvluchten. Het gevoel van onthechting moet rijp zijn. Anders is het als het voortijdig openbreken van een ei, voordat het helemaal volgroeid is."

Een toegewijde: "Amma, ik heb helemaal geen zin om nu naar het werk te gaan. Waarheid en dharma worden daar niet hoog aangeslagen. Mijn collega's kwetsen me op verschillende manieren, als ik niet naar hun pijpen dans."

Moeder: "Dit is niet alleen jouw probleem, zoon. Veel kinderen die hier komen, klagen hierover. Vandaag de dag is het moeilijk om je werk eerlijk te doen. Waarheid en dharma hebben geen waarde en daarom lijden we aan de gevolgen hiervan. Zij die in de wereld gaan werken, zullen veel hindernissen moeten overwinnen. Zij die de waarheid en eerlijkheid trouw blijven, maken zich misschien zorgen over de daden van hun collega's. Maar wat voor zin heeft het om verdrietig en zwak te zijn? Zoon, besteed geen aandacht aan wat anderen doen. Handel volgens je eigen geweten. God zal hen die dit doen, niet in de steek laten. Zij die onjuist handelen ter wille van hun eigen onmiddellijke voordeel, zijn zich niet bewust van het lijden in de toekomst. Zij zullen de gevolgen van hun handelingen moeten ervaren, zo niet vandaag, dan morgen."

Moeder hield even op en vroeg toen: "Hoe laat is het kinderen?"

Een toegewijde: "Het is over elven."

Moeder: "Ga nu naar bed, kinderen. Amma heeft de brieven nog niet gelezen die vanochtend zijn gekomen. Laat Amma nu naar Haar kamer gaan."

Moeder stond op en toen Ze bij de trap stond die naar Haar kamer leidde, kwam er een toegewijde aanrennen en knielde voor Haar.

Moeder: "Wat is er, zoon?"

Toegewijde: "Ik vertrek morgenochtend vroeg, Amma. Ik zal U niet meer kunnen zien voordat ik vertrek. Daarom val ik U nu lastig."

Moeder lachte: "Hoe kan dat nu een probleem zijn voor Amma?"

Toegewijde: "Ik heb nog geen gelegenheid gehad om U de reden van mijn bezoek te vertellen, Amma. Mijn dochter trouwt de komende week. Alles is verlopen zoals u gezegd heeft. Ik hoef zelfs geen pais als bruidsschat te geven. De jongen werkt in het Perzische Golf gebied en zegt dat hij haar daar naar toe meeneemt. Zijn familie is welgesteld." Deze man had zeven jaar lang geprobeerd om het huwelijk van zijn dochter te regelen. De planeet Mars stond niet gunstig in haar horoscoop. Ze hadden veel huwelijksaanzoeken overwogen, maar meestal pasten de horoscopen niet bij elkaar. Zelfs wanneer ze wel bij elkaar pasten, mislukte het huwelijksaanzoek toch. Lange tijd was de vader bezorgd over dit alles. Toen hoorde hij over Moeder en bracht hij zijn dochter mee om Haar te zien. Moeder gaf haar een mantra en zei: "Het is niet meer nodig om dit nog achterna te rennen. Herhaal deze mantra met toewijding, dochter, en alles zal in orde komen." Drie weken later kwam er een huwelijksaanzoek via een ver familielid. De horoscopen pasten uitstekend bij elkaar en er werd snel een datum voor het huwelijk vastgesteld.

"Ik heb hier de trouwring voor de jongen. Zegen hem alstublieft, Amma." Hij gaf Moeder een klein pakje. Ze hield het tegen Haar ogen en gaf het hem terug.

Moeder ging naar Haar kamer. Lilabai, een gehuwde toegewijde, wachtte voor de deur van Moeders kamer. Ze was verdrietig omdat ze haar tali (trouwketting) ergens verloren had.

Moeder: "Dochter, heb je hem niet meegenomen om hem aan Amma te geven? Denk gewoon dat God hem genomen heeft. Waarom zou je daarover verdrietig zijn?"

Lila kwam uit Kottayam. Haar jongste dochter woonde in de ashram en ging van daaruit naar school. Lila's vader keurde het af dat zijn kleindochter in de ashram woonde.

Moeder: "Hoe is het met je vader?"

Lila: "Hij vindt het helemaal niet leuk dat we hier komen. Hij berispt ons er de hele tijd voor."

Moeder: "Maar dat is heel gewoon! Wie vindt het leuk als zijn dochter het spirituele pad opgaat?"

Lila: "Amma, bent U niet degene die al deze afkeur veroorzaakt?"

Moeder: "O, werkelijk? Wie zegt dat?" Moeder lachte. "Wanneer je aan het spirituele leven begint, zul je waarschijnlijk vele bezwaren horen. Alleen als je die te boven komt en eraan voorbijgaat, wordt het duidelijk hoe sterk je band met God is. Als je vader kwaad op je is, is het zijn samskara. Waarom zou je je daarover zorgen maken? Naar de ashram komen is jou samskara.

Stel dat een sterke wind opsteekt en zware regen begint net als we op het punt staan ergens heen te gaan. Als we bang worden en binnen blijven, zullen we onze bestemming niet bereiken. Iemand die een oprecht verlangen heeft om het doel te bereiken, moet deze hindernissen negeren en verdergaan. Als je binnenblijft, toont dat aan dat je niet zo sterk naar het doel verlangt.

Streef ernaar het doel te bereiken en alle obstakels die er kunnen zijn, te transcenderen. Dat is echte moed. Anderen zullen hun mening geven in overeenstemming met hun eigen achtergrond. Het is niet nodig om te piekeren over wat zij zeggen. Geef deze mensen het belang dat zij verdienen, maar neem ze niets kwalijk."

Moeder ging Haar kamer binnen.

Het was middernacht en de maan gluurde door de gordijnen in de kamer. Moeder begon brieven te schrijven aan Haar kinderen over de hele wereld, waarvan er velen op dat ogenblik in diepe slaap waren. Ze veegde hun tranen met Haar woorden af.

Toen Moeder zag dat de brahmacharini die opschreef wat Zij dicteerde, boven de vellen papier in slaap gevallen was, nam Ze zelf de pen ter hand. Ze begon de koele sandelhoutpasta van Haar troostende woorden aan te brengen op de brandende geest van Haar kinderen. Misschien kwam Ze op dat ogenblik ook in hun dromen voor en liet ze hun verdroogde lippen stralen met een glimlach.

Hoofdstuk 2

Woensdag 26 juni 1985

Devotie

Moeder en de brahmachari's zaten in de meditatiekamer. Enkele toegewijden van buiten de ashram waren bij hen, onder wie Padmanabhan en Divakaran. Padmanabhan, een bankemployé uit Kozhikode had het over het recente bezoek van een homeopathische arts en zijn gezin aan de ashram.

Moeder: "Amma herinnert zich hen. Hij beschouwt zichzelf als een groot aanhanger van advaita, maar zijn vrouw is vol devotie. Misschien kwam hij voor darshan omdat zij hem dat gevraagd had. Hij kwam met een enorme air binnen. 'Rama en Krishna bestaan niet' zei hij. Amma zei: 'Iedereen bereikt uiteindelijk dezelfde plaats, maar je hebt een upadhi (een instrument of steun) nodig om sadhana te doen. Hoe kun je zeggen dat Rama of Krishna niet bestaan? Zelfs als je Ochira niet op een kaart van India ziet staan, kun je dan zeggen dat er geen plaats met de naam Ochira bestaat? Ons begrip van advaita is slechts beperkt tot onze woorden. Het is onmogelijk het te ervaren zonder devotie.' Daarna zei hij niets meer."

Moeder nam een pen die vlakbij lag en schreef 'Namah Shivaya' op Haar linker onderarm. Toen Ze die mantra schreef, scheen Zij in een goddelijke stemming te komen. Moeder keek intens naar de mantra op Haar arm en zei tegen Padmanabhan: "Vroeger hield Amma het kussen altijd dichtbij Haar hart, als Ze naar bed ging. Zij kuste het kussen herhaaldelijk. Ze kon het niet als een kussen zien. Ze voelde dat het Devi was. Soms lag

79

Ze daar met Haar lippen tegen de muur en stelde zich voor dat Ze de Goddelijke Moeder kuste. Of Ze schreef 'Namah Shivaya' op het kussen en de mat en kuste dan de naam. Ze viel niet in slaap voordat Ze bijna flauwgevallen was. Telkens weer riep Ze om Devi en huilde om Haar."

Moeder zweeg en zat stil. Haar ogen sloten zich langzaam. Men kon op Haar gezicht de golven van gelukzaligheid zien die in Haar opkwamen. Iedereen zat in meditatie, met zijn ogen gefixeerd op Moeder. Een brahmachari zong het lied '*Mauna ghanamrita santiniketam...*'

> *In het verblijf van ondoordringbare Stilte,*
> *van eeuwige Schoonheid en Vrede,*
> *waarin de geest van Gautama Buddha zich oploste,*
> *in de schittering die alle banden verbreekt,*
> *op de oever van Gelukzaligheid*
> *die buiten het bereik van iedere gedachte ligt...*
>
> *In de Kennis die eeuwige Harmonie schenkt,*
> *een Verblijfplaats zonder begin en eind,*
> *de Gelukzaligheid die men alleen kent wanneer*
> *de bewegingen van de geest verstillen,*
> *bij de Zetel van Macht,*
> *het gebied van Volmaakt Bewustzijn...*
>
> *Bij het Doel dat de zoete staat*
> *van eeuwige non-dualiteit schenkt,*
> *beschreven als 'Gij zijt Dat',*
> *dat is de plaats die ik verlang te bereiken,*
> *maar ik kan dit alleen door Uw Genade.*

Het lied eindigde en na een tijdje opende Moeder Haar ogen.

De aard van de Guru

Divakaran: "Ik heb een vriend. Hij woonde een tijd bij een swami en ontving een mantra van hem. Op een dag gaf de swami hem voor iets op zijn kop en diezelfde dag vertrok mijn vriend."

Moeder: "Zoon, als je iemand in het spirituele leven als je guru accepteert, moet je volledig vertrouwen in hem hebben en volledig toegewijd aan hem zijn. Soms kan de guru erg streng zijn voor het bestwil van de leerling, maar de leerling moet daarover nooit aanmerkingen maken tegenover de guru. Een guru kan streng zijn, maar hij identificeert zich hiermee niet. Een moeder kan een kind een klap geven om het ervan te weerhouden zijn hand in het vuur te stoppen. Doet ze dat uit wrok jegens het kind? Nee, het is alleen om het kind tegen gevaar te beschermen. Je vriend had moeten begrijpen dat de guru hem voor zijn eigen bestwil een uitbrander gaf."

Divakaran: "Hij zei dat hij vertrok omdat hij veel dingen die de guru deed, niet kon nastreven."

Moeder: "De leerling hoeft niet alles te doen wat de guru doet. Dat belemmert zijn vooruitgang. Niemand kan de guru volledig evenaren. Met onderscheid moeten we beslissen welke handelingen van de guru geschikt zijn en alleen deze handelingen moeten we navolgen. Je moet nooit denken 'Deed mijn guru dit ook niet? Waarom kan ik dus niet hetzelfde doen?' De mahatma's die volmaaktheid bereikt hebben, hebben geen bindingen. Zij zijn als reusachtige bomen waaraan zelfs olifanten vastgelegd kunnen worden. Om zulke bomen is geen hek nodig. Maar wij zijn kleine plantjes die bang moeten zijn voor de koeien en de geiten. Wij hebben een omheining nodig om ons tegen hen te beschermen. De handelingen van de mahatma's verschillen van onze handelingen. We moeten niet proberen al hun handelingen na te doen.

De handelingen van een gewoon iemand komen voort uit het geloof 'Ik ben dit lichaam.' Maar een mahatma leeft met het begrip dat hij zuiver bewustzijn is. Daarom zullen vele van zijn handelingen voor gewone mensen moeilijk te begrijpen zijn.

Er was eens een mahatma. Iedere ochtend kookte hij wat olie en goot dit onmiddellijk over zijn lichaam. Daarna nam hij zijn bad. Eén van zijn leerlingen zag dit en dacht dat dit de oorzaak van alle kracht van de guru moest zijn. De volgende dag kookte hij ook wat olie en goot het over zich heen. Je kunt de gevolgen wel raden! (Iedereen lachte.) Als we alles nadoen wat de guru doet, kan dit ook onze ervaring worden. Daarom moeten we alleen die dingen overnemen die voor ons van nut zijn."

Sadhana is onmisbaar

Divakaran: "Ik heb in geen enkele ashram die ik bezocht heb, een routine gezien die lijkt op de routine die hier gevolgd wordt. Ik zie dat meditatie en karma yoga hier benadrukt worden. Op veel andere plaatsen wordt aan studie van de geschriften het hoogste belang gehecht."

Moeder: "Zolang gedachten over wereldse zaken ons lastig vallen, moeten we een strikte routine van japa en meditatie volgen om daarboven uit te stijgen. In het begin is het nodig om veel moeite te stoppen in deze oefeningen. Na verloop van tijd zal het natuurlijk worden. Alleen door sadhana kunnen we vooruitgaan. Zonder sadhana hebben we niets. Wat voor zin heeft het om boeken te bestuderen en toespraken te houden? Wat is het verschil tussen iemand die lezingen geeft en een bandrecorder? Hij zal gewoon opdreunen wat hij geleerd heeft, dat is alles. Wordt onze honger bevredigd door kookboeken te lezen? We moeten iets koken en het opeten. Tapas (ascese, matiging) is nodig. Het zal de goede vasana's en eigenschappen in ons versterken. Zuiverheid en concentratie van de geest zijn uiterst belangrijk.

Amma zegt niet dat men de geschriften niet hoeft te bestuderen. Maar naast studie is sadhana nodig. Sadhana is de hoofdzaak. Dat mag je nooit overslaan. Sadhana moet een deel van onze aard worden net zoals onze tanden poetsen of een bad nemen.

Wanneer we onze training in de ashram gekregen hebben en de wereld ingaan in onze ashramkleren, zullen duizenden mensen van ons houden en ons respecteren. Toch zegt Amma tegen Haar kinderen dat zij die hen uitschelden, hun grootste gurus zijn. Alleen zulke onaangename behandelingen doen ons goed naar onszelf kijken. Wanneer er alleen mensen zijn die van ons houden, onderzoeken we onszelf niet. Wanneer anderen vijandig reageren, moeten we ons afvragen 'Waarom zijn zij vijandig tegenover mij? Welke fouten heb ik gemaakt om zo'n behandeling te verdienen?' Zo zullen de beschuldigingen tegen ons stappen naar onze groei worden."

Padmanabhan: "Amma, wat is het beste? Eerst naar onze eigen bevrijding streven of werken voor het welzijn van anderen?"

Moeder: "Ons egoïsme moet volledig verdwijnen voordat we in staat zijn alleen aan het welzijn van anderen te denken. We moeten eerst proberen om die toestand van de geest te bereiken. Onze gebeden en de activiteiten die we verrichten om dat te bereiken, vormen de weg naar bevrijding. We moeten onszelf helemaal vergeten en alleen aan het welzijn van anderen denken. Wanneer we ons uitsluitend aan het welzijn van anderen wijden, wordt onze eigen geest zuiver."

Een brahmachari die naar dit gesprek luisterde, vroeg iets over de macht van de guru. Moeder antwoordde: "Er zijn verschillende soorten gurus. Satgurus kunnen bevrijding schenken enkel door hun sankalpa (besluit). Zelfs hun adem is weldadig voor de natuur."

Brahmachari: "Er wordt gezegd dat de guru de leerlingen tegen alle gevaren zal beschermen. Als er gevaar dreigt voor een leerling wanneer de guru in samadhi is, hoe weet hij dit dan en geeft hij zijn bescherming?"

Moeder: "Per slot van rekening is niemand gescheiden van het Zelf. Maakt iedereen niet deel uit van het Zelf? Hoewel een rivier twee gescheiden oevers heeft, is er slechts één rivierbedding. Wanneer de guru in samadhi is, is hij opgelost in het Zelf. Hij kent de situatie."

Het geweldige van devotie

Padmanabhan: "Amma, veel mensen erkennen het geweldige van devotie helemaal niet. En veel mensen die naar tempels gaan en dagelijks bidden, lijken niet een erg spiritueel leven te leiden."

Moeder: "Er bestaat een overtuiging dat devotie betekent naar veel tempels gaan om honderd verschillende godheden te aanbidden. De devotie van zulke mensen is blind geloof en is niet gebaseerd op begrip van spirituele principes. Anderen die dit zien, denken misschien dat het bij devotie alleen om zulke dingen gaat en zullen kritiek leveren op alles wat met devotie te maken heeft. Spirituele mensen zullen niet tegen tattvattile bhakti (devotie gebaseerd op spirituele kennis) zijn.

We moeten begrijpen dat Godsrealisatie het doel van het leven is en dat we Hem aanbidden met dit doel duidelijk voor ogen. 'Devotie in principe' betekent dat we herkennen dat het één en dezelfde God is die zich manifesteert in alle levende wezens en in alle godheden, in alle namen en vormen. Het betekent zich onzelfzuchtig aan Hem overgeven. Zulke devotie moeten wij hebben.

Het is moeilijk om je jnana (spirituele wijsheid) eigen te maken zonder devotie. Met enkel grind kunnen we niets bouwen. We moeten ook cement toevoegen om er beton van te maken. We kunnen de trap die naar God leidt niet bouwen zonder de verenigende kwaliteit van liefde.

Er zijn vele verschillende soorten voedsel, maar zij die aan constipatie of andere ziekten lijden, kunnen niet alles eten. Maar kanji (rijstgruwel) gemaakt van gebroken rijst, is geschikt voor ieders gezondheid. De weg van devotie is ook zo. Het past bij iedereen.

Zolang het ikbesef er is, hebben we een middelpunt (upadhi) nodig om onze geest op te richten, zodat we het ego kunnen elimineren. Devotie is de liefde voor dat punt. Het is het intense verlangen om het doel te realiseren. Devotie kan ook vergeleken worden met de tinctuur die we gebruiken om een wond schoon te maken. Devotie zuivert de geest.

Het veld dat de geest is, moet geïrrigeerd worden met het water van devotie, zodat het zaad van kennis gezaaid kan worden. Dan kunnen we de oogst van bevrijding binnenhalen. Iedereen die prema bhakti (devotie met de hoogste liefde) zelfs maar een ogenblik geproefd heeft, zal er nooit aan twijfelen. Maar zulke devotie komt niet in iedereen op. Niet iedereen die aan een loterij deelneemt, krijgt de eerste prijs. Die gaat slechts naar één van de miljoenen mensen. Echte, liefhebbende devotie is ook zo. Slechts één op een miljoen ervaart het."

Midden in Haar lofprijzing van devotie werd Moeder ineens stil. Haar geest verliet de uiterlijke wereld en steeg op naar een hoger niveau. Toen Zij daar met Haar ogen half gesloten zat, herinnerde Haar beweginglose vorm iedereen aan de Goddelijke Moeder die voorbij alle eigenschappen is en die alles doet terwijl Ze niet lijkt te handelen.

Dualiteit die terwille van devotie omhelsd wordt, is veel mooier dan non-dualiteit.

Even later opende Moeder Haar ogen. Maar Ze was niet in de stemming om te spreken. Haar gezicht liet zien dat Ze in een andere wereld was. Was dit dezelfde Moeder die een paar minuten geleden zo welsprekend was?

Er gingen nog een paar minuten voorbij. Moeder ging naar een kind toe en gaf hem twee stukken snoep uit een pakje dat een toegewijde Haar aangeboden had. Terwijl Ze het kind een kusje op zijn hoofd gaf, zei Ze: "Dit snoepgoed geeft nu zoetheid, maar het zal later je tanden kapot maken. Als je God kent, kun je altijd van zoetheid genieten en het is ook niet slecht voor je tanden!"

Vanuit de meditatiekamer ging Moeder naar de darshanhut. "Eén voor één benaderden alle toegewijden die daar wachtten, Haar en knielden voor Haar. Een vrouw omhelsde Moeder stevig en begon te huilen. Ze was al vele jaren getrouwd, maar ze had geen kinderen. Dit was de oorzaak van Haar verdriet.

Moeder: "Dochter, jij huilt omdat je geen kinderen hebt. Maar zij die kinderen hebben, storten tranen wanneer ze het gedrag van hun kinderen zien!"

Moeder trok de vrouw omhoog, veegde Haar tranen af en zei: "Maak je geen zorgen, dochter. Bid tot God. Amma zal een sankalpa voor jou maken."

Stralen van verwachting en hoop schenen op het gezicht van de vrouw.

Moeders instructies

Moeder vroeg een kind dat vlakbij zat, om een kirtan te zingen. De zoete klank stroomde zachtjes uit de mond van het kind, dat geen spoor van verlegenheid of trots vertoonde. Moeder gaf het ritme aan door in Haar handen te klappen en zong met de anderen mee *'Devi Devi Jaganmohini'*. Enkele toegewijden zaten te mediteren….

O, Godin, die de wereld betovert,
O Chandika, die de demonen
Chanda en Munda versloeg,
O Chamundeshvari, Goddelijke Moeder,

toon ons het juiste pad om de oceaan van transmigratie over te steken.

Het lied hield op. Moeder begon weer te spreken: "Je moet Sugunacchan (Moeders vader) japa horen doen. Het is heel interessant. Hij herhaalt: 'Narayana, Narayana...' heel snel zonder op te houden om adem te halen." Iedereen lachte toen Moeder hem nadeed. "De geest zal niet afdwalen als je zo reciteert. Niemand heeft hem dat geleerd. Hij is er zelf mee begonnen."

Moeder ging naar Haar kamer, maar kwam spoedig weer naar buiten en begon op de binnenplaats heen en weer te lopen. Toen ging ze naar het ashramkantoor en ging zitten. Er waren drie of vier brahmachari's bij Haar.

Het kantoor was een kleine kamer. Moeder raapte enkele enveloppen op die op een tafel lagen. Het waren antwoorden op brieven, klaar om verstuurd te worden.

Moeder: "Zoon, wie heeft de adressen op deze enveloppen geschreven? Horen we zo te schrijven? Kijk hoe slordig het gedaan is! Moet het adres niet netjes geschreven worden zelfs als dat wat extra tijd kost? Of laat iemand met een goed handschrift het doen. Wie kan het lezen als je zo schrijft met letters die in elkaar overlopen? Dit moet overgedaan worden. Een sadhak moet alles met shraddha doen."

Ze stond op het punt om de enveloppen aan een brahmachari te geven, toen ze de postzegels opmerkte. Moeder: "Kinderen, waar zitten jullie aan te denken wanneer jullie dit doen? Al deze postzegels zijn op zijn kop geplakt! Dit is enkel slordigheid. We kunnen duidelijk iets over iemands lakshya bodha (gerichtheid op het doel) te weten komen door naar zijn handelingen te kijken.

Jullie zijn hier allemaal als zoekers naar God gekomen. Jullie zullen hem niet bereiken zonder geduld en alertheid. Hoe krijgen jullie concentratie in de meditatie, als je geen shraddha voor deze kleine dingen op het grove niveau kunt tonen? Meditatie is erg subtiel. Het zijn de shraddha en de alertheid die we bij kleine dingen tonen, die ons naar grote successen leiden.

Luister naar dit verhaal. Er was eens een Mahatma die zijn vrouw vertelde dat ze altijd een glas water en een naald naast hem neer moest zetten als hij ging zitten om te eten. Zijn vrouw volgde deze instructies steeds op zonder hem naar de reden hiervoor te vragen. Uiteindelijk toen haar man erg oud werd en de dood naderde, vroeg hij haar: 'Wil je me iets vragen?' Ze zei: 'Er is niets wat ik van je nodig heb, maar ik wil één ding graag weten. Al deze jaren heb ik je instructies steeds opgevolgd en een glas water en een naald naast je gezet wanneer je at. Maar ik heb nooit begrepen waarvoor die waren.' De mahatma antwoordde: 'Als er een rijstkorrel op de grond zou vallen wanneer jij opdiende of als ik at, wilde ik die oprapen met de naald, schoonmaken door hem in het water te dompelen en hem opeten. Maar door onze alertheid is er al die jaren geen enkele rijstkorrel op de grond gevallen. Daarom hoefde ik de naald en het water niet te gebruiken.'

Ze waren hun hele leven voorzichtig om zelfs niet één rijstkorrel te morsen. Alleen zij die zo'n shraddha hebben, zijn mahatma's geworden."

Brahmachari: "We zullen deze brieven in nieuwe enveloppen doen en ze op de post doen, Amma"

Moeder: "Dat zou betekenen dat we deze enveloppen verspillen, zoon! Waar halen we het geld vandaan om het zo te verknoeien? Verspil deze postzegels ook niet. Het is voldoende om de adressen netjes op stukjes papier te schrijven en over het oude adres te plakken. Wees vanaf nu voorzichtig."

Moeder ging de bibliotheek binnen naast het kantoor. Ze ging op de vloer zitten voordat de brahmachari's de kans hadden om voor Haar iets neer te leggen om op te zitten. Ze pakte een geïllustreerd boek met verhalen over de grappenmakerij van Krishna en begon ieder plaatje zorgvuldig te bekijken. Eén plaatje toonde Krishna die staande de Govardhana-berg optilde op het puntje van Zijn pink. Het regende hevig en alle koeien en koeherders hadden hun toevlucht onder de berg gezocht.

Een brahmachari die naast Moeder stond, zag het plaatje en vroeg: "Amma, toonde Heer Krishna geen siddhi toen hij de Govardhana-berg optilde?"

Moeder: "Heer Krishna tilde de berg niet op om anderen van Zijn macht te overtuigen of om hun respect af te dwingen. Deze handeling was nodig onder die omstandigheden. Het regende hevig. Er was geen andere manier om degenen die bij Hem waren, te beschermen. Dus deed Hij wat Hij moest doen."

Na een korte stilte ging Moeder verder: "Het doel van een mahatma is om mensen naar de weg van rechtvaardigheid te leiden. Talloze slechte mensen hebben een verandering in hun hart ondergaan enkel door de darshan van een mahatma te ontvangen."

Toen Moeder de bel voor het middagmaal hoorde, zei Ze: "Kinderen, ga nu eten. Amma heeft wat werk te doen" en Ze ging naar Haar kamer.

Manasa Puja

Een brahmachari wachtte op Moeder in Haar kamer. Hij las Haar een artikel voor dat hij voor Matruvani, het ashram-tijdschrift, geschreven had.

Moeder: "Gaat je meditatie goed, zoon?"

Brahmachari: "Ik krijg niet genoeg concentratie, Amma."

Moeder: "Probeer manasa puja (aanbidding in gedachten) te doen, zoon. De geest is als een kat. We kunnen er met veel affectie voor zorgen, maar zodra onze aandacht afdwaalt, zal hij zijn kop in de pot stoppen en wat voedsel stelen. Manasa puja is een methode om de eigenzinnige geest op God gericht te houden.

Je moet in gedachten aanbidden en uitroepen: 'Moeder! Moeder!' met liefde en devotie en intens verlangen. Stel je voor dat je de hand van de Goddelijke Moeder vasthoudt en Haar een bad geeft door water over Haar heen te gieten. Zie het water voor je dat op al Haar lichaamsdelen valt en naar beneden stroomt. Al die tijd moet je naar Haar roepen 'Moeder, Moeder!' en Haar vorm visualiseren. Stel je voor dat je achtereenvolgens abhisheka[6] doet met melk, honing, ghi, sandelpasta en rozenwater. Wanneer deze stoffen over Haar lichaam naar beneden stromen, visualiseer dan ieder deel van Haar vorm vanaf het hoofd tot aan de voeten. Praat met Haar en bid tot Haar. Nadat je Haar zo gebaad hebt, droog dan Haar lichaam met een doek af. Kleed Haar in een zijden sari. Tooi Haar met sieraden. Plaats een vermiljoen-stip op Haar voorhoofd."

Moeder hield op met de beschrijving en zat lange tijd in meditatie. Toen opende Ze Haar ogen en ging verder: "Doe Haar enkelbanden aan. Doe een bloemenkrans om Haar nek en geniet van Haar schoonheid. Doe nu archana met bloemen. Neem de bloem, die je geest voorstelt, en stel je voor hoe je de bloemblaadjes één voor één aan Haar voeten offert. Of stel je voor dat je je vasana's offert in een vuur dat vóór Haar brandt. Na de archana offer je Haar de payasam van je liefde. Beeld je in dat je arati voor Haar doet en zie hoe ieder lichaamsdeel van Haar schitterend straalt in het licht van de vlam. Ten slotte stel je je voor dat je rondom Moeder heen loopt. Blijf de hele tijd tot Haar bidden.

Zoon, probeer dit allemaal met prema te doen. Dan zal je geest nergens heen dwalen."

Moeders woorden gaven de brahmachari nieuwe energie op zijn sadhana-weg. Hij ging Haar kamer uit met een gevoel van vervulling, nu hij enkele van Moeders talloze gezichten gezien

---

[6] Ceremoniële wassing

had: de alwetende guru die Haar leerlingen de weg wijst, de liefhebbende Moeder die zich altijd bekommert om het welzijn van
Haar kinderen en de bekwame bestuurder die de ashramzaken
met grote vaardigheid leidt.

Vrijdag 5 juli 1985

Om 6 uur 's avonds kwamen een leraar en zijn vriend vanuit
Kozhencheri aan om Moeder te zien. Nadat ze hun handen en
voeten gewassen hadden, gingen ze de kalari binnen en knielden
voor Moeder. De muziekinstrumenten voor de bhajans lagen al
klaar. Eén van de bezoekers zei tegen de brahmachari die de tabla
stemde: "We zijn vanochtend van huis vertrokken, maar we zijn
te laat omdat we de weg niet precies wisten. We zouden Moeder
graag willen zien en vanavond terugkeren."

Brahmachari: "Moeder is net naar Haar kamer gegaan. Ze
zat hier net nog met iedereen te praten. Misschien kun je Haar
zien wanneer Ze naar beneden komt voor de bhajans."

Hun gezicht toonde hun teleurstelling omdat ze Moeders
darshan op een paar minuten gemist hadden.

Brahmachari: "Het zal niet meevallen om vannacht terug te
keren, omdat het moeilijk is om zo laat een bus te krijgen. Jullie
kunnen Moeder zien en dan morgen teruggaan."

De leraar: "Ik heb mijn gezin beloofd dat ik vanavond terug
zal komen. Zij zullen zich ongerust maken. Als we Moeder maar
een ogenblik konden zien. Ik weet zeker dat als we Haar zegen
krijgen, er geen probleem zal zijn."

Brahmachari: "Hoe hebben jullie over Moeder gehoord?"

Leraar: "De vader van één van mijn leerlingen heeft mij
over Haar verteld. Toen hij over Haar sprak, waren zijn ogen
vol tranen. Hij vertelde mij dat zijn vrouw de afgelopen vier jaar
bedlegerig was geweest. Ze kon zelfs niet zonder hulp opstaan. Ze
hebben veel behandelingen geprobeerd, maar niets hielp. Vorig

jaar kwamen ze Moeder opzoeken en nadat zij Haar zegen ontvangen had, herstelde zijn vrouw volledig. Mijn vriend vertelde me dat hij en zijn vrouw juist vorige week hier geweest zijn om Moeder te zien."

De brahmachari spreidde een strooien mat voor de bezoekers uit en zei: "Jullie kunnen hier zitten. Als jullie vanavond echt terug moeten gaan, kunnen jullie voor Moeder knielen als Ze voor de bhajans komt, en dan weggaan."

Leraar: "Mijn schoonvader kwam onlangs bij mij op bezoek. Hij gaat vaak naar spirituele lezingen. Toen ik over Moeder sprak vroeg hij of Ze gerealiseerd is. Wat moet ik zeggen?"

Brahmachari: "Een paar dagen geleden hoorde ik iemand Moeder dezelfde vraag stellen. Ze zei: 'O, Amma is gewoon een gekke meid, die niets weet!' Maar de man nam daar geen genoegen mee. Hij vroeg het Haar opnieuw. Uiteindelijk zei Moeder: 'Vraag een moeder van tien kinderen niet of ze ooit een kind het leven geschonken heeft!'

Het was tijd voor de bhajans. Alle brahmachari's waren klaar. Moeder kwam naar de kalari en de leraar en zijn vriend gingen naar voren en knielden voor Haar. Moeder legde Haar hand op hun schouder en zei: "Zijn jullie net gekomen, kinderen? Amma was zojuist nog hier beneden en is slechts even naar Haar kamer gegaan."

Leraar: "We zijn aangekomen net nadat U naar Uw kamer gegaan was, Amma. "We hebben veel geluk dat we U nu kunnen zien. We hebben beloofd dat we vanavond naar huis zullen gaan, anders zouden we er geen bezwaar tegen hebben om tot morgen te blijven."

Moeder: "Willen jullie mij iets vragen, kinderen?" Ze leidde hen naar de veranda van de meditatiekamer. Daar gingen ze zitten terwijl de bhajans in de kalari begonnen.

De principes van een spiritueel leven

Leraar: "Ik heb geen financiële problemen, Amma, maar ik ben erg bezorgd over mijn kinderen. Mijn geest komt maar niet tot rust."

Moeder: "Zoon, wanneer je geest rusteloos is, probeer dan je mantra te herhalen. Als je troost zoekt in iets anders, zal alles verkeerd gaan. Als je geen gemoedsrust vindt in één ding, zul je naar iets anders zoeken. Als dat mislukt, zul je weer naar iets anders op zoek gaan. Je zult helemaal geen vrede ervaren. Je zult in niets vrede ervaren. Maar als je je God herinnert en je mantra herhaalt, zul je snel erg rustig en vredig worden. Je geest zal de kracht hebben om iedere situatie tegemoet te treden."

Leraar: "Amma, soms denk ik er zelfs over om sannyasi te worden."

Moeder: "Dat is iets waarover je pas moet beslissen nadat je er goed over nagedacht hebt, mijn zoon. Sannyasa is niet iets om naar toe te vluchten en aan te nemen als je met verdriet geconfronteerd wordt. Het moet voortkomen uit je begrip van de idealen. Het spirituele leven is alleen mogelijk voor iemand met veel geduld. Anders zal alleen teleurstelling het resultaat zijn. In het spirituele leven heb je dezelfde soort discipline en zelfbedwang nodig als iemand in de gevangenis. Later zal die gevangenis de weg naar vrijheid worden. Als een sadhak altijd naar God kijkt, dan zal hij in staat zijn om zijn doel te bereiken.

Veel mensen hebben de kinderen hier gevraagd: 'Waarom wonen jullie in de ashram? Kunnen jullie geen werk krijgen en een comfortabel leven leiden?' Ze antwoorden: 'We hebben buiten de ashram gewoond met genoeg geld en alle comfort van het leven, maar we ervoeren geen geestelijke rust. Hier ervaren we vrede en rust zonder al dat comfort. Door japa en meditatie proberen we die vrede altijd te bewaren. We hebben uit eigen ervaring geleerd dat je echte vrede alleen kunt vinden door je God te herinneren. Die ervaring maakt dat we in de ashram willen blijven.'"

Leraar: "Hoewel dit ons eerste bezoek is, hebben we met mensen gesproken die hier vaak komen. Ieder van hen ziet U verschillend, Amma. Sommigen zien U als Devi, anderen als Krishna, weer anderen als hun guru. Voor sommigen bent U de Moeder die de zetel van liefde en affectie is. In de ogen van sommige mensen bent u een gewone vrouw. Wie van deze bent U werkelijk, Amma? We willen dat graag weten."

Moeder: "Kinderen, iedereen ziet overeenkomstig zijn sankalpa. Dezelfde vrouw is echtgenoot voor haar man, moeder voor haar kind en zus voor haar broer. Wordt een man op dezelfde manier niet verschillend gezien door zijn vrouw, zijn moeder en zijn dochter? Het gedrag van dezelfde persoon is verschillend tegenover zijn moeder en zijn kinderen. Het verschil zit in het begrip dat men heeft, in de sankalpa. Neem bijvoorbeeld een mooie bloem. De bij gaat erheen voor de nectar. De dichter schrijft er een gedicht over. De kunstenaar schildert een schilderij. Voor de worm is hij voedsel. De wetenschapper scheidt de bloemblaadjes, het stuifmeel en het zaad en doet er onderzoek naar. De toegewijde biedt het aan zijn godheid aan. Iedereen ziet de bloem naar zijn bekwaamheid en zijn cultuur."

Na een korte onderbreking ging Moeder verder: "Zoon, alle etiketten worden door anderen gegeven. Amma zegt niet dat Ze een mahatma is of dat Ze God is. Haar doel is eenvoudig om de mensen tegen de hitte van het wereldse leven te beschermen door ze onder de bescherming van God te brengen. Het is om, indien mogelijk, een verandering tot stand te brengen in de geest van hen die schade toebrengen aan anderen die zwakker zijn dan zijzelf en om hen te helpen om goede dingen te doen, die henzelf en de wereld ten goede komen. In Haar geest is er geen verschil tussen hen die van Haar houden en hen die Haar haten."

Leraar: "Sommigen zeggen dat dit een plaats is waar jonge mensen op het slechte pad raken."

Moeder: "Voordat we een mening over iets uiten, moeten we er dan niet eerst informatie over inwinnen, het waarnemen en het onderzoeken? Toch hebben veel mensen de gewoonte om een oordeel over iets te vellen zonder er iets van af te weten of er enige ervaring mee te hebben. Hoe kan iemand die oprecht de waarheid zoekt, de mening van zulke mensen accepteren?

Er zijn veel mensen die erg slechte gewoontes hadden en volledig veranderden door hier te komen. Zij die regelmatig dronken, hebben de alcohol opgegeven. Dus hoe kunnen je zeggen dat dit een slechte plaats is? Waarom hecht je waarde aan iets wat men zegt zonder te weten of te ervaren wat er aan de hand is?

Er zijn mensen die bereid zijn om tegen iedere prijs een waardeloze sari te kopen als we hen vertellen dat die uit het buitenland komt. Ze waarderen iets wat thuis gemaakt is niet, hoe goed het ook is.

Iemand luistert naar een liedje op de radio en zegt: 'O, wat een leuk liedje!' Als zijn vriend hem erop wijst dat het de buurvrouw is die dit zingt, zal hij van mening veranderen: 'O, echt waar? Dat verklaart het. Ik dacht in feite dat het vreselijk was.' Zo is de menselijke aard. Mensen hebben de bekwaamheid verloren om het verschil tussen goed en kwaad te kennen. Ze besluiten van te voren wat ze zullen zien en zeggen."

Leraar (wijzend naar de man die bij hem is): "Dit is een goede vriend van me. Hij heeft ernstige moeilijkheden. Zijn zaak zit in de problemen en hij verliest geld."

Moeder: "De tijd kan niet altijd gunstig zijn, mijn zoon. Er zijn bepaalde tijden die slecht zijn. Maar vergeet nooit dat God de problemen in grote mate kan helpen verlichten."

Leraar: "Hij gelooft niet in tempels en dergelijke."

Vriend: "Amma, God is overal, is het niet? Hij is niet beperkt tot de vier muren van een tempel."

Moeder: "Zie het niet op die manier, mijn zoon. Er is overal wind, toch gebruiken we ventilatoren, nietwaar? Is het comfort dat we in de schaduw van een boom krijgen niet iets bijzonders? De atmosfeer is niet overal hetzelfde. Het gevoel dat je in een tempel krijgt is niet wat je in je kantoor ervaart. Voel je niet een bijzondere vrede en koelte in de tempelomgeving? Dat is de kwaliteit van de atmosfeer waarin men constant aan God denkt.

Denk niet dat het een verspilling van tijd is om naar de tempel te gaan. De kinderen in de eerste klas hebben wat zaadjes of knikkers nodig om te leren tellen. Als ze het eenmaal hebben geleerd, hebben ze die dingen niet meer nodig. Met behulp van een drijvend stuk hout kun je gemakkelijk leren zwemmen. Wanneer je eenmaal kunt zwemmen, kun je het stuk hout weggooien.

Een atleet die een prijs bij het verspringen heeft gewonnen, is in staat om verscheidene meters te springen, maar er is een hoop oefening nodig voordat een kind zo ver kan springen. Zelfs na een training is niet iedereen daartoe in staat. Er zijn misschien een paar mahatma's die God in alles zien. Je kunt ze op je vingers tellen. Zij hebben geen tempels nodig. Niettemin moeten we aan alle anderen denken die de Hoogste Waarheid alleen met zulke middelen kunnen bereiken."

Moeder stond op en zei: "Kinderen, Amma gaat nu naar de bhajans toe. Wacht allebei totdat de bhajans voorbij zijn voordat jullie naar huis gaan."

Voordat ze iets konden zeggen, wandelde Moeder naar de kalari en deed mee met het zingen. De zoetheid van devotie vulde de atmosfeer toen iedereen '*Kannunirillatta kannukalenkilum...*' zong.

Hoewel mijn ogen zonder tranen zijn,
klopt mijn hart vol pijn.

Hoewel mijn tong stil is,
is hij vervuld van Uw mantra, Moeder!

O mystieke, wensvervullende boom,
mijn geest blijft constant stilstaan bij Uw bloemen,
maar de wrede jager die Maya is,
legt aan om mij neer te schieten!

U bent ons gunstig gezind,
die gekomen bent om sandelpasta
op mijn ziel te smeren.
Verkoel mij in het maanlicht van Uw liefde
en maak mij vervuld!

Toen de arati over was, kwam er een gezin naar Moeder toe en knielde voor Haar. Zij woonden in Kozhencheri.

Moeder: "Zijn jullie vandaag van huis vertrokken, kinderen?"

Toegewijde: "We zijn een familielid vlakbij in Kayamkulam komen opzoeken. We kregen het idee om naar de ashram te komen voordat we naar huis teruggaan."

Moeder: "Waren jullie een maand geleden ook niet hier?"

Toegewijde: "Ja. Daarna konden we niet komen. Mijn vader was bedlegerig met reumatiek."

Moeder: "Hoe gaat het nu met hem?"

Toegewijde: "Het gaat nu goed met hem. Hij komt volgende week met ons hierheen."

Moeder: "Amma zal jullie wat prasad voor hem geven. Gaan jullie vanavond naar huis?"

Toegewijde: "Ja, Amma, mijn dochter moet morgen werken."

Moeder: "Maar hoe ga je dan zo laat 's avonds?"

Toegewijde: "We zijn in een jeep gekomen."

Moeder: "O, er zijn hier nog twee kinderen die uit jullie streek komen. Ze waren van plan om eerder met de bus terug te gaan, maar Amma heeft ze gevraagd om te blijven voor de bhajans."

Toegewijde: "Dat is geen probleem. Er is genoeg ruimte in de jeep. We zijn maar met zijn drieën."

Moeder stelde hen de leraar en zijn vriend voor. De leraar zei: "We stonden op het punt om snel te vertrekken nadat we Amma gezien hadden. Toen ze ons vroeg om tot na de bhajans te blijven, waren we bang dat we de laatste bus zouden missen. Nu zien we dat al onze problemen voorbij zijn als we vertrouwen stellen in Amma."

Moeder vroeg een brahmachari om vibhuti (heilige as) te brengen en aan iedereen iets als prasad te geven. Ze gaf een speciale portie voor de vader van de toegewijde. Nadat Moeder een brahmacharini geïnstrueerd had om erop toe te zien dat iedereen avondeten kreeg, keerde Ze naar Haar kamer terug.

Maandag 8 juli 1985

Het was vijf uur 's middags. Moeder zat in de kalari. Een brahmachari die in de stad groenten was gaan kopen, kwam terug met de dozen. Hij droeg een baal rijst op zijn hoofd en balanceerde een zak met groenten op zijn schouder. Hij droeg duidelijk meer dan hij gemakkelijk aankon.

Toen Moeder zijn probleem zag, nam Ze de baal rijst van zijn hoofd en zette die neer. Ze vroeg: "Ben je alleen gegaan toen je al deze dingen moest kopen? Had je niet iemand mee kunnen nemen?"

Brahmachari: "Ik dacht niet dat het zo zwaar zou zijn." Twee brahmachari's brachten de zakken naar de keuken.

Moeder: "Natuurlijk. Hoe kon je weten hoe zwaar je boodschappen zouden zijn als je thuis nooit enig werk gedaan hebt of nooit een zware last getild hebt. Hoe heb je de zak rijst op je hoofd getild?"

Brahmachari: "De man van de veerboot heeft me geholpen."

Moeder: "Arme zoon! Van nu af ga je niet meer alleen naar de markt." Ze streek Haar vingers door zijn haar. De zoon stond daar van Moeders liefhebbende streling te genieten en vergat gelukzalig al het andere.

Het geluk en het verdriet van het wereldse leven

Moeder keerde terug naar de kalari en ging weer zitten. Een vrouw kwam naar Haar toe en knielde voor Haar. Moeder omhelsde haar en hield haar dicht tegen zich aan. De vrouw legde haar hoofd in Moeders schoot en begon te snikken. "Als Amma alleen maar een sankalpa maakt, zullen al mijn moeilijkheden over zijn," zei ze alsmaar.

Moeder troostte haar door haar op de rug te kloppen: "Dochter, is het voldoende als Amma een sankalpa maakt? Je moet bereid zijn om het te accepteren. Zelfs als Amma het licht aandoet, moet je de deur opendoen voordat het licht naar binnen kan. Als alle deuren stevig op slot zitten, hoe kun je dan het licht ontvangen? Zelfs wanneer Amma een besluit neemt, moet je aan God denken, wil het je goed doen. Je moet iedere dag wat tijd nemen om Gods naam te herhalen. Hoeveel tijd verspillen we iedere dag! Is het voldoende om te zeggen dat Amma alles in orde moet maken wanneer jij zelf geen enkele moeite doet?"

De vrouw geloofde dat al haar moeilijkheden kwamen door kwaadaardige betoveringen van haar buren en ze probeerde Moeder hiervan te overtuigen. Ze wilde dat Moeder haar buren strafte en haar beschermde. Ze had deze eis verschillende malen herhaald. Moeders stem werd ernstig toen het duidelijk werd dat de vrouw geen enkele aandacht schonk aan wat Zij zei. De vrouw hield op met klagen en ze begon naar Moeder te luisteren met ontzag en eerbied.

Moeder: "Op het ogenblik zijn er twee soorten geluk en verdriet. Als we niet krijgen wat we willen, voelen we ons bedroefd. Maar wanneer anderen krijgen wat zij wensen, is ons verdriet nog groter. Op dezelfde wijze zijn wij gelukkig als we in iets slagen, maar we zijn nog gelukkiger wanneer anderen falen. We vergeten al ons verdriet en verheugen ons wanneer we het verdriet van anderen zien. Onze eigen dochter is misschien niet getrouwd, maar we zijn blij dat de dochter van de buren ook niet getrouwd is. Dan worden we bedroefd wanneer haar huwelijk plaatsvindt. Kinderen, dit is een ontaarding van de geest, een ernstige ziekte die onze vrede aantast. Het is kanker van de geest.

Eens gingen twee buren hout kopen. Eén van hen kocht één blok, terwijl de ander er drie kocht. Toen de eerste zijn blok opensneed, zag hij dat het van binnen hol was. Hij was heel ongelukkig dat hij zijn geld verspild had en hierdoor verloor hij zijn eetlust. Toen kwam zijn vrouw naar hem toe met het nieuws dat alle drie blokken hout van de buurman van binnen rot waren. De man die tot dan toe door verdriet overmand was, voelde plotseling een uitbarsting van vreugde. 'Echt waar? Geef me wat thee,' zei hij gelukkig lachend. 'Hij verdient het! Hij denkt dat hij rijk genoeg is om er drie te kopen!'

Kinderen, het eerste wat we moeten doen, is deze houding veranderen. Wanneer onze geest zo is, zal geen enkele japa ons baten. We zullen Gods genade niet krijgen en ook geen gemoedsrust. Een pot waarin iets zuurs heeft gezeten, moet grondig gereinigd worden, voordat we er melk in kunnen gieten. Anders bederft de melk. Kinderen, op de allereerste plaats moeten we bidden om een hart dat zich verheugt over het geluk van anderen en meevoelt met hun verdriet.

Als onze buurman gek is, zullen wij ook problemen hebben. We zullen niet kunnen slapen door het lawaai dat hij 's nachts maakt. Misschien hebben we overdag ook geen rust. Denk aan de ellende die we zouden hebben als onze broer iedere dag dronken thuiskwam en begon te vechten. Onze vrede zou volledig verdwenen zijn. Maar aan de andere kant als onze broer goedhartig is, zal ons dat op een positieve manier beïnvloeden. Wanneer anderen een stil en rustig leven leiden, moeten we ons realiseren dat wij degenen zijn die ervan profiteren. Ze veroorzaken ons tenminste geen problemen! We moeten ons kunnen verheugen over het geluk van anderen en medelijden kunnen voelen wanneer anderen verdriet hebben. Als we dat kunnen, betekent dat dat we innerlijk vooruitgaan. In zulke harten wil God graag verblijven. De echte kinderen van God zijn zij die het geluk en het verdriet van anderen als het hunne ervaren."

Nu huilde de vrouw en Moeder hield op om haar tranen af te vegen. "Je hoeft je niet rot te voelen, dochter. Herhaal regelmatig de mantra die Amma je gegeven heeft. Alles zal in orde komen."

De vrouw was hierdoor getroost. Ze knielde voor Moeder en stond op. Ze nam afscheid nadat ze zo haar last van verdriet afgeworpen had bij de Moeder, die de toevlucht is van allen die lijden. Worden we niet duidelijk getroost door te baden in die stroom van ononderbroken vrede die naar alle verdrietige harten stroomt?

Zaterdag 20 juli 1985

Geen compromis bij de discipline

De eerste gloed van de dageraad was nog niet aan de oostelijke hemel verschenen. De brahmachari's deden archana in de meditatiekamer, terwijl Moeder op de veranda in de duisternis heen en weer liep met Haar handen op Haar rug. Er was een serieuze sfeer in de manier waarop Ze liep. Twee mannen met zaklantaarns liepen voorbij over de oever van het water aan de zuidkant van de ashram. Het waren vissers die zich klaarmaakten om hun net uit te werpen.

Op dat moment kwam er een brahmachari aanrennen om met de archana mee te doen. Hij was zeker een beetje laat opgestaan. Toen hij zachtjes de deur van de meditatiekamer opende om naar binnen te gaan, hield Moeder hem tegen door Haar hand uit te steken en de deur stevig dicht te doen. De brahmachari stond met gebogen hoofd naast de deur.

Na een paar minuten zei Moeder: "Weet je niet dat de archana om vijf uur 's ochtends begint? Als de mensen één voor één binnenkomen nadat die begonnen is, zal iedereen die de archana doet, zijn concentratie verliezen. Dus nu moet je buiten blijven en de archana doen. Vanaf morgen moet je om half vijf in de meditatiekamer zijn. Je moet gedisciplineerd zijn in je sadhana. Alleen dan zul je vooruitgang boeken.

De brahmachari legde zijn asana (meditatiematje) op de veranda en ging zitten. De mantra's weerklonken in de meditatiekamer. De betekenis van iedere mantra werd duidelijk toen hij zijn geest richtte op de heilige voeten van de Moeder die voor hem met zachte stappen op en neer liep.

Om nakhadititi samchanna namajjana tamogunayai namah...

Wij buigen neer voor Haar wier stralende teennagels de onwetendheid verdrijven van de toegewijden die voor Haar buigen.

Wij buigen neer voor Haar wier voeten de straling van de lotusbloemen overtreffen.

Wij buigen neer voor Haar wier gunstig gezinde lotusvoeten versierd zijn met gouden enkelbanden die bezet zijn met juwelen en die zoet fonkelen.

Wij buigen neer voor Haar wier gang zo langzaam en edel is als van een zwaan.

Toen de brahmachari's na de archana naar buiten kwamen waren zij blij verrast om Moeder te zien. Zij knielden allen voor Haar. Moeder legde Haar handen op het hoofd van de zoon die te laat gekomen was en zegende hem.

Moeder: "Zoon, was je verdrietig toen Amma je tegenhield om naar binnen te gaan om met de archana mee te doen?"

Wat voor pijn heb je nog wanneer je hart smelt in Moeders liefde zoals de chandrakanta steen smelt in het licht van de volle maan?

Moeder: "Dit is een ashram, mijn zoon. Wanneer we archana doen tijdens de brahma muhurta (het heilige uur voor de dageraad), moeten alle kinderen daaraan deelnemen. Op dat ogenblik mag er niemand slapen, zich wassen of iets dergelijks. Iedereen moet er zitten vijf minuten voordat de archana begint."

Brahmachari: "Er kwam slechts een klein straaltje water uit de pijp. Dus was ik te laat toen ik klaar was met me te wassen."

Moeder: "Als je een examen hebt of een sollicitatiegesprek, zeg je dan nog dat je te laat was omdat er geen water of elektriciteit was? Je moet je sadhana met dezelfde houding doen.

Wanneer jullie de archana met zovelen samendoen, is de Goddelijke Moeder hier zeker aanwezig. Men moet dan niet binnenkomen of praten of slapen. Daarom zei Amma je om de archana buiten te doen, omdat ze binnen al begonnen waren."

Moeder liefkoosde al Haar kinderen met Haar liefhebbende ogen en ging naar Haar kamer. Ze kwam om zeven uur weer met een brahmacharini naar buiten en liep naar de noordkant van de ashram. Ze verzamelde de palmblaren die daar gevallen waren. Een brahmachari bracht ze allemaal naar de keuken. Hij miste zijn kans niet om Moeder enkele twijfels te laten oplossen: "Amma, kan men de geest volledig elimineren?"

Moeder: "De geest is een verzameling gedachten. Gedachten zijn als de golven op de oceaan. Zij blijven de een na de ander opkomen. Je kunt de golven niet met geweld stoppen. Maar wanneer de oceaan diep is, komen de golven tot rust. Op dezelfde manier moet je proberen om de geest op één gedachte te concentreren in plaats van te proberen om alle gedachten met geweld te stoppen. Dan zal de oceaan van de geest dieper worden. Hij zal stil worden. Zelfs als er kleine golven aan de oppervlakte zijn, zal het beneden rustig zijn."

Moeders koeienseva

Moeder kwam bij de koeienstal. Een brahmachari was een pas gekochte koe met de naam Shantini, 'de vreedzame,' aan het wassen. Maar er was geen verband tussen haar naam en haar gedrag. Tot nu toe was niemand die probeerde haar te wassen, ontsnapt zonder op zijn minst een mep van haar staart te krijgen. Het was een gevecht om haar te melken, want er waren drie mensen voor nodig en bovendien moest men haar poten vastbinden. Het was alsof zij een eed afgelegd had om ervoor te zorgen dat de melk op de grond terecht kwam of om op zijn minst een melkbad te geven aan degenen die probeerden haar te melken.

Deze brahmachari die Shantini's aard goed kende, gebruikte een kopje om water over haar te gieten. Hij maakte haar lichaam twee keer nat en noemde dat haar bad. Het vuil en de mest plakten nog aan haar lichaam. Moeder hield helemaal niet van deze manier waarop de koe gewassen werd. Ze nam de emmer water van de brahmachari over terwijl er een brahmacharini naar de keuken ging om een stuk van het ruwe omhulsel van een kokosnoot te halen. Dit wordt gebruikt om te schrobben. Moeder liet Haar zoon zien hoe hij de koe moest wassen. Ze verwijderde heel zorgvuldig de mest die aan de buik en de poten van de koe kleefden en waste haar schoon.

Iedereen was verrast door de plotselinge gedweeheid van Shantini, iets wat men tevoren nooit in haar gezien had. Ze stond daar als een gehoorzaam kind. Misschien had ze al deze tijd op zo'n gelegenheid gewacht.

Terwijl Moeder de koe baadde zei Ze: "Zoon, sta niet achter een koe wanneer je haar wast. Ze kan trappen. Deze is een beetje onhandelbaar, dus moet je haar zorgvuldig wassen, waarbij je naast haar staat. Moeder liet ook zien hoe de koe in de stal vastgebonden moest worden.

Toen twee toegewijden hoorden dat Moeder de koe aan het wassen was, kwamen zij kijken. Toen Moeder uit de stal kwam, zei Ze tegen hen: "De kinderen hier zijn er niet aan gewend om zo iets te doen. Ze zijn hier direct van de universiteit naar toegekomen en daarvoor werden ze door hun ouders in de watten gelegd. Ze weten zelfs niet hoe ze hun eigen kleren moeten wassen. Gisteren zag Amma dat één van hen probeerde om 'Super-white' te gebruiken om zijn kleren te wassen. Het zou dolle pret geweest zijn, als Amma daar niet net op tijd geweest was. Hij deed een hele fles Super-white in een halve emmer water. Toen Amma kwam stond hij net op het punt zijn kleren erin te stoppen. Stel je voor wat er gebeurd zou zijn! (Ze lachte). Hij gebruikte de voorraad Super-white voor een hele maand in één wasbeurt. Amma heeft hem laten zien hoe hij een beetje van het blauwe spul met water in een emmer moest mengen en dan de kleren erin moest stoppen."

Advies aan mensen met een gezinsleven

Moeder zat op de veranda van de meditatiekamer en de toegewijden zaten op de grond rondom Haar. De Heer Menon uit Palakkad begon het gesprek.

Menon: "Amma, ik beoefen meditatie, maar door allerlei problemen ben ik nooit vrij van verdriet. Ik heb met veel mensen die net als ik een gezin hebben, gesproken en de meeste zitten in dezelfde lastige situatie. Ik vraag me soms zelfs af waarom we japa en meditatie doen."

Moeder: "Mijn zoon, alleen japa en meditatie doen is niet genoeg. Men moet de basisprincipes in zich opnemen. Toen Amma jong was, sneed Ze vaak de takken van een kampatti-boom. Ze moest in de boom klimmen en de eerste keer dat Ze dit deed, verbrandde Haar hele lichaam. Haar gezicht was zo opgezwollen dat Ze niets kon zien. Het duurde twee of drie dagen voordat Ze weer in orde was. Toen kwam Ze erachter dat je eerst olie op je lichaam moet smeren. Daarna gebruikte Ze altijd olie als bescherming als Ze de takken van de kampatti-boom afbrak. Op dezelfde manier moeten jullie de beschermende laag van je liefde voor God aanbrengen voordat je aan het gezinsleven begint. Dan zal er geen reden voor verdriet zijn.

Men moet de overtuiging hebben dat God zijn enige echte verwant is. Kinderen, jullie moeten weten dat alle andere relaties en wereldse dingen uiteindelijk alleen maar verdriet geven. Heb alleen een band met God. Dit betekent niet dat jullie je vrouw en kinderen in de steek moeten laten of dat jullie hen als vreemdelingen moeten zien. Zorg goed voor hen, maar weet dat het enige blijvende familielid dat je hebt, God is. Alle anderen zullen je vandaag of morgen verlaten. Neem daarom altijd je toevlucht tot Hem. Zie het zo dat de moeilijkheden in je leven voor je eigen bestwil zijn, dan zal er vrede in geluk in het gezin zijn."

Een toegewijde: "Kunnen we leven als zij die grote tapas doen?"

Moeder: "Amma zegt niet dat mensen met een gezinsleven strenge ascese moeten ondergaan, maar probeer wel bij iedere activiteit de heilige naam te herhalen. Er is geen reden om je zorgen te maken over de zuiverheid van het lichaam als je de naam herhaalt. God is overal. Hij is altijd in ons hart. We weten het alleen niet. Een diamant heeft een natuurlijke glans, maar wanneer hij in de olie valt, verliest hij zijn schittering. Op dezelfde manier zijn wij niet in staat om God te herkennen door onze onwetendheid.

Herhaal 's morgens op zijn minst tien minuten de heilige naam na je bad. Mediteer in ieder geval een korte tijd. Doe 's avonds hetzelfde. Wie jou ook verdriet berokkent, neem je klachten mee naar de pujakamer, waar je echte vriend is. Naast je man of vrouw moet je een vriend hebben en die vriend hoort God te zijn. Zelfs als je man of vrouw je ongelukkig maakt, vertel dat dan aan God en aan niemand anders. Als je buurman ruzie met je maakt, ga dan naar de pujakamer en beklaag je: 'Waarom liet U hem mij zo behandelen? Was U niet bij mij?' Open je hart en vertel alles aan God. Dan wordt het een satsang.

Wanneer iemand je gelukkig maakt, vertel God daar dan ook over. God vergeten in tijden van geluk en je Hem alleen herinneren in tijden van verdriet is niet een teken van echte devotie. We moeten in staat zijn om te zien dat Hij ons zowel geluk als verdriet geeft.

Alle vrije tijd die je na het werk overhoudt, moet je besteden aan het lezen van spirituele boeken als de Gita en de Ramayana of de biografieën van mahatma's of een bloemlezing van hun onderricht. Dat is beter dan naar de bioscoop gaan of bezig zijn met andere vormen van gewoon vermaak. Verspil geen enkele kans om deel te nemen aan satsangs. Deel de dingen die je hoort in satsangs, met je vrienden zodat je hun ook gemoedsrust geeft.

Neem tenminste twee of drie dagen in de week brahmacharya (celibaat) in acht. Dat is essentieel als je de juiste resultaten van je sadhana wilt krijgen. (Gelag.) We hebben niet slechts één echtgenote. De ogen, neus, tong, oren en de huid zijn allemaal onze 'echtgenoten'. We moeten onze gehechtheid aan hen ook onder controle krijgen. Dan kunnen we de ware essentie in ons kennen."

Een vrouwelijke toegewijde: "Amma, waar halen we de tijd vandaan voor satsang en lezen als we eerst het huishoudelijk werk af moeten hebben en voor de kinderen moeten zorgen?"

Moeder: "Zij die het willen, zullen de tijd vinden. Zelfs zij die voortdurend, meer dan honderd keer zeggen dat ze geen tijd hebben, zullen een ziek kind haastig naar het ziekenhuis brengen, nietwaar? Zelfs als de behandeling drie of vier maanden duurt, zullen ze het ziekenhuis niet uitgaan en naar hun werk gaan. Hoeveel je ook klaagt over het gebrek aan tijd, wanneer het de gezondheid van je kind betreft, slaag je er altijd in om tijd te vinden. Evenzo zul je tijd vinden, wanneer je ervan overtuigd bent dat God degene is die je beschermt en dat er geen vrede in dit leven mogelijk is zonder dat je je toevlucht bij Hem zoekt.

Als je geen tijd kunt vinden om God te aanbidden, probeer dan als de gopi's te zijn. Zij reserveerden geen speciale tijd voor gebed. Zij zagen God terwijl zij verdiept waren in hun werk. Zij herhaalden de heilige naam terwijl ze de melk karnden en het graan maalden en al hun andere huiselijke werk deden. De potten met peper en koriander en alle andere specerijen hadden etiketten met de namen van de Heer. Wanneer ze peper nodig hadden, vroegen ze om Mukunda. Wanneer ze iemand koriander gaven, gaven ze Govinda. Zij die melk en yoghurt kwamen halen, vroegen erom met de namen van de Heer. Ze waren met niets anders bezig dan met het herhalen van Krishna's naam overal en altijd. Zo waren ze altijd in staat om zich de Heer te herinneren zonder speciale inspanning. Zij die niet in staat zijn om speciale tijd voor sadhana te reserveren, kunnen op deze manier de herinnering aan God toch handhaven. Veranker het idee stevig in je geest dat alleen God waar en eeuwig is. Herhaal je mantra terwijl je met je werk bezig bent. Dan heb je geen speciale tijd nodig om aan God te denken. Je geest zal altijd op Hem gericht zijn."

Toegewijde: "Is het niet voldoende om op het Zelf te mediteren? Is het nodig om een mantra te herhalen enzovoorts?"

Moeder: "Aan schoolkinderen wordt gevraagd om gedichten en de tafels van vermenigvuldiging te herhalen om ze van buiten te leren. Eén keer lezen is misschien niet voor iedereen genoeg om zulke dingen te onthouden. Evenzo is het niet voor iedereen mogelijk om zijn geest op het hoogste principe te richten enkel door meditatie. Japa doen of devotionele liederen in afzondering zingen is ook nodig. Als iemand in staat is om het door meditatie te doen, dan heeft hij alleen dat nodig. Hij heeft niets anders nodig. Maar wanneer je een mantra herhaalt of kirtans zingt, wordt je geest snel op één punt gericht. Hij holt niet zo gemakkelijk naar uiterlijke dingen als anders. Iedereen kan dit doen."

Er kwamen toegewijden aan in de ashram. Ze verzamelden zich rondom Moeder om de nectar van Haar woorden in zich op te nemen. Toen hun aantal erg groot werd, ging Moeder naar de hut en begon darshan te geven.

Een jonge vrouw die haar geestelijk evenwicht verloren had, werd door haar ouders naar binnen gebracht. Toen Moeder hun wanhoop zag, gaf Ze hun toestemming om een paar dagen in de ashram te blijven. Iemand moest de hele tijd bij het meisje blijven. Als er niemand op haar lette, rende ze steeds weg en daarom was er altijd iemand die haar hand vasthield. Moeder gaf een stuk sandelhout aan de vader en vroeg hem om vaak sandelhoutpasta op het voorhoofd van het meisje aan te brengen.

Toen de bhajans voorbij waren, zat Moeder met de toe-gewijden en de brahmachari's op de plaats voor de kalari. Het zieke meisje kwam uit haar kamer en rende weg. Haar moeder en zus volgden haar. Een brahmacharini en een andere vrouw kregen het meisje op de een of andere manier te pakken en brachten haar naar Moeder, die haar naast Haar liet zitten. Het meisje bleef Moeder zinloze vragen stellen. Moeder luisterde heel aandachtig naar haar en stelde haar gerust door af en toe te antwoorden.

Op instructie van Moeder werd het meisje naar de water-kraan buiten de meditatiekamer gebracht. Moeder vulde een emmer met water en goot het in een stroom over het hoofd van het meisje. Ze herhaalde dit verscheidene malen, waarbij Ze de hand van het meisje stevig vasthield om haar ervan te weerhouden weg te rennen. Dit ging ongeveer een half uur door, waarna er een geringe verandering in het gedrag van het meisje was. Moe-der maakte wat sandelhoutpasta en bracht dit op het voorhoofd van het meisje aan. Voordat Ze haar met haar moeder naar haar kamer stuurde, vergat Ze niet om een hartelijke kus op de wang van het meisje te geven.

Moeder kwam terug en ging voor de kalari zitten. Ze riep brahmachari Balu en vroeg hem een kirtan te zingen. Brah-machari Śrikumar[7] bespeelde het harmonium. De ashramlucht vulde zich met de zalige, devotionele muziek van '*Śri chakram ennoru chakram...*'

In het mystieke wiel Śri Chakram
verblijft de godin Śri Vidya,
Devi, die de aard van beweging is,
de ene Kracht die het wiel van het heelal beweegt.

---

[7] Swami Purnamritananda

Soms rijdend op een leeuw,
soms gezeten op een zwaan,
zich manifesterend als de Shakti van Heer Brahma.
O Moeder, die het goddelijke drietal leidt en beheerst,
is de godin Katyayani[8] niet een andere vorm van u?

De toegewijden betuigen hun respect voor Uw vormen
voor de verlichting van hun ellende.
O Moeder, wie onder de mensen,
die geboeid zijn door Maya,
begrijpt de waarheid dat dit menselijke lichaam uiterst
verachtelijk is?

O Moeder, U die speelt, rijdend op een tijger,
hoe kan iemand in onwetendheid hopen
uw hoogst verheven grootsheid te loven?

Dinsdag 6 augustus 1985

Moeder liep vanuit Haar kamer de trap af, gekleed in zuiver wit. Alle toegewijden die met samengevouwen handen op Haar stonden te wachten, begonnen zachtjes: 'Amma, Amma....' te herhalen. Moeder liep vergezeld van al Haar kinderen naar de kalari. Omdat er binnen niet genoeg plaats voor iedereen was, wachtten degenen die binnen geen plaatsje konden krijgen, buiten op hun beurt. Moeders brede glimlach stelde iedereen op zijn gemak. Haar ogen vol mededogen brachten verlichting voor de lijdende harten.

Een jonge vrouw legde haar hoofd in Moeders schoot en snikte. Moeder tilde haar hoofd met Haar handen op en veegde teder haar tranen af. Ze troostte de vrouw en zei: "Huil niet, mijn dochter! Amma is hier voor jou! Huil niet!" Maar de vrouw bleef

---

[8] Een naam van de Goddelijke Moeder Parvati

111

toch huilen en was niet in staat om haar verdriet te beheersen. Moeder trok haar dicht tegen Zich aan, streelde haar liefdevol en aaide zachtjes over haar rug.

De jonge vrouw kwam uit een rijke familie. Ze was verliefd geworden op een vriend van haar broer. Maar omdat de jongeman tot een andere kaste behoorde, verzette haar familie zich tegen hun relatie. Niettemin had hun liefde gezegevierd en ze waren getrouwd. Ze waren hun leven samen begonnen door een huis te huren en de man had wat geld geleend om een zaak op te zetten. De onderneming ging failliet en toen de druk van zijn crediteuren te groot was geworden, was hij van huis vertrokken zonder het iemand te vertellen.

"Amma, hij heeft mij en de kinderen in de steek gelaten. We hebben niemand om voor ons te zorgen!" De vrouw bleef dit herhalen toen ze op Moeders schouder huilde.

Moeder probeerde haar te troosten: "Hou op met piekeren, mijn dochter. Er is hem niets overkomen. Hij zal terugkomen."

De jonge vrouw tilde haar hoofd van Moeders schouder op en vroeg: "Zal mijn man terugkomen, Amma?"

Moeder: "Hij zal zeker terugkomen. Maak je geen zorgen, dochter!" Na een korte stilte ging Moeder verder: "Amma zal je een mantra geven. Hou Devi altijd in gedachten en herhaal de mantra regelmatig. Al je problemen zullen binnen een maand over zijn."

Het gezicht van de vrouw klaarde op. Hoopvolle verwachting straalde in haar ogen. Moeder sloot Haar ogen en zat even in meditatie. Toen opende Ze Haar ogen weer en herhaalde: "Shiva, Shiva!"

Moeders goddelijke bhaktistemming

Eén voor één knielden de toegewijden voor Moeder en gingen weg. Meneer Bhaskaran Nair uit Thrissur kwam naar voren en knielde. Sinds de dood van zijn vrouw had hij al zijn tijd aan spirituele bezigheden besteed. Hij kwam vaak naar de ashram om Moeder te zien. De vrede die duidelijk op zijn gezicht te zien was, zijn nederigheid en de mala van tulasikralen om zijn nek getuigden allemaal van zijn sattvische aard.

Moeder opende het pakje dat meneer Nair Haar aanbood. Het bevatte een afbeelding en een biografie van Chaitanya Mahaprabhu.[9] Moeder keek vluchtig naar het boek, opende het toen en gaf het aan meneer Nair en zei: " Lees wat voor, mijn zoon. Amma zal luisteren." Hij was erg verheugd en begon te lezen:

"Als de liefde voor God eenmaal in je hart begint te bloeien, dan komt er geen andere gedachte op. Zal de tong die kandij geproefd heeft, verlangen naar de zoetheid van andere waardeloze dingen? De gezegende ziel die liefde voor God ontwikkeld heeft, is daardoor voortdurend in vervoering. De minnaar hunkert er iedere seconde naar om met zijn geliefde verenigd te zijn. Hij maakt er zich helemaal geen zorgen om of zijn geliefde op haar beurt van hem houdt of niet. Ieder ogenblik denkt hij aan zijn dierbare geliefde en piekert over de scheiding.

Mahaprabhu's liefde was ook zo. De stroom van prema die uit het meer van zijn hart voortkwam, werd sterker en sterker. Die Ganga van liefde droogde nooit op, zoals dat met kleine stroompjes wel gebeurt. Het ene moment lachte hij, het andere moment danste hij. De hele nacht doordrenkte hij zijn kleren met tranen en huilde zonder te slapen. Hij zuchtte diep en riep uit: 'O Krishna, O Krishna!' Mahaprabhu was niet meer in staat om de normale routine-activiteiten te verrichten zoals baden, eten of het doen van de ochtend- en avondgebeden. Hij kon over niets anders praten of horen dan de daden van Krishna. Hij kende niemand behalve zijn eeuwig beminde Krishna."

---

[9] Een mahatma uit Bengalen.

Meneer Nair wierp een blik op Moeder terwijl hij voorlas. Ze was de wereld volledig vergeten. Haar ogen sloten zich langzaam. De straling van Haar goddelijke gezicht scheen de atmosfeer te vullen. Tranen stroomden tot halverwege Haar wangen en bleven daar zitten. De goddelijke bhaktistemming in Moeder verspreidde zich naar de toegewijden rondom Haar en iedereen zat bewegingsloos en keek naar Haar zonder met zijn ogen te knipperen. Een vrouw huilde en riep luid: "Amma, Amma!" Meneer Nair hield op met lezen en zat met zijn handen samen uit devotie intens naar Moeders gezicht te staren. Overstelpt door devotie begon een vrouw te zingen: '*Ayi! giri nandini nandita mohini...*'

> *O dochter van de bergen, betoverende vrouw,*
> *door allen aanbeden, door Nandi aanbeden,*
> *U die met het universum speelt,*
> *U die op de berg Vindhya verblijft,*
> *O Godin, die de echtgenote van Shiva zijt,*
> *U met een groot gezin,*
> *U die vele wonderlijke daden verricht heeft,*
> *Victorie voor U.*
> *U die de demon Mahisha verslagen hebt,*
> *mooie geliefde van Shiva,*
> *dochter van Himavat!*

Moeder opende Haar ogen na ongeveer anderhalf uur en ging door met darshan geven aan de toegewijden. Toen ging Ze naar buiten en ging in de schaduw zitten tussen de Vedantaschool en de hut. Een paar toegewijden en enkele brahmachari's verzamelden zich om Haar heen. Eén was Surendran, die eerder in zijn leven drank verkocht had. Nadat hij Moeder ontmoet had, was hij met dat soort werk opgehouden en hij had nu een winkel naast zijn huis.

Het verleden is een afgehandelde cheque

Surendran: "Amma, ik heb in mijn leven veel fouten gemaakt en de herinneringen daaraan zitten mij nog steeds erg dwars."

Moeder: "Mijn zoon, waarom maak je je zorgen over fouten uit het verleden? Wat voorbij is, is voorbij. Als je daarover piekert, verlies je de kracht die je nu hebt. Maak nu een ferm besluit dat je zulke fouten niet opnieuw zult maken. Dat is wat nodig is. Dan zullen je zuivere daden je geest schoonmaken. Je verlangen om goed te zijn in gedachten en daden en je pogingen daartoe tonen de zuiverheid van je geest.

Toen je vroeger die dingen deed, wist je niet dat die verkeerd waren. Maar nu je weet dat zij verkeerd waren, probeer je je daarvan af te keren. Dat is genoeg. Wanneer een klein kind een bal naar zijn moeder gooit, glimlacht zij gewoon. Zij pakt haar kind op en geeft hem een kus. Maar als hij iets naar haar toe smijt wanneer hij ouder is, zal ze niet zo vergevingsgezind zijn. Op dezelfde wijze hebben wij tot nu toe veel verkeerde dingen gedaan zonder ons dat te realiseren. God zal ons alles vergeven. Maar hij zal ons niet de fouten vergeven die we maken, nadat we te weten gekomen zijn dat ze verkeerd zijn. We moeten daarom moeite doen om het herhalen van onze fouten te voorkomen.

Het is niet nodig om je verdrietig te voelen over de manier waarop je tot nu toe geleefd hebt. Dat is als een afgehandelde cheque. Het is als de fouten die je maakt wanneer je met potlood schrijft. Je hebt een gum en je kunt je fouten uitgummen maar je kunt dat maar een paar keer doen. Als je te vaak op dezelfde plaats probeert te gummen, trek je het papier kapot. God zal de fouten vergeten die we onwetend maken. De grootste overtreding is iets te herhalen waarvan we weten dat het verkeerd is. Dat is iets wat we niet moeten doen."

Toegewijde: "Amma, verdien ik het om tot God te bidden? Heb ik daarvoor de zuiverheid van geest?"

Moeder: "Zo moet je niet denken, mijn zoon. Denk niet dat je de zuiverheid van geest mist om te bidden omdat je veel fouten in je leven gemaakt hebt, of dat je pas kunt bidden wanneer je geest zuiver is. Als je denkt dat je alleen in de zee zult baden nadat de golven tot rust gekomen zijn, zul je nooit in staat zijn om te baden. Je kunt niet leren zwemmen door aan de kant van het zwembad te zitten. Je moet het water ingaan. Wat zal er gebeuren als de dokter de patiënt vertelt dat hij pas naar hem toe kan komen als hij beter is? God is degene die onze geest zuivert. Daarom nemen we onze toevlucht tot Hem. Alleen door Hem kunnen we schoongemaakt worden."

Surendran: "Amma, als we eenmaal in U geloven en echte devotie voor U hebben, kunnen we niets verkeerd meer doen. Daarom vragen we enkel om Uw genade dat U ons geloof en devotie mag geven."

Moeder: "Kinderen, het is voldoende als jullie geloof in God hebben. Als jullie sterk geloof in Hem hebben, zullen jullie geen fouten maken. Er zal alleen geluk in jullie leven zijn."

Surendran: "Bent U niet God zelf, Amma?"

Moeder: "Amma houdt er niet van dat te zeggen. Veronderstel dat er een geurige bloem aan een plant bloeit. De plant moet niet uitroepen: 'Kijk naar mijn bloem, hoe mooi die is! En wat een fantastische geur! Dat komt door mijn kracht.' Als hij dat zegt, voedt het zijn ego. Alle vermogens behoren God toe. We moeten nooit denken dat iets van ons is. Niets hiervan komt door Amma's kracht. Zij bloeide op door Zijn macht. Hij maakte Haar geurig. Amma zal niet zeggen dat iets hiervan van Haar is."

De oorzaak van verdriet en de oplossing

Een toegewijde: "Amma, wat is de oorzaak van verdriet?"

Moeder: "De houding van 'ik' en 'mijn' is de oorzaak van alle verdriet. Eens kwamen we terug van Kozhikode. In de bus zat een man met zijn kind. Hij zat op zijn stoel en speelde met het kind. Na een poosje viel de vader in slaap en het kind viel ook in slaap op de schoot van zijn vader. Een tijdje later gleed het kind van hem af en viel op de grond. Aanvankelijk wist de vader dit niet, want hij werd pas wakker toen het kind begon te huilen. Toen begon hij ook te huilen en zei: 'O mijn zoon, mijn zoon!' Hij begon te zoeken naar mogelijke tekenen van verwonding bij het kind. Dus zijn houding van 'ik' en 'mijn' veranderde in verdriet, zodra hij wakker werd. Als die houding afwezig is, is er geen verdriet.

Twee jongetjes waren met een stok aan het spelen. Een derde kind zag dit en begon te huilen omdat hij er ook een wilde. Toen hij een hoop drukte maakte, kwam zijn moeder en nam de stok van de andere jongens af en gaf het aan hem. Hij begon ermee te spelen maar viel spoedig in slaap. De stok viel uit zijn handen maar hij was er zich helemaal niet van bewust. Hij had er kort daarvoor om gehuild, maar in zijn slaap verloor hij de houding van 'ik' en 'mijn'. Dat maakte hem rustig en hij kon vredig slapen en alles vergeten. Evenzo is Brahman die verblijft in Brahman, gelukzaligheid. Als we de houding van 'ik' en 'mijn' opgeven, kunnen wij van die gelukzaligheid genieten. Dan is er geen verdriet meer. Maar we moeten de houding van 'ik' als een individu opgeven."

Toegewijde: "Amma, is dat voor iedereen gemakkelijk?"

Moeder: "Probeer het, mijn zoon! We zijn misschien niet in staat om een berg te beklimmen, maar kunnen we er op zijn minst niet een handvol zand van meenemen? Als we een handvol water uit de oceaan verwijderen, blijft er zoveel minder over. Denk er op die manier over. Als je volledige toewijding hebt en voortdurend moeite doet, is niets onmogelijk. Als je water in een fles met inkt blijft gieten, zal de kleur geleidelijk verdwijnen totdat je uiteindelijk niet meer kunt zeggen of er in het begin inkt in zat of niet. Op dezelfde manier lost het gevoel van individualiteit langzaam op en verdwijnt uiteindelijk, als de geest zich verruimt door de voortdurende herinnering van God. De individuele geest wordt de universele geest."

Een andere toegewijde: "Amma, veel mensen haten me gewoon omdat ik geld heb. Is het verkeerd om rijk te zijn?"

Moeder: "Kinderen, er is niets verkeerd aan als we geld hebben. Maar het doel van het leven is niet alleen geld vergaren. Je kunt geld opzijleggen voor je behoeften maar niet bovenmate.

Er was eens een paraplumaker in een dorp. Terwijl hij werkte, herhaalde hij Gods naam en hij was bezig met satsang met degenen die bij hem kwamen. Hij leefde gelukkig en was tevreden met wat hij verdiende. Iedereen mocht hem. Hij verdiende genoeg om in zijn levensonderhoud te voorzien.

Op een dag kocht een landeigenaar bij hem een paraplu. Omdat hij blij was met de hoge kwaliteit en de redelijke prijs van de paraplu, kreeg de landeigenaar speciale belangstelling voor de paraplumaker, wiens goede eigenschappen hem aantrokken. De landeigenaar gaf hem wat geld als gift. Zodra de paraplumaker het geld kreeg, veranderde zijn karakter. Zijn aandacht was niet langer bij het werk, want hij begon zich zorgen te maken: 'Hoe zal ik het geld beschermen? Is het veilig om het thuis te bewaren? Of zal het gestolen worden?' Toen de gedachten over zijn geld opkwamen, hield zijn japa op. Hij kreeg zijn werk niet meer op tijd af, want zijn gedachten waren bij zijn toekomstplannen: 'Moet ik een huis bouwen of moet ik een grotere zaak beginnen?' Dit waren zijn enige gedachten en hierdoor besteedde hij geen aandacht aan zijn werk.

Hij vond het niet leuk meer om met anderen te praten omdat hij vergeten was hoe hij met liefde kon spreken. Steeds wanneer iemand hem iets vroeg, ergerde hem dit, want het stoorde zijn gedachten. Omdat er steeds minder mensen naar zijn winkel kwamen, kelderde zijn inkomen. De gedachten over zijn geld ontnamen hem zijn gemoedsrust. Omdat zijn hebzucht en egoïsme toenamen, werd hij rusteloos en gedeprimeerd. Weldra was het geld dat hij als gift ontvangen had, helemaal op. Hij had geen werk meer. Voor de man die eens een tevreden leven geleid had, voordat hij het geld kreeg, was het leven nu een kwelling.

Kinderen, wanneer we te veel van iets hebben, zal dat een einde maken aan onze vrede. Probeer daarom altijd een eenvoudig leven te leiden. Dat is op zichzelf genoeg om ons geestelijke rust te geven. We hebben niets in overmaat nodig."

Moeder gebruikt een eenvoudige stijl om de twijfels van Haar kinderen te oplossen. Toch verlangen ze er steeds opnieuw naar om die honingzoete woorden te horen, die kennis overbrengen door alledaagse verhalen en voorbeelden, die kostbare juwelen van wijsheid bevatten. Zij bidden zoals Arjuna tot Krishna bad: "Ik heb nog niet genoeg van deze nectar gehoord. Laat me alstublieft nog meer horen."

Hoofdstuk 3

Woensdag 7 augustus 1985

Moeder zat met Haar gezicht naar de Arabische Zee op de oever van het kanaal dat langs de ashram liep. Alle brahmachari's kwamen en gingen rondom Haar zitten om te mediteren. De atmosfeer was vredig en plechtig en maakte de geest op een natuurlijke manier naar binnen gericht. Zelfs de golven van de oceaan in het westen schenen rustig geworden te zijn. Iedereen probeerde te mediteren. Moeder wierp Haar meedogende blik naar iedereen en begon langzaam te spreken.

Meditatie

"Kinderen, wanneer jullie zitten te mediteren, denk dan niet dat je je geest onmiddellijk tot rust kunt brengen. Eerst moet je alle lichaamsdelen ontspannen. Doe je kleren wat losser als ze te strak zitten. Wees er zeker van dat de rug recht is. Sluit dan je ogen en concentreer je geest op je ademhaling. Je moet je bewust zijn van je inademing en uitademing. Gewoonlijk ademen we in en uit zonder ons daarvan bewust te zijn, maar zo hoort het niet te zijn. We moeten ons bewust worden van het proces. Dan zal de geest waakzaam worden.

Als je zo een tijdje zit, zal je geest rustig worden. Je kunt doorgaan met mediteren door je aandacht op je ademhaling te richten. Of je kunt beginnen te mediteren op de vorm van je geliefde godheid. Als de geest afdwaalt, moet je hem terugbrengen. Als je daartoe niet in staat bent, dan is het voldoende om gade te slaan waar hij heen gaat. We moeten de geest in de gaten blijven houden. Dan zal hij ophouden rond te rennen en zal je hem onder controle hebben.

Begin nu te mediteren, kinderen."

Zij die alle gevaar verwijdert

Alle brahmachari's waren verdiept in meditatie. Even later kwam Moeder echter abrupt uit Haar meditatie. Een brahmachari die de ongebruikelijke verandering in Haar stemming zag, vroeg Haar ernaar.

Moeder: "Eén van de kinderen is iets overkomen." Ze wachtte even. Toen ging Ze verder: "Die zoon die regelmatig uit Kozhencheri komt, hij was het die Amma zag. Toen hij afgelopen week hier was, vertelde Amma hem dat hij voorzichtig moest zijn wanneer hij in voertuigen reisde. Ze zei hem speciaal dat hij drie maanden lang geen enkel voertuig moest besturen."

Moeder leek bijzonder bezorgd. Ze ging snel naar Haar kamer terug.

Moeders woorden herinnerden Haridas, een toegewijde uit Pattambi, aan wat hem een jaar geleden overkomen was. Hij beschreef het voorval aan de anderen: "Ik kwam gewoonlijk met mijn gezin in mijn jeep om Moeder te zien. Op een dag toen ik hier was, vertelde Ze mij: 'Rij een tijd lang niet, mijn zoon. Amma ziet duisternis in het vooruitzicht!' Dus op de terugweg liet ik mijn broer de jeep rijden. Twee maanden later gingen mijn broer en ik naar Sultan Battery om een vriend op te zoeken. Toen we daar kwamen, kreeg mijn broer last van zijn maag. Hij kon onmogelijk rijden of zelfs maar reizen. Ik moest de volgende morgen terugzijn vanwege financiële zaken. Dus kon ik daar niet blijven. Ik liet mijn broer in het huis van mijn vriend achter en vertrok diezelfde nacht.

Omdat ik me Moeders woorden herinnerde, reed ik langzaam en zeer voorzichtig terwijl ik mijn mantra herhaalde. Onderweg voelde ik mij slaperig. Ik stopte voor een kop thee, waste mijn gezicht met koud water en vervolgde toen de reis. Maar nadat ik een klein stukje gereden had, voelde ik mij weer slaperig. Ik worstelde om wakker te blijven toen ik verderreed. Uiteindelijk dutte ik een ogenblik in. De jeep was niet meer onder controle en zwenkte naar rechts. Plotseling voelde ik dat iemand het stuur greep en het naar links draaide. Op dat zelfde moment riep ik uit 'Amma!' en trapte op de rem. De jeep kwam tot stilstand en raakte bijna een grote rots aan de linkerkant van de weg. In het duister was het niet mogelijk om iets helder te zien. De weg was aangelegd op de zijkant van een berg: links ging de berg omhoog en rechts ging de berm van de weg steil naar beneden in een diep dal. Pas toen ik zag dat de jeep tot stilstand gekomen was dichtbij de rand aan de linkerkant van de weg, was ik ervan overtuigd dat de hulp van de onzichtbare redder niet gewoon verbeelding geweest was.

Een week later kwam ik naar de ashram. Zodra Moeder mij zag, vroeg Ze: 'Zoon, heb je gereden, hoewel Amma je gezegd had dat niet te doen?' Ik kon daar slechts staan met tranen in mijn ogen."

Moeder beschermt Haar kinderen net als een moeder die haar baby's bewaakt, ze in haar armen houdt en ze nooit neerlegt. Moeder is zich bewust van iedere gedachte en van iedere ademhaling van Haar kinderen.

Is de toekomst vooraf bepaald?

Moeder kwam uit Haar kamer naar beneden toen de bhajans voorbij waren. Een gezin uit Bhopal was gekomen om Haar te zien. Ze waren op vakantie en bezochten hun geboorteplaats in Kerala. Daar hoorden zij over Moeder. Ze wilden Haar opzoeken voordat ze de volgende week naar Bhopal terugkeerden. De man had de spirituele principes in zich opgenomen door zijn vader, die een trouwe aanhanger van Śri Ramakrishna was. Zijn vrouw en kinderen hadden ook diep geloof in God. Ze vonden altijd tijd voor sadhana in hun drukke leven. Ze waren van plan om naar huis terug te keren nadat ze Moeders darshan die nacht ontvangen zouden hebben. Omdat ze hun eigen auto hadden, was terugkeren 's avonds laat geen probleem.

Toen de echtgenoot een kans had om met Moeder te spreken, zei hij: "Amma, de moeilijkheden in mijn leven zijn de laatste tijd sterk toegenomen. Mijn vrouw lag een maand lang in het ziekenhuis. Toen ze thuis kwam, werd onze zoon ziek en hij moest een week in het ziekenhuis doorbrengen. Mijn vrouw zegt dat onze problemen zullen verdwijnen als we onze horoscopen laten onderzoeken en de oplossingen die gesuggereerd worden, toepassen."

Moeder: "Is er iemand in je omgeving die je horoscopen kan bestuderen?"

Echtgenoot: "De vader van mijn vrouw is astroloog. Ze maakt hier iedere dag veel drukte over. Ze wil de horoscoop van iedereen naar hem sturen. Ik zelf heb helemaal geen vertrouwen in horoscopen en zulke dingen. We moeten alles ondergaan wat voorbestemd is om te gebeuren. Dus waarom zouden we ons met dat alles bezighouden?"

Moeder: "Het is niet juist om te zeggen dat dit alles geen betekenis heeft. We kunnen onze toekomst tot op zekere hoogte weten door de posities van de planeten te bestuderen. Als we het pad dat voor ons ligt kennen, kunnen we moeilijkheden vermijden. Is het niet zo dat we een omheining vol doornen of een sloot die op onze weg liggen, kunnen vermijden als we weten dat ze er zijn?"

Echtgenoot: "Kunnen we het lot dan veranderen?"

Moeder: "Het lot kan veranderd worden door tapas en sadhana. Zelfs de dood kan vermeden worden. Ken je het verhaal niet van de wijze Markandeya? Veranderde zijn lot niet toen zijn hart het uitschreeuwde in gebed toen de dood voor hem stond?

Alles in ons lot kan getranscendeerd worden door activiteiten te verrichten met een houding van totale overgave aan God. Maar we moeten bereid zijn te handelen in plaats van te lanterfanten en nietsdoend het lot de schuld te geven. Het is een teken van luiheid om het lot de schuld te geven zonder werk te verzetten."

Echtgenoot: "Dan zou de horoscoop die de toekomst voorspelt, fout blijken te zijn, nietwaar?"

Moeder: "Iemands inspanning zal zeker een verschil maken. Amma zal je een verhaal vertellen. Twee vrienden lieten hun horoscoop trekken. Volgens hun horoscoop zouden ze allebei door een slangenbeet gedood worden. De een begon hier voortdurend over te piekeren. Zijn angst maakte hem geestelijk ziek wat tot gevolg had dat zijn gezin zijn gemoedsrust verloor. De andere man viel niet ten prooi aan angst. In plaats daarvan dacht hij over mogelijke oplossingen. Omdat hij zich bewust werd van zijn beperkte mogelijkheden om zijn dood te vermijden, wendde hij zich tot God. Hij gaf zich over aan God. Maar zelfs toen nam hij met behulp van het gezonde lichaam en de intelligentie die God hem gegeven had, alle mogelijke voorzorgsmaatregelen om te vermijden dat hij door een slang gebeten werd. Hij bleef thuis en herinnerde zich God altijd.

Toen hij een keer 's nachts in het donker zijn pujakamer binnenging, stootte hij per ongeluk zijn voet tegen iets. In de kamer was een godheid in de vorm van een slang die zijn tong uitstak. Dit had zijn voet geraakt en het gebeurde op het tijdstip waarop de horoscoop voorspeld had dat hij door een slang gebeten zou worden. Hoewel het een levenloze slang was, werd hij gewond, maar er was geen vergif. De inspanning die hij met toewijding aan God verricht had, had succes. Maar zijn vriend werd een slachtoffer van de angst voordat er iets gebeurd was, en zo verspilde hij zijn leven. Leid een leven met eigen inspanning, mijn zoon, zonder het lot de schuld te geven. Alle moeilijkheden kunnen op die manier overkomen worden."

Echtgenoot: "Amma, ik heb een vraag."

Moeder: "Wat is het, zoon?"

Echtgenoot: "Als het lot veranderd kan worden, kon Śri Krishna dan niet Duryodhana's geest veranderen en de oorlog vermijden? Zou Duryodhana ten strijde getrokken zijn als Krishna hem Zijn goddelijke vorm geopenbaard had?"

Moeder: "De Heer toonde Zijn hoogste vorm zowel aan de Pandava's als aan de Kaurava's. Door zijn nederigheid kon Arjuna de grootheid van de Heer herkennen, maar de egoïstische Duryodhana kon het niet. Het heeft geen zin om iets te laten zien aan mensen die geen houding van overgave hebben. De spirituele principes kunnen alleen overgebracht worden op iemand die het verdient en die de juiste instelling heeft. Verheerlijking van het lichaam vond Duryodhana belangrijk. Hij had niet de houding om het advies van de Heer in zich op te nemen. Zijn visie was dat, wat Krishna ook zei, het helemaal niet goed voor hem was, maar alleen bedoeld was om de Pandava's te helpen. Wat Krishna hem ook vertelde, hij vatte het altijd op de tegenovergestelde manier op. Alleen door oorlog kan het ego van zulke mensen worden vernietigd."

Het gezicht van de Heilige Moeder nam een ernstige uitdrukking aan. Plotseling stond Ze op. Haar gedachten waren nu op iets anders gericht. Het gezin knielde voor Haar en ging weg. Moeder ging naar de kokospalmen en wandelde tussen de bomen. Ze zong zachtjes de regels van een bhajan. Spoedig hief Ze Haar beide armen op naar de hemel en zong hetzelfde vers telkens opnieuw met veel gevoel, waarbij Haar stem stokte en beefde.

Na een poosje ging Moeder in het zand zitten en boog Haar gezicht naar de grond. Stortte Ze tranen voor Haar kinderen? Niemand durfde Haar alleenzijn te verstoren. Iedereen glipte stilletjes weg. Moeder ging in het zand liggen en bleef verscheidene uren in die toestand. De zwakke geest van de mens trekt zich verslagen terug wanneer hij de onpeilbare aard van Moeders handelingen probeert te begrijpen. Totale overgave is de enige weg die overblijft.

Zaterdag 10 augustus 1985

De dag brak net aan. 's Nachts was er een man van middelbare leeftijd in de ashram aangekomen, die te dronken was om goed te lopen. Twee jongemannen waren nu met hem aan het kibbelen over het geld dat hij hen schuldig was. Hij had 's nachts hun autoriksja gehuurd om naar de ashram te gaan. Onderweg was hij bij alle drankwinkels gestopt. Tegen de tijd dat ze de ashram bereikten, had hij geen geld meer over. Ze vroegen hem om zestig roepies. Hij had slechts een paar munten. Uiteindelijk gaf hij hun zijn dure horloge en stuurde hen weg.

Hij liep met onzekere pas. De brahmachari's hielpen hem naar de veranda van de Vedantaschool en hielpen hem daar te gaan liggen. Op advies van een toegewijde dronk hij wat karnemelk. Iemand hielp hem andere kleren aan te trekken.

Vandaag was er een programma van archana en bhajans in de goddelijke aanwezigheid van Moeder op het ashramcentrum in Kollam. Om acht uur 's morgens kwam Moeder vanuit Haar kamer naar beneden. Ze was klaar om de reis te beginnen. De man die dronken was geweest toen hij aankwam, rende nu naar Moeder toe. Hij had een bad genomen en zich bedekt met heilige as. Hij wierp zich helemaal neer voor Moeder en reciteerde hardop hymnen voor de Goddelijke Moeder. Hij vertelde Moeder ook over zijn moeilijkheden. Ook al wist Ze dat hij dronk, Ze troostte hem met tedere moederliefde. Ze zei: "Amma komt vanavond terug. Blijf vannacht hier, zoon. Je kunt morgen na de bhava darshan teruggaan."

Enkele toegewijden gingen ook mee met het uitstapje naar Kollam met Moeder en de brahmachari's. Zij stapte in de grote kano die als pont over de backwaters dienstdeed. Iedereen wilde dolgraag bij Haar zijn en stapte daarom in dezelfde boot, maar er waren te veel mensen. Moeder, die niet graag een van Haar kinderen ongelukkig ziet, vroeg niemand om uit te stappen. Als de kano zou kantelen, zou er wat water instromen. Als er een motorboot voorbij zou komen, kon de kano zeker in zijn kielzog zinken. Maar iedereen was vol vertrouwen dat er niets vervelends zou gebeuren, omdat Moeder bij hen was.

"Kinderen, er zijn enkele mensen hier die niet kunnen zwemmen. Dus iedereen moet erg voorzichtig zijn. Als jullie de boot laten schommelen, zal hij zinken," zei Ze ernstig. Zachtjes gleed de boot weg van de oever.

De spirituele reis

Moeder zei: "Kinderen, de spirituele reis is precies als dit uitstapje. We moeten met zelfbeheersing zitten, waarbij we zelfs onze adem inhouden, totdat we de andere oever bereiken. De boot kan zinken als we die beheersing niet hebben. Op dezelfde manier moeten we iedere stap zeer zorgvuldig nemen totdat we de andere kust van de oceaan van samsara[10] bereikt hebben, totdat we purnam (volledigheid) verworven hebben. Als we eenmaal daar zijn, zijn er geen zorgen meer."

Moeder zat op de houten bank in de boot met Haar ogen gericht op het water. Wanneer Moeder bij Haar kinderen is en hun hand stevig vast houdt, waarvoor zouden we dan bang zijn? Niemand was bezorgd.

---

[10] De cyclus van geboorte, dood en wedergeboorte

Toen men de overkant bereikte, stapte iedereen in de bus. Tijdens de reis zei brahmachari Venu[11] tegen Moeder: "Onlangs vertelde een toegewijde mij dat hij geen vertrouwen had in sommige mahatma's, omdat ze in rijkdom leven, zelfs miljoenen vergaard hebben."

Moeder: "We kunnen op zulke gronden niet over hen oordelen. Kijk naar alle sieraden die de godheden in de tempel omhebben. Verwijten we dat allemaal aan God? De mensen kijken niet naar alle goede daden van de mahatma's."

Venu: "Hij heeft ook enkele klachten over U, Amma. Hij denkt dat Amma vrouwen negeert."

Moeder, lachend: "O, is dat zo?"

Venu: "Hoewel Amma een vrouw is, klaagt hij dat er hier niet zoveel brahmacharini's zijn."

Moeder: "Zou Amma, die tapas wenste te doen om de zwakheid van vrouwen te verwijderen, nu vrouwen negeren? Voor een leven van sannyasa heeft men flink wat purushatvam (het mannelijke principe) nodig. Alleen meisjes met goede purushatvam eigenschappen, zoals onafhankelijkheid en een sterke geest, moeten tot ashrams toegelaten worden. Anders zullen ze uiteindelijk meer kwaad dan goed doen, hoewel ze gekomen zijn met de hoop de wereld te helpen. Als jongens fouten maken, zal de wereld hen dat niet zo verwijten. Zelfs als zij de ashram verlaten, kunnen ze werk vinden en de kost verdienen. Maar (in India) ligt dat anders voor meisjes. De meisjes moeten erg voorzichtig zijn. Het is nodig dat zij in hun levensonderhoud kunnen voorzien als ze er achter mochten komen dat ze niet geschikt zijn voor het ashramleven. Daarom staat Amma erop dat alle meisjes hier hun opleiding voortzetten.

Meisjes moeten onafhankelijk zijn. Ze zijn van nature mededogend en ze raken makkelijk aan iemand gehecht. Hierdoor

---

[11] Swami Pranavamritananda

ontstaat lijden en worden ze bedrogen. Maar dit zal hun bespaard blijven als hun neiging om met alles een band te vormen gericht wordt op God. Als een vrouw de onthechting van een man heeft, zal het resultaat zijn dat ze de kracht van tien mannen verwerft."

Brahmachari Pai[12]: "Amma, wat is waardevoller, onbaatzuchtige activiteit of meditatie?"

Moeder: "Kinderen, wat denken jullie?"

Iedereen gaf zijn mening. Het eindigde in een verhitte discussie. Moeder genoot ervan en luisterde met een glimlach op Haar gezicht. Uiteindelijk werd iedereen rustig en keek naar Haar. "Amma, vertel het ons alstublieft zelf."

Toen hun aandrang sterker werd, zei Moeder: "Je hebt allebei nodig. Alleen tapas is niet genoeg. Je hebt ook activiteit nodig. Alleen zeep is niet voldoende om je kleren te wassen. Je moet de kleren schoon schudden of slaan. Om de omstandigheden te boven te komen is karma (handelen) essentieel. We moeten in staat zijn om ons God onophoudelijk te herinneren, wat we ook doen, en niet alleen wanneer we zitten te mediteren. Verder zal onbaatzuchtig dienen helpen om de zuiverheid te ontwikkelen die voor meditatie nodig is. Activiteit is ook nodig om de vooruitgang die we in de meditatie gemaakt hebben, te toetsen. Aan de andere kant is onbaatzuchtig handelen zonder meditatie niet mogelijk. De handelingen van een man die tapas doet, hebben een eigen kracht. Ze komen iedereen ten goede."

Die avond kwam dokter Sudhamsu Chaturvedi, een professor aan de universiteit, in de ashram aan om Moeder op te zoeken. Hij was in Uttar Pradesh in het noorden geboren, maar had jarenlang in Kerala gewoond. Hij sprak vloeiend Malayalam en toen hij op Moeders terugkomst van Haar uitstapje wachtte, discussieerde hij

---

[12] Swami Amritamayananda

met de brahmachari's over veel onderwerpen. Naar zijn mening was studie van de geschriften het belangrijkst.

Eindelijk kwam Moeder terug uit Kollam. Ze ging in de zuidoostelijke hoek van de kalari zitten. Sudhamsu knielde voor Haar en ging naast Haar zitten. Zonder enige inleiding begon Moeder te spreken.

Moeder: "Zoon, jij reist vaak. Wanneer je op het station bent, hoe weet je dan de dienstregeling van de treinen of bussen?"

Sudhamsu: "Ik vraag het aan het loket of kijk naar de dienstregeling die op het station hangt."

Moeder: "Als je het bord gelezen hebt dat je vertelt welke bus waarheen gaat en wanneer, blijf je dan staan kijken naar het bord of zoek je de bus en stap je in?"

Sudhamsu: "Wanneer ik de informatie heb, stap ik natuurlijk de bus in en vertrek ik. Dat is de enige manier waarop ik mijn bestemming kan bereiken."

Moeder: "Op dezelfde manier wijzen de geschriften alleen maar de weg. Als je alleen maar de geschriften zit te lezen, zul je je doel niet bereiken. Toen je hier wilde komen, zocht je de juiste bus en stapte in. Zo kon je hier komen. Evenzo zul je alleen door werkelijk de sadhana te doen die in de teksten wordt beschreven, enige spirituele ervaring hebben. Door de afbeelding van een banaan te eten krijg je niet de smaak of de voeding van de vrucht. Bestudering van de geschriften is noodzakelijk, maar tegelijkertijd moet je sadhana doen om er profijt van te hebben."

De professor stond versteld dat Moeder precies wist wat hij en de brahmachari's hadden besproken net voordat Ze kwam. Hij wachtte even en stelde toen een andere vraag.

Sudhamsu: "Als Christus werkelijk een mahatma was, had hij zijn vijanden er dan niet van kunnen weerhouden hem te kruisigen?"

Moeder: "Christus offerde zich op om anderen de grootheid van opoffering en vergeving te leren. De mahatma's kunnen hun eigen lijden ogenblikkelijk verwijderen als ze dat willen. Maar wat ze willen is een voorbeeld te stellen voor de hele wereld, zelfs als dat betekent dat zij zelf moeten lijden. Niemand kan mahatma's iets aandoen. Je kunt ze zonder hun toestemming zelfs niet benaderen. Niemand kan hen tegenwerken als ze daartegen zijn. Zij ondergaan het lijden gewillig om de wereld te leren hoe je tegenkrachten en ongunstige omstandigheden het hoofd kunt bieden."

Sudhamsu stelde een heel andere vraag: "Hoe zijn al deze brahmachari's hier permanente bewoners geworden?"

Moeder: "Wanneer een boem bloeit, hoef je niemand een speciale uitnodiging te sturen om van de nectar te komen genieten. De bij komt uit eigen beweging. Om te beginnen hadden deze kinderen een spirituele samskara (aard, instelling). Hun ontmoeting met Amma maakte dat wakker. Dat is alles. Herinner je je een vergeten lied niet weer helemaal, wanneer je de eerste regel hoort? Deze kinderen waren gereed om een leven te leiden overeenkomstig de samskara die reeds in hun was. Amma leidt ze alleen maar, dat is alles. "

Sudhamsu: "Ik beoefen meditatie en japa al lang, maar er is niet voldoende vooruitgang."

Moeder: "Je moet ook van God houden. Zonder liefde zal geen enkele hoeveelheid japa en meditatie resultaat hebben. Wanneer je liefde voor God erg sterk wordt, zullen alle slechte vasana's in je automatisch wegvallen. Een boot tegen de stroom in roeien is erg moeilijk, maar als er een zeil is, wordt het gemakkelijk. Liefde voor God is als een zeil dat de boot helpt vooruit te komen.

Wanneer twee minnaars samenzitten, vinden zij het niet leuk als er iemand dicht bij hen komt zitten. Een echte sadhak heeft dezelfde houding. Hij houdt niet van iets dat niet samenhangt met God. Hij leeft altijd met de gedachte aan God in zijn geest en kan geen obstakels verdragen die tussen hemzelf en God in komen. Vergeleken met zijn liefde voor God is al het andere waardeloos voor hem.

Zoon, men moet echte lakshya bodha (gerichtheid op het doel) hebben. Alleen dan kan je sadhana diep worden. Wanneer iemand vertrekt met een sterk verlangen om een bepaalde plaats te bereiken, kan geen hindernis hem tegenhouden. Als hij de bus mist, zal hij een taxi nemen. Maar als hij niet voldoende belangstelling heeft, besluit hij misschien om naar huis te gaan als hij de bus mist, en denkt hij dat hij het de volgende dag opnieuw kan proberen. Kinderen, zonder intensiteit in onze sadhana is het moeilijk om het doel te bereiken.

Voordat je het zaad zaait, moet je de grond klaarmaken en het gras en het onkruid verwijderen. Anders kan het zaad moeilijk ontkiemen. Op dezelfde manier kunnen we alleen van de zaligheid van het Zelf genieten als we de geest van alle uiterlijke dingen bevrijden en hem op God richten.

Heb je gegeten, mijn zoon? Amma heeft dat in het gesprek helemaal vergeten."

"Ja, Amma."

Het gesprek richtte zich op de persoonlijke problemen van de toegewijden. Hun hart, dat brandde in de hitte van samsara, werd verkoeld door de nectar van Moeders liefde.

Maandag 12 augustus 1985

De bhava darshan was de vorige nacht laat geëindigd. Maar toen de darshan over was, ging Moeder door met praten met de toegewijden en met hen troosten. Zij probeerde bijzonder hard om een vrouw te troosten die Moeder al een jaar lang was komen opzoeken.

Voordat ze Moeder ontmoet had, had haar dochter met kanker in het ziekenhuis gelegen. Vele verschillende behandelingen waren geprobeerd, maar ze bleken allemaal zonder succes te zijn. Ze was in een toestand van uiterste ellende geweest zowel geestelijk als fysiek. Ze was ook geconfronteerd met haar financiële ondergang vanwege die situatie. Toen ze van een vriendin over Moeder hoorde, kwam ze Haar opzoeken. Moeder gaf haar heilige as, die ze aan haar zieke dochter moest geven. Spoedig na het nemen van de as begon de dochter te herstellen. Haar pijn verdween en ze voelde zich sterk genoeg om alles aan te kunnen.

De doktoren die alle hoop hadden opgegeven, waren hierover verbaasd. Spoedig werd de jonge vrouw uit het ziekenhuis ontslagen. Na haar ontslag kwamen zowel zij als haar moeder verschillende keren bij Moeder, maar bij hun laatste bezoek had Moeder erop gewezen dat een operatie spoedig nodig zou zijn. Een week later verslechterde de conditie van de dochter en ze werd weer in het ziekenhuis opgenomen. De doktoren bevolen een andere operatie aan, die binnen twee dagen plaats zou moeten vinden. Nu was de moeder gekomen om Moeders zegen voor de operatie te ontvangen. Ze keerde 's morgens vroeg terug. Daarom regelde Moeder dat ze mee kon reizen met een gezin van toegewijden die uit Thrissur gekomen waren.

Weldra was Moeder klaar om naar Haar kamer terug te gaan. De kraaien waren begonnen te kraaien om de komst van een nieuwe dag aan te kondigen.

Pas om drie uur 's middags kwam Moeder naar beneden naar de darshanhut. Omdat het de dag na de bhava darshan was, was het aantal toegewijden betrekkelijk klein. Een brahmachari zat in de hut te mediteren. Toen hij Moeder zag, knielde hij voor Haar en nam de gelegenheid te baat om Moeder een vraag te stellen voordat de toegewijden kwamen:

"Amma, wat is de relatie tussen karma en wedergeboorte? Er wordt gezegd dat wedergeboorte veroorzaakt wordt door karma."

Moeder: "Zoon, er is een aura rondom ons lichaam. Net zoals onze woorden kunnen worden opgenomen op een band, laten onze handelingen hun indruk achter op deze aura. De aura word goudkleurig als de handelingen goed zijn. Wat zulke mensen zich ook voornemen om te doen, de hindernissen worden uit de weg geruimd en alles blijkt gunstig te verlopen. Maar de aura van hen die slechte daden verrichten, wordt donker. Zulke mensen zijn nooit vrij van hindernissen en problemen. Hun aura's blijven na hun dood op aarde en worden voedsel voor de wormen en insekten. Ze worden dan hier opnieuw geboren."

Toen de toegewijden voor de darshan begonnen te komen, knielde de brahmachari opnieuw en stond op.

Moeder begon te informeren naar het welzijn van de toegewijden. Eén van hen offerde een pakje verpakt in fel gekleurd papier aan Haar voeten.

Moeder: "Mone, hoe gaat het met je zoon?"

Toegewijde: "Door uw genade heeft hij zijn werk teruggekregen. Er kwam onlangs een brief van zijn vrouw waarin stond dat hij met het roken van marihuana gestopt was. Hij gedraagt zich goed en hij praat alleen over U. Hij heeft zelfs zijn eerste looncheque naar me gezonden en vroeg mij U al het nieuws te vertellen en Uw zegen te vragen. Daarom ben ik vandaag gekomen."

Moeder: "Amma is blij te horen dat hij met het roken van marihuana gestopt is. Zoon, vertel hem dat Amma meer verheugd is over de verandering in zijn gedrag dan met het cadeautje dat hij gestuurd heeft."

De zoon van deze toegewijde werkte in Bhilai. Hij had zijn baan verloren toen hij overmatig marihuana was gaan roken. Hij had een jaar lang in Kerala thuis werkeloos moeten doorbrengen. In die tijd kwam hij Moeder opzoeken. Amma's hart was gesmolten toen Zij zijn oprechte verlangen zag om van zijn slechte gewoonte af te komen. Ze had hem met Haar zegen wat muskuspillen gegeven en zei hem dat hij een muskuspil moest nemen iedere keer dat hij de drang voelde om marihuana te roken. Hij was in staat om het roken geleidelijk te verminderen en er uiteindelijk helemaal mee op te houden. Een paar maanden geleden kreeg hij onverwachts zijn oude baan terug.

De toegewijde ging verder: "Alle pillen die Amma hem gegeven had, waren op voordat hij van huis vertrok. Nu bewaart hij wat muskus in zijn zak. Hij zegt dat enkel de geur genoeg is."

Moeder: "Dat komt door zijn vertrouwen. Als er vertrouwen is, zal niet alleen muskus, maar zullen zelfs stenen resultaten geven."

Amma zal er geen aanspraak op maken dat er iets door Haar macht gebeurt. Zij die in de Allerhoogste verblijft, onderwijst door Haar eigen handelen wat totale overgave aan het Goddelijke betekent.

Zaterdag 24 augustus 1985

Op vrijdag kwam Moeder in Kodungallūr aan om de avondbhajans in de Devitempel bij te wonen. Zij die met Moeder meereisden, brachten de nacht door in het huis van een toegewijde. 's Morgens deden de brahmachari's de Lalita Sahasranama archana en Moeder deed de arati met kamfer. Nadat Moeder en Haar gezelschap de huizen van nog drie toegewijden bezocht hadden, begonnen ze de terugreis naar de ashram.

Tegen lunchtijd stopten ze aan de kant van de weg. Het gezin dat hen de vorige nacht onderdak geboden had, had voor iedereen een lunchpakket gemaakt. Ze zaten allemaal in een cirkel toen Moeder het voedsel op bananenblaren serveerde. Na het vijftiende hoofdstuk van de Gita gereciteerd te hebben, zongen zij 'brahmar panam' en aten hun middagmaal. Iemand had een kan in een huis vlakbij gekregen en haalde water bij een kraan zodat iedereen zijn handen kon wassen. De mensen die dit tafereel gadesloegen, vroegen zich misschien af wie deze nomaden waren en waar ze vandaan kwamen. Moeder reist door het hele land zonder aan eten of slapen te denken. Zij werpt het licht van eeuwige vrede op de weg van Haar kinderen die in onwetendheid ploeteren. Wanneer Ze aan komt rennen om Haar kinderen, die door Maya misleid worden, te troosten en om hun alles te geven wat Zij heeft, hoe kunnen zij dan Haar eigen hoogste opoffering kennen?

De twijfels van de brahmachari's oplossen

Het reisgezelschap rustte niet na het middagmaal en dus ging de reis verder. Brahmachari Venu had zware oorpijn die de vorige avond begonnen was en waardoor hij niet kon slapen. Moeder liet hem naast Haar in de bus zitten en Ze vroeg de anderen die vlakbij zaten, om op te schuiven zodat Venu kon gaan liggen. Ze legde zijn hoofd in Haar schoot en troostte hem. "Deze oorpijn is ontstaan omdat je geforceerd je adem inhield bij de pranayama," vertelde Amma hem.

Venu: "Bedoelt u dat het verkeerd is om pranayama te doen?"

Moeder: "Nee, het is niet verkeerd. Maar kinderen, jullie hebben niet het geduld om het op de juiste manier te doen. In vroeger tijden waren de mensen gezond en hadden geduld. Ze waren in staat om deze dingen op de juiste manier te beoefenen. Vandaag de dag hebben de mensen geen goede gezondheid en ook geen geduld. Het is erg gevaarlijk om pranayama te beoefenen zonder het directe toezicht van een guru."

Door de grote menigte toegewijden in de ashram hadden de brahmachari's zelden de gelegenheid om met Moeder over spirituele zaken te spreken. Alleen wanneer ze met Haar reisden kon iedereen naast Haar zitten en naar Haar goddelijke woorden luisteren.

Een brahmachari: "Amma, wie is groter, God of de guru?"

Moeder: "In principe zijn God en de guru hetzelfde. Maar we kunnen zeggen dat de guru hoger dan God is. De genade van de guru is uniek. Als de guru het wil, kan hij het effect van Gods ongenoegen wegnemen. Maar zelfs God kan de zonde niet verwijderen die ontstaat als je de guru oneerbiedig behandelt. Wanneer je God realiseert, kun je zeggen dat jij en God hetzelfde zijn. Maar zelfs dan kun je niet zeggen dat je hetzelfde bent als de guru. Het is de guru die de leerling geïnitieerd heeft met de mantra die tot Zelfrealisatie leidde. De weg die de guru getoond heeft, heeft de leerling naar het doel geleid. De guru zal altijd die speciale status hebben. Zelfs nadat de leerling de Waarheid gerealiseerd heeft, zal hij met grote nederigheid voor de guru staan."

Brahmachari: "Amma, hoe vaak moeten we de mantra die U ons gegeven heeft, herhalen om mantra siddhi te bereiken?

Moeder: "Belangrijk is niet hoe vaak je hem herhaalt, maar hoe je hem herhaalt. Hoe kun je enig profijt van de mantra krijgen zelfs als je hem miljoenen keren herhaalt, als je tegelijkertijd een onverschillig leven leidt, een leven zonder shraddha? Hoe vaak je een mantra moet herhalen hangt ervan af hoe lang hij is. Japa moet met concentratie gedaan worden. Wanneer je japa met de grootste concentratie doet, is het aantal keren dat je de mantra herhaalt, niet belangrijk. Zelfs een relatief klein aantal herhalingen zal tot mantra siddhi leiden.

Men moet zich concentreren op de klank of op vorm van de mantra. Bij het herhalen kun je je ook richten op iedere afzonderlijke letter van de mantra. Je zult niet altijd concentratie krijgen. Daarom wordt er gezegd dat je hem miljoenen keren moet herhalen. Hoe meer je hem herhaalt, des te meer concentratie krijg je.

Vragen hoe vaak je de mantra moet herhalen is als vragen hoe veel water je een plant moet geven voordat hij vrucht gaat dragen. Water geven is nodig maar de hoeveelheid water hangt af van de aard van de plant, het klimaat, de eigenschappen van de bodem, enzovoorts. Water alleen is niet voldoende. De plant heeft zonlicht nodig, mest, lucht en ook bescherming tegen ongedierte. Evenzo is op het spirituele pad het herhalen van de mantra slechts één aspect. Goede daden, goede gedachten en omgang met deugdzame mensen (satsang) zijn ook nodig. Wanneer dit er allemaal is, krijgt men het resultaat overeenkomstig Gods wil."

Brahmachari: "Kan men siddhi's bereiken door het herhalen van de mantra?"

Moeder: "Siddhi's hangen van je gerichtheid af. Japa kan tot siddhi's leiden. Maar als men zulke siddhi's zonder onderscheid gebruikt, zal men van het pad afraken dat naar het uiteindelijke doel leidt. Denk niet dat je met je leven kunt doen wat je wil als je eenmaal met een mantra geïnitieerd bent. Amma houdt je in de gaten. Stel je voor dat je met de bus reist. Je hebt een kaartje gekocht maar als de controleur komt om je kaartje te controleren en je hebt het niet, zal hij je vragen om uit te stappen. Men is hierin niet soepel.

Als je Zelfrealisatie eenmaal bereikt hebt, heb je alle siddhi's. Realisatie ligt voorbij alle siddhi's. Als je realisatie eenmaal bereikt hebt, staat de hele wereld tot je beschikking. Als je in plaats van realisatie te willen God om siddhi's vraagt, is dat als hetzelfde als dat je zou zwoegen om het koninklijk paleis te bereiken en je, als je uiteindelijk voor de koning staat, om een paar bessen vraagt."

Brahmachari: "Hoe lang duurt het eer we de visie van God krijgen?"

Moeder: "We kunnen niet voorspellen wanneer we God zullen zien. Het hangt af van het verlangen van de zoeker en de moeite die men doet. Als we in een gewone bus reizen, kunnen we er niet zeker van zijn wanneer we onze bestemming zullen bereiken, omdat de bus op veel plaatsen onderweg stopt. Maar een snelbus stopt slechts op een beperkt aantal plaatsen. Daarom kunnen we de tijd van aankomst min of meer voorspellen. Op dezelfde manier kunnen we, als we aan God denken zonder zelfs één ogenblik te verknoeien en met totale onthechting vooruitgaan, het doel in korte tijd bereiken. Als er geen intensiteit in onze sadhana is, is het niet makkelijk om te zeggen wanneer we daar zullen aankomen.

De geschriften zeggen soms dat het zelfs geen moment kost om Godsrealisatie te bereiken. Maar op andere plaatsen wordt er gezegd dat het zelfs moeilijk is om in honderd levens realisatie te bereiken. De intensiteit van de sadhana en de samskara uit vorige levens bepalen de tijd die nodig is om het doel te bereiken. Sadhana betekent niet gewoon ergens met onze ogen dicht zitten. We hebben voortdurend bewustzijn van het doel nodig en onophoudelijke inspanning. Boven alles hebben we een zuiver hart nodig. Als ons hart eenmaal zuiver is, is het makkelijk om Gods genade te ontvangen."

Brahmachari: "Amma, is een visioen van God hetzelfde als Godsrealisatie?"

Moeder: "Sommige mensen krijgen bepaalde visioenen tijdens de meditatie. In meditatie is er een toestand die geen slaap is en niet de waaktoestand. We kunnen het de droomtoestand van de meditatie noemen. In zo'n toestand krijgt men gewoonlijk visioenen van verschillende goddelijke vormen. We kunnen dit geen visioenen van God noemen en we moeten er ook niet door bekoord worden. In plaats daarvan moeten we verdergaan."

Twee brahmachari's achter in de bus luisterden niet naar Moeder. Ze waren bezig met een discussie over een passage in de Upanishaden die ze aan het bestuderen waren. Vaak keken ze naar Moeder om te zien of Ze naar hen luisterde. Uiteindelijk hield Ze op met wat Ze vertelde en wendde zich tot hen.

Moeder: "Kinderen, verspil je tijd niet met proberen te beslissen of de vrucht aan de boom helemaal rijp is, of dat hij er alleen maar rijp uitziet of dat hij misschien aangevreten is. Sta op en pluk de vrucht! Verspil je tijd niet door over van alles en nog wat te discussiëren. Herhaal je mantra voortdurend. Als je spirituele vooruitgang wilt, moet je voortdurend moeite doen. Er is geen kortere weg."

Ervaringen die verwondering oproepen

De oorpijn van brahmachari Venu was nu verdwenen, misschien door Moeders magische aanraking of doordat hij de nectar van Haar woorden opdronk. Toen de bus Alleppy bereikte, stopte hij plotseling en weigerde om verder te gaan. Brahmachari Ramakrishnan[13] die reed, werd bezorgd omdat hij geen enkele oorzaak kon vinden waarom de bus het niet deed. Hij keek hulpeloos naar Moeder. Ze zei niets maar stapte uit met een glimlach en begon te lopen. De brahmachari's liepen met Haar mee. Brahmachari Ramakrishnan volgde Haar ook en vroeg of hij er iemand bij moest halen om de bus te repareren of dat hij een andere bus moest huren als er oponthoud was. Maar Moeder gaf geen antwoord. Haar toegewijde Shekhar woonde dicht bij de plaats waar de bus gestopt was en Ze ging direct naar zijn huis.

De leden van dat gezin waren in de zevende hemel toen ze Moeder zagen. Ze hadden lang gehoopt dat Moeder hun huis zou bezoeken. Zij waren zich ervan bewust dat Ze vandaag van Kodungallūr zou terugkeren en ze hadden gebeden dat Moeder hen vandaag zou bezoeken. Ze waren in feite juist over die mogelijkheid aan het praten en iemand drukte zijn twijfel uit of Moeder zonder uitnodiging zou komen, toen Moeder plotseling binnenstapte. Ze konden hun ogen nauwelijks geloven. Zij verwelkomden Haar met respect en leidden Haar naar de pujakamer, waar Ze de arati met kamfer deed. Toen riep Ze iedereen van

---

[13] Swami Ramakrishnananda

het gezin bij zich en verwijderde hun pijn met de zalf van Haar zoete woorden.

Moeder kwam spoedig naar buiten. Ramakrishnan stond daar in stilte te piekeren. Toen Moeder naar de bus terug begon te lopen zonder een woord te zeggen, zei Ramakrishnan Haar vriendelijk: "Amma, de bus is nog niet gerepareerd." Moeder stapte in de bus en ging zitten. Ze zei: "Probeer hem opnieuw te starten, zoon." Ramakrishnan startte de bus en hij reed zonder problemen verder. Hij keek achteruit naar Moeder met een stralend gezicht. Zij glimlachte alleen.

Tegen de tijd dat ze de huizen van nog twee toegewijden onderweg bezocht hadden, was het half acht toen ze in de ashram aankwamen. De avondbhajans waren bezig. Brahmachari Anish[14], een student aan de Chinmaya Mission in Bombay wachtte op Moeder. Dit was zijn eerste bezoek hier en zijn eerste darshan bij Moeder. Moeder ging op de binnenplaats tussen de Vedantaschool en de kalari zitten en sprak een tijdje met Anish. De brahmachari's die Moeder op het uitstapje vergezeld hadden, deden mee met de bhajans in de kalari. Uiteindelijk ging Anish ook naar binnen. In vervoering door de bhajans stond hij daar en vergat al het overige. Het lied dat ze zongen scheen hem het verhaal van zijn eigen leven te vertellen: *Akalatta kovilil...*

> *In een afgelegen tempel*
> *brandde voortdurend een vlam*
> *die degenen die in de duisternis tastten, leidde.*
> *Op deze manier toonde Moeder Haar mededogen.*
>
> *Op een dag toen ik over dat pad trok,*
> *wenkte de Stralende mij met Haar hand.*
> *Ze opende de heilige deur,*

---

[14] Swami Amritagitananda

nam wat heilige as
en wreef het over mijn voorhoofd.

Ze zong de liederen van God
en maakte voor mij met Haar eigen handen
een plaats om te slapen.
Een nieuw soort droom ervoer ik toen,
die de Waarheid verkondigde:
Waarom huil je?
Weet je niet dat je de heilige voeten
van God bereikt hebt?

Ik werd met een zucht wakker
en ik zag duidelijk het lotusgezicht.
Ik zag het zo duidelijk.

Donderdag 5 september 1985

De onvermoeibare Moeder

Een groep toegewijden kwam na middernacht aan. Hoewel zij 's avonds uit Kollam vertrokken waren, hadden zij onderweg problemen met hun auto en het duurde lang voordat hij gerepareerd was. Ze hadden erover gedacht om naar huis terug te keren omdat het zo laat was, maar ze gingen toch door naar de ashram omdat één van de kinderen zo aandrong. Ze hadden helemaal niet verwacht om Moeder 's nachts te zien, maar toen ze dichterbij kwamen zagen ze dat Moeder alleen tussen de kokospalmen voor de ashram stond alsof Ze iemand verwachtte. Alle gedachten over hun problemen losten op zodra zij Haar zagen. Moeder ging zitten en praatte met hen tot vier uur 's morgens.

Moeder nam een bad en kwam om vijf uur weer naar beneden. Een brahmachari die dit zag, smeekte Haar om wat rust te nemen. Ze had de hele nacht niet geslapen. De volgende nacht zou er bhava darshan zijn. Dan zou Ze weer niet slapen. Moeder antwoordde: "Men moet niet slapen wanneer de archana bezig is. We doen dit alles met een goddelijke sankalpa. Iedereen moet wakker zijn en de archana doen. Slapen op zo'n tijd zal tot ongelukken leiden. Als Amma vandaag tijdens de archana slaapt, zullen jullie morgen allemaal hetzelfde doen. Er is dan geen discipline meer in de ashram."

Brahmachari: "Maar, Amma, als U helemaal geen rust krijgt, zal dat Uw gezondheid dan niet aantasten?"

Moeder: "God zal daar allemaal voor zorgen. Amma is niet gekomen om voor dit lichaam te zorgen. Als jullie de regels steeds opvolgen, zal er niets met Amma's gezondheid gebeuren."

Omdat de brahmachari wist dat verder aandringen zinloos was, trok hij zich terug. Moeder ging naar de meditatiekamer en deed met de brahmachari's mee met de archana. Na de archana ging Ze naar de kokospalmen en ging zitten. Brahmacharini Gayatri bracht Haar een kop thee. Ze dronk het half op en gaf het kopje aan Gayatri.

Moeder riep brahmachari Sarvatma Chaitanya, die gewoonlijk in Frankrijk woonde waar hij zijn tijd besteedde aan het verspreiden van Moeders onderricht. Hij was nu hier om Moeder te zien. Sarvatma kwam, knielde voor Haar en ging naast Haar zitten.

Sarvatma: "Amma, ik weet dat U de afgelopen nacht helemaal niet geslapen hebt. Daarom ben ik niet naar U toegekomen. Vanavond is er weer bhava darshan. U moet op zijn minst een klein poosje rusten. Daarna kom ik naar U toe."

Moeder: "Moet je niet teruggaan? Je hoeft je over Amma's welzijn geen zorgen te maken. Ze slaapt de meeste nachten niet. Wanneer is er tijd om te slapen tijdens de bhava darshan nachten?

Andere nachten leest Amma brieven en het is erg laat wanneer Ze daarmee klaar is.

De hele nacht opblijven is voor Amma een gewoonte geworden. Dat is niet kortgeleden begonnen. Amma heeft dit vanaf Haar jeugd zo gedaan. Ze sliep niet door het verdriet dat Ze God nog niet gezien had. Als Ze zich slaperig voelde, bracht Ze Haar lichaam wonden toe om wakker te blijven. Ze was de hele dag met het huishouden bezig en tegen de tijd dat Ze 's nachts klaar was met het afwassen van de borden, waren de anderen in diepe slaap. Pas dan kreeg Ze wat tijd om ongestoord te bidden. Ze bleef de hele nacht op om te huilen om de Heer.

's Nachts is de beste tijd om te bidden. De natuur is stil. Niemand zal je storen. Niemand weet zelfs dat je naar het strand gaat en je kunt daar in eenzaamheid zitten"

Tranen kwamen op in Sarvatma's ogen toen hij dacht over Moeders opoffering en intense tapas. Moeder veranderde van onderwerp en vroeg hem: "Zoon, wat zei je dat je Amma wilde vragen?" Sarvatma kon niet spreken, maar zat gewoon stil in Haar ogen te kijken.

De verspreiding van Moeders boodschap

Moeder zei tegen brahmacharini Gayatri die vlakbij stond: "Deze zoon is naar veel plaatsen geweest om lezingen te geven. Op sommige plaatsen waren er volop toehoorders maar op andere plaatsen waren er heel weinig. Hij begon zich zorgen te maken wanneer het gehoor klein was. Hij dacht dat de mensen misschien niet kwamen omdat zijn voordrachten niet goed waren. (Zich tot Sarvatma wendend) Zoon, waarom zou je je zorgen maken over hoeveel mensen er naar je komen luisteren? Doe je niet wat Amma je gevraagd heeft te doen? Wees alleen voorzichtig met één ding: toon grote nederigheid in je woorden en daden. We moeten afdalen tot het niveau van de mensen en hen opvoeden.

Kinderen zijn geïnteresseerd in spelen. Ze willen zelfs niet binnenkomen om op tijd te eten. Het is de taak van de moeder om haar kind op de juiste tijd te eten te geven, maar tegen hem schreeuwen of hem een pak slaag geven zal niet werken. Ze moet hem met liefde roepen. Ze moet met hem op zijn niveau spreken. Dan zal hij komen eten. Op dezelfde manier zullen mensen niet onmiddellijk overgaan op spirituele ideeën, dus moeten we hen ervoor interesseren. Iedereen waardeert het als hij met nederigheid benaderd wordt. Iedereen smacht naar liefde. We moeten iedereen op zijn niveau benaderen en hem dan op een hoger niveau brengen.

Sarvatma: "Sommige mensen vragen of het juist is om organisaties te vormen in de naam van mahatma's."

Moeder: "Je kunt de naam van een persoon vermijden, maar als je een beweging opricht, zal die uiteindelijk een naam moeten hebben. Neem bijvoorbeeld een of ander ideaal in plaats van de naam van een persoon. Noem het 'Pad van de Liefde' of 'Pad van de Atman'. Wat het ook is, het moet een etiket hebben. Dan zullen er wat volgelingen komen en het zal een groep of een organisatie worden. Het zal bekend worden als een organisatie die bijvoorbeeld liefde of opoffering voorstaat. Na een tijdje zal er de afbeelding zijn van degene die ermee begon en uiteindelijk zal het genoemd worden na die persoon of misschien een aantal personen.

We hebben een instrument nodig om de menselijke geest, die egoïstisch is, te transformeren en hem te verruimen. We moeten de geest aan een of ander ideaal binden. Het is als het temmen van een wild paard door hem in een hok te stoppen. Sommige mensen gaan hiervoor naar een satguru. De naam van de guru symboliseert de idealen die hij onderwijst door het voorbeeld van zijn eigen leven. Anderen kunnen een andere methode nemen. Als je de structuur van een organisatie vermijdt, is het moeilijk om de leer aan de mensen over te brengen. Waarom zouden we de grote voordelen van een organisatie opgeven enkel vanwege een paar kleine gebreken?

Je kunt je afvragen waarom er een hek is rond een stuk grond bij een boerderij, maar het hek heeft duidelijk een doel. Wat je ook begint, er zullen een aantal beperkingen zijn. Maak je er niet druk over. Probeer alleen het goede in alles te zien. Leer mensen om hetzelfde te doen. Er wordt gezegd dat als je een zwaan een mengsel van melk en water geeft, hij enkel de melk eruit kan halen. Zie alles met een ruime geest. Neem alleen wat goed is. Leid je leven met het bewustzijn van wat vergankelijk is en wat eeuwig is.

In bepaalde delen van India gebruikt men de eerste letter van de naam van de vader als initiaal in zijn eigen naam. Wint de vader hier iets bij? Wanneer er een instelling wordt opgericht, komen daar talloze mensen en hebben er profijt van. Een sannyasi leeft niet voor zichzelf. Hij leeft om anderen het Hoogste Principe te leren. De leerlingen verspreiden het onderwijs van hun guru enkel om die reden. Ashrams zijn hier ook voor bedoeld.

Zie mahatma's niet als individuen. Zij staan voor een ideaal, voor het uiteindelijke principe. Daar moeten we naar kijken. De guru is het principe van het Zelf dat het hele universum doordringt. Hij mag er voor ons als een individu uitzien. Degenen die voor hun familie leven of die alleen hun eigen verlangens vervullen, mogen we als individuen zien. Maar zijn de mahatma's zo? Nee. Zij doen goed voor de hele wereld. Zij geven duizenden mensen vrede.

Zoon, de meesten van ons zijn opgegroeid door op verschillende personen te steunen. Slechts een paar mensen zijn in staat om op te groeien en zich alleen op de innerlijke principes te verlaten. In onze jeugd zijn we van onze ouders afhankelijk. Later steunen we op onze vrienden of onze echtgenoot. Vervolgens leren we om alleen individuen lief te hebben en te dienen. We zijn niet in staat om alleen voor de spirituele principes te leven. Maar de mahatma's zijn voorbij naam en vorm, ook al hebben ze een naam en vorm. Zelfs als je hen als individu ziet handelen, is er geen ego in hen. Er is geen besef van individualiteit. Als we vertrouwen op mahatma's, zullen we erg snel vooruitgaan en onze geest zal zich verruimen."

Moeder stond langzaam op en Sarvatma knielde voor Haar. Nadat Ze deze zoon die wegging, een kus gegeven had, ging Ze naar de hut om darshan te geven aan de toegewijden.

In de ruimte tussen de darshanhut en de Vedantaschool, stonden enkele bloempotten met bloeiende planten. Twee brahmachari's stonden daar van de schoonheid van de bloemen te genieten. Toen ze Moeder zagen aankomen, gingen ze opzij. Toen Moeder langs een pot kwam met een verdorde plant erin, zei Ze tegen hen: "Hieraan kan men zien hoe alert jullie allemaal omgaan met uiterlijke dingen. Zou deze plant verwelkt zijn als jullie shraddha hadden? Is hij niet verdroogd omdat niemand hem op tijd water gegeven heeft? Men kan zien hoeveel shraddha voor de wereld een brahmachari heeft door gewoon naar de planten om hem heen te kijken. Iemand die van God houdt, zal van alle levende dingen houden en zal voor hen zorgen zoals nodig is."

Moeder ging de hut binnen en begon de toegewijden te ontvangen.

Unniyappam

Een vrouwelijke toegewijde had wat unniyappam (een zoete lekkernij gemaakt van rijstemeel en bruine suiker en gebakken in olie) meegebracht voor de brahmachari's. Ze bood het aan Moeder aan.

Moeder: "Dochter, als je deze kinderen zulke dingen geeft, wat heeft het dan voor zin dat ze thuis weggegaan zijn? Ze zijn

hier om onthechting te beoefenen. Wat moet Amma doen als iemand voedsel meeneemt van het huis van iedere brahmachari?"
Vrouw: "Amma, we nemen deze dingen slechts af en toe mee. Wat voor kwaad kan dat?"
Moeder: "Als je hun de dingen geeft waar ze naar verlangen, schaad je hen, dochter. Dat is geen liefde. Echte liefde is als je ervan afziet om hen voedsel te geven dat de tong streelt. Ware liefde is hen inspireren om hun smaak en hun geest te beheersen en hen daarin aan te moedigen. Iemand die volledige controle over de geest heeft, kan altijd nectar proeven. Maar wanneer er voedsel door de keel gaat, verandert het in uitwerpselen. Het is niet mogelijk om de geest te beheersen zonder de smaak te beheersen. Als deze kinderen ernaar verlangen om door hun ouders verwend te worden en naar smakelijk voedsel verlangen, waarom zijn zij dan hier gekomen? Ze hebben hun huis en hun omgeving opgegeven en zijn hier gekomen met een ander doel voor ogen."
De ogen van de vrouw vulden zich met tranen. "Amma, ik wist niet dat ik zo'n ernstige fout beging. Ik zie iedereen hier als mijn kinderen. Ik denk aan niets anders dan hun welzijn."
Moeder trok de vrouw dicht naar zich toe en knuffelde haar.
Moeder: "Dochter, Amma probeerde niet om je ongelukkig te maken. Ze probeerde enkel je geest te kennen. Er moet hier iemand een verlangen naar unniyappam gehad hebben. Daarom heb je het vandaag meegebracht!" Moeder lachte en iedereen in de hut lachte mee. "Hoewel Amma deze dingen zegt, maakt Zij zelf soms lekker eten voor Haar kinderen hier. Ze denkt dan: 'Deze kinderen waren thuis zoveel luxe gewend! Zijn zij blij met het voedsel hier? Wie behalve Amma maakt er nu speciale traktaties voor hen?' Er zijn dus dagen waarop Amma zelf speciale versnaperingen voor hen maakt.
Op dagen dat Ze zo denkt, brengen sommige toegewijden speciale lekkernijen mee. Door Gods genade hebben de kinderen

hier geen gebrek ervaren. Maar andere keren verandert Amma's houding en geeft Ze hen gewoon alleen rijst. Er wordt dan niets bijgedaan. Soms creëert Ze omstandigheden waarin de kinderen honger moeten lijden. Daaraan moeten ze per slot van rekening ook gewend raken. Men moet geen slaaf van de tong zijn. Als men de smaak van de tong opgeeft, kan men de smaak van het hart genieten."

Moeder riep brahmacharini Gayatri en vertrouwde haar de unniyappam toe om aan de ashrambewoners te geven. Gayatri had het gesprek in de hut niet gehoord. Ze nam het pakje van Moeder aan en fluisterde iets in Haar oor. Moeder begon luid te lachen en iedereen keek naar Haar gezicht en vroeg zich af wat er aan de hand was.

Moeder: "Zei Amma niet dat er iemand naar unniyappam verlangde? Het blijkt nu dat één zoon Gayatri verteld heeft over de keren dat hij het thuis gegeten had en hij zei hoe leuk het zou zijn om het weer te proeven." Iedereen lachte.

De darshan duurde tot twee uur 's middags. Voordat Moeder naar Haar kamer terugkeerde, ging Ze naar de eetzaal om er zeker van te zijn dat iedereen goed te eten kreeg. Om vijf uur kwam Moeder weer naar beneden voor de avondbhajans, die vroeg begonnen omdat het een bhava darshan dag was.

Vrijdag 6 september 1985

De eerste video-opnamen

Brahmachari Neal Rosner[15] was bezig met het opnemen op video van de dagelijkse activiteiten in de ashram. Hij gebruikte een videocamera die een toegewijde uit Amerika de vorige dag meegebracht had. Hij had reeds het Vedisch reciteren en de Sahas-

---

[15] Swami Paramatmananda

ranama archana, die 's morgens vroeg plaatsvond, gefilmd. Maar de opname was niet erg goed, waarschijnlijk omdat Moeder het gebruik van extra verlichting niet toestond.

"Als je heldere lichten aandoet tijdens de archana, zal iedereen zijn concentratie verliezen," zei Moeder tegen Nealu. "De geest moet volledig op de gekozen godheid of op de mantra gericht zijn. De Goddelijke Moeder is aanwezig wanneer wij archana doen. Het doel van archana is om onze geest te concentreren. We moeten dat begrijpen." Moeder herinnert er ons voortdurend aan om ons totaal te concentreren op wat we op dat ogenblik doen.

Moeder zegt vaak dat spirituele zoekers niet moeten toestaan dat er een foto van hun genomen wordt. "Het flitslicht berooft de zoeker van een deel van zijn ojas (subtiele energie)."

Aanvankelijk stond Moeder video-opnamen niet toe, maar Nealu had Haar de vorige avond overal gevolgd en zei: "Amma, we krijgen iedere dag brieven uit het buitenland, waarin om een videoband van U gevraagd wordt. Er zijn zoveel kinderen van U in het buitenland die niet in staat zijn om hier te komen. We doen dit toch voor hen? In feite hebben zij deze camera gestuurd. Alstublieft, alleen deze ene keer, Amma..." Uiteindelijk stemde Moeder in. "Goed, als je erop staat. Maar verstoor de meditatie van de kinderen niet of iets anders. En sta ook niet voor mij als je dat ding vasthoudt!" Nealu moest met deze voorwaarden instemmen.

Nealu stond achter een kokospalm en wachtte erop dat Moeder naar de darshanhut kwam, maar door de bomen was er niet genoeg licht en Moeder stond extra belichting voor het maken van opnamen niet toe. Uiteindelijk kwam Moeder. Ze liep naar de hut en verlichtte zelf de schaduwrijke gebieden onder de kokospalmen. Nealu volgde Haar en genoot van de scène door het oog van de kamera.

Brahmachari's en hun familie

De biologisch moeder van een brahmachari wachtte op Moeder. Haar dochter was ook bij haar. De vrouw boog voor Moeder en legde de oorzaak van haar verdriet uit.

Vrouw (wijzend naar de brahmachari): "Amma, we vieren binnenkort de verjaardag van zijn vader. Laat hem alstublieft een paar dagen thuis komen."

Moeder: "Maar Amma heeft niemand verboden de ashram te verlaten. Natuurlijk kun je hem met je meenemen als hij wil gaan."

Vrouw: "Hij is het er niet mee eens. Hij gehoorzaamt alleen Uw woorden, Amma."

De brahmachari stond met gebogen hoofd toen zijn moeder en zus Amma smeekten of hij mee kon. Moeder wende zich tot hem: "Zoon, wil je niet met hen meegaan?" Hij knikte halfslachtig ja. Zij bogen alle drie voor Haar en verlieten de darshanhut.

's Middags kwam Moeder naar buiten nadat de laatste toegewijden vertrokken waren en werd begroet door het ongelukkige gezicht van de brahmachari.

Moeder: "Je bent niet gegaan? Waar zijn je moeder en zus?"

Brahmachari: "Ze zijn vertrokken. Ik ben er in geslaagd hen weg te sturen."

Moeder: "Wil je niet naar huis gaan voor het verjaardagsfeest van je vader?"

Brahmachari: "Nee, Amma. Ik zal blij zijn als U geen druk op me uitoefent om te gaan. Mijn enige verdriet is dat ik Uw woorden niet heb gehoorzaamd."

Moeder was op weg naar Haar kamer. Nu stond Ze stil. Ze glimlachte niet. Haar gezicht was serieus, maar ook vol liefde. Moeder ging op de trap zitten terwijl de brahmachari aan Haar voeten ging zitten. Moeder keek recht in zijn ogen.

Moeder: "Zoon, een brahmachari moet geen banden met zijn familie onderhouden. Dat is als het roeien van een boot die aan een boom vastgebonden is. Hij zal niet vooruitgaan in zijn sadhana. Het is hetzelfde als je geest vol gedachten is. Het is als het roeien van een boot over water dat dichtgegroeid is met zeewier. Je kunt honderd keer roeien, maar je komt slechts één centimeter vooruit.

Wanneer je met je familieleden praat of hun brieven leest, krijg je te maken met al het nieuws over thuis en de omgeving. Wat heeft het dan voor zin te zeggen dat je thuis bent weggegaan? Je geest hangt rond bij je huis en de omgeving. Hoe kun je concentratie krijgen met al die gedachten? Er zullen alleen maar voortdurend gedachtengolven zijn.

In het begin moeten zoekers zelfs de krant niet lezen. Wanneer je de krant leest, laat al het nieuws van de wereld een indruk na in je geest. Sommige kinderen lezen de krant en komen Amma al het nieuws vertellen. Amma zal dan doen alsof Ze alles hoort om hun geest te onderzoeken. De volgende dag komen ze opnieuw met meer nieuws, maar dit is niet wat Amma van jullie verwacht. Een brahmachari moet de houding hebben van totale overgave aan God. Hij moet de overtuiging hebben dat God voor zijn familie zal zorgen. Als er dat krachtig geloof is, zal God inderdaad goed voor de familie zorgen. Kwam Krishna zelf Kurūramma niet te hulp?

Zoon, als we water aan de wortel van een boom geven, zal het alle takken bereiken. Maar als we water op de takken geven, heeft de boom daar niets aan en is onze inspanning tevergeefs. Als we van God houden is dat hetzelfde als van iedereen houden. Het komt iedereen ten goede omdat dezelfde God in iedereen aanwezig is. Door van Hem te houden, houden we van iedereen. Maar banden vormen met individuele mensen leidt slechts tot verdriet.

Wanneer we net beginnen met rijlessen, moeten we naar een leeg terrein gaan en oefenen. Anders kunnen we een gevaar vormen voor onszelf en voor anderen. Als we eenmaal geleerd hebben om goed te rijden, kunnen we de auto gemakkelijk besturen zelfs in druk verkeer. Op dezelfde manier moet een sadhak in het begin wegblijven van familie en vrienden en eenzaamheid betrachten. Anders zal het moeilijk zijn om de geest aan God te binden. Maar als hij vooruitgaat in zijn sadhana, zal hij in staat zijn om iedereen als God te zien en hen lief te hebben en te dienen. Zijn spirituele kracht zal niet verloren gaan.

Zoon, als je je relatie met je familie handhaaft, zal je alle kracht die je hebt, verliezen. Het is voldoende als je een brief schrijft aan je moeder. Schrijf alleen over spirituele zaken. Als je naar huis mocht gaan, slaap dan alleen in de pujakamer. En als iemand je komt vertellen over familieaangelegenheden, luister dan niet naar hem. Praat alleen over spirituele zaken."

Moeders woorden stelden het hart van de brahmachari gerust. Hij knielde voor Haar en ging weg, en Moeder ging naar Haar kamer.

Op het strand

Om half zes 's middags kwam Moeder van Haar kamer naar beneden en riep alle brahmachari's naar het strand. Toen ze op het strand kwamen, was Moeder al in diepe meditatie. Iedereen ging rondom Haar zitten en sloot zijn ogen. Moeders aanwezigheid en het geluid van de zee verdreven alle gedachten aan de buitenwereld.

Na twee uur opende Moeder Haar ogen, stond op en begon langzaam over het strand te lopen. Als Ze dicht bij het water kwam, leken de oceaangolven te wedijveren om Haar voeten te kussen. De paar gelukkige die daarin slaagden, losten weer op in de zee, helemaal tevreden. De duisternis daalde neer en Moeders witte kleren leken nu te gloeien met een eigen licht. Moeder bleef over het strand wandelen en begon zachtjes te zingen met Haar ogen gericht op de horizon. Ze leek geabsorbeerd in een goddelijke stemming. Zij die Haar volgden, zongen mee: *Omkaramengum...*

De klank 'Om' weerklinkt overal
en echoot in ieder atoom.
Laten wij met een vredige geest
'Om Shakti' zingen.

De tranen van verdriet stromen over
en nu is Moeder mijn enige steun.
Zegen mij met Uw mooie handen,
want ik heb alle wereldse genoegens opgegeven.

De angst voor de dood is verdwenen,
het verlangen naar fysieke schoonheid is weg.
Ik moet voortdurend aan Uw vorm denken
die schijnt met het licht van Shiva.

Wanneer ik vol innerlijk licht ben
dat overstroomt en voor mij schijnt,
en dronken van devotie ben,
zal ik in de schoonheid van Uw vorm oplossen.

Uw vorm te zien,
daar heb ik het meest naar verlangd.
Alle bestaande lieflijkheid is gekristalliseerd
en komt als deze ongeëvenaarde Schoonheid.
O, nu stromen mijn tranen over...

Toen het lied afgelopen was, liep Moeder terug naar de ashram en iedereen volgde Haar in stilte. Toen Moeder de ashram bereikte, ging Ze in het zand aan de westkant zitten. Toen de brahmachari's zagen dat Ze helemaal alleen wilde zijn, gingen ze één voor één weg.

Instructies voor de brahmachari's

Nadat Moeder darshan aan de toegewijden gegeven had, kwam Ze de hut uit en liep naar de hutten van de brahmachari's. Af en toe inspecteerde Ze hun kamers en controleerde dan of alles netjes was opgeruimd, of iemand onnodige dingen voor privé gebruik had en of de kamers iedere dag geveegd werden. Ze wilde niet meer dan één boek uit de bibliotheek in iemands kamer zien en niet één dhoti of hemd meer dan absoluut nodig was. En het was onmogelijk om Moeder voor de gek te houden.

Op een dag toen Moeder zag dat een brahmachari een strooien mat over een stuk tapijt gelegd had om erop te slapen, merkte Ze op: "Wij sliepen altijd op de kale cementvloer of op een zandvloer. Gewoonlijk waren er geen matten of lakens. Soms sliep het hele gezin samen op matten die op de grond gelegd waren en de baby's maakten de matten nat. Zo zijn wij opgegroeid. Gayatri kan je vertellen dat Amma zelfs nu meestal op de kale vloer slaapt, hoewel Ze een bed en een matras heeft. Kinderen, jullie zijn thuis in comfort opgegroeid. Het zou moeilijk voor jullie zijn om op een zandvloer te slapen."

De brahmachari rolde het tapijt snel op.

Die dag ging Moeder één van de hutten binnen en pakte een pakje op van onder een schrijftafel. Ze leek precies te weten waar het lag alsof Ze het daar zelf bewaard had.

"Wat is dit, zoon?" vroeg Ze de brahmachari die daar woonde. Zijn gezicht werd bleek. Moeder ging op de grond zitten en opende het pakje. Er zaten ariyunda's in (zoete balletjes van rijstemeel).

"Je ouders hebben dit voor hun lieve zoon meegebracht, nietwaar?" De brahmachari liet zijn hoofd hangen. Het was waar. Zijn ouders hadden het de vorige dag meegebracht. Hij had hun gevraagd om het pakje aan Gayatri te geven zodat zij het aan iedereen uit kon delen, maar zij wilden niet luisteren. "We hebben een apart pakje voor Amma en Haar andere kinderen meegebracht. Dit is alleen voor jou," zeiden ze. Toen ze aandrongen, maakte hij geen bezwaar meer.

Enkele andere brahmachari's waren Moeder in de hut gevolgd. Ze gaf iedereen een ariyunda.

Moeder: "Zoon, Amma zou graag zien dat je zelfs een banaan in honderd stukjes snijdt en iedereen een stukje geeft. Veel mensen brengen zoetigheden en lekkernijen voor Amma, maar Ze kan niets alleen eten. Ze bewaart alles voor Haar kinderen. Soms stopt Ze een flintertje van iets in Haar mond, enkel om hen blij te maken. Weet je hoeveel moeite sommige mensen doen om iets voor Amma te maken, om het in te pakken en het hier te brengen, waarbij ze geld uitgeven voor de bus en andere dingen?" Ze hield even op en vroeg toen aan de brahmachari: "Zoon, heeft Amma je ongelukkig gemaakt?"

Moeder legde het hoofd van de brahmachari op Haar schoot. Ze brak één van de zoete balletjes en nadat Ze een beetje in Haar eigen mond gestopt had, gaf Ze hem de rest te eten. Dit vergrootte alleen zijn verdriet. Moeder zei: "Huil niet, mijn zoon! Amma zegt deze dingen alleen opdat je niet gehecht blijft aan je familie. In ieder geval heb je niet alles zelf opgegeten, maar heb je wat opzijgelegd. Als het iemand anders geweest was, hadden we zelfs niet het papier waarin het verpakt was, gezien, nietwaar?" vroeg Ze de anderen met een glimlach.

Om het onderwerp te veranderen, strekte Moeder zich en pakte een boek op. Het boek was bedekt met stof. Ze klopte het stof eraf. Het was een boek met basiskennis van Sanskriet.

Moeder: "Ben je niet naar de Sanskriet les geweest?"

Brahmachari: "Ik ben de laatste twee of drie lessen niet geweest, Amma. De grammatica vergeet ik telkens."

Moeder: "Als we naar dit boek kijken, dan lijkt het alsof je het minstens een maand lang niet aangeraakt hebt. Zoon, je moet niet zo slordig omgaan met je studieboeken. Studie is een vorm van Devi Sarasvati. Je moet studie met shraddha en devotie benaderen. Telkens wanneer je een boek oppakt of neerlegt, moet je het met eerbied aanraken en er voor buigen. Hou de boeken schoon en netjes. Dat hebben we allemaal geleerd.

Als je geen zin hebt om Sanskriet te leren, hoe kun je dan onze geschriften begrijpen? Sanskriet is onze moedertaal. Je kunt de Upanishaden of de Gita niet volledig waarderen zonder het Sanskriet te begrijpen. Om de mantra's en de recitaties te begrijpen moet je ze in die taal leren. Het is de taal van onze cultuur. We kunnen de cultuur van India niet van het Sanskriet scheiden. Het is waar dat we de vertalingen van de geschriften in andere talen kunnen kopen, maar zij zijn niet zo goed als het origineel. Als je de smaak van honing wilt leren kennen, moet je die onvermengd proeven. Als je het met iets anders mengt, zul je de ware smaak niet proeven. Zelfs het uiten van Sanskriet woorden is goed voor ons geestelijk welzijn.

Maar, kinderen, het is belangrijk dat jullie Sanskriet niet leren om met je kennis te pronken. Je moet het doen om je geestelijk verfijning te vergroten. Zie het Sanskriet alleen als een instrument daarvoor. Als je eenmaal in een advertentie in de krant gelezen hebt waar je mango's kunt krijgen, is het slim om de mango's te kopen en ervan te genieten, en niet naar hun afbeelding in de krant te blijven kijken. Hoe dan ook, maak je geen zorgen, mijn zoon. Probeer in ieder geval vanaf nu ijverig Sanskriet te leren.

Het is goed om Sanskriet te kennen, maar je hoeft je hele leven er niet aan te spenderen om de grammatica te leren. Als je vandaag voor een groep mensen gaat staan om hen je kennis van het Sanskriet te laten zien, zullen ze het niet erg waarderen. Alle geschriften zijn ontstaan uit de geest van de wijzen die een leven van tapas leidden. Tapas maakt alles helder en duidelijk. Iemand die tapas doet kan in één dag leren, wat een gewoon iemand in tien dagen leert. Daarom is tapas waar het om gaat. Sanskriet en Vedanta zijn ook belangrijk. Men moet het bestuderen, maar we leren om te weten wat het doel in ons leven is en welke weg ons daarheen leidt. Als we dat eenmaal weten, moeten we proberen om op het pad vooruit te gaan.

Wanneer we bij een station komen, kijken we naar de dienstregeling, kopen een kaartje en stappen in de juiste trein. Veel mensen die zichzelf als geleerd beschouwen, zijn als degenen die op het station blijven en de dienstregeling van buiten leren. Zij brengen hun kennis niet in praktijk.

Als we een grote zak suiker hebben, moeten we dan alles opeten om te weten dat het zoet is? Wanneer we honger hebben, moeten we juist genoeg voedsel eten om onze honger te stillen. We hoeven niet alles in de keuken op te eten. De zogenaamde geleerden denken niet op deze manier. Zij lijken alles te willen opeten en daarmee verspillen ze hun leven.

De meeste geleerden hebben vandaag de dag alleen kennis en geen ervaring. En wat is het resultaat? Zelfs als ze tot hun negentigste gestudeerd hebben, zijn ze niet vrij van verdriet. De meeste van hen zitten thuis en denken aan wat ze geleerd hebben. Als ze geleerd hadden wat nodig was en tegelijkertijd tapas gedaan hadden, dan zou hun kennis hun en de wereld goed gedaan hebben. Daarom zegt Amma dat je de geschriften tot een bepaald punt moet leren maar dan tapas moet doen. Alleen dat brengt je kennis op het niveau van ervaring, geeft je vrede en stelt je in staat om iets goeds voor de wereld te doen.

Nadat je gestudeerd hebt en kracht gekregen hebt door spirituele discipline, dien dan anderen en red daardoor veel mensen.

Er zijn mensen die voor de tempel de Gita en Upanishaden zitten te lezen, maar die terugdeinzen voor iemand die naar hen toe komt. Dan schreeuwen ze 'Raak me niet aan, raak me niet aan!' Wat voor devotie hebben zij? Een bandrecorder zal afspelen wat anderen al gezegd hebben. Op dezelfde manier braken deze mensen de woorden van wijsheid uit die iemand anders eerder gesproken heeft, maar zij kunnen de kennis niet in hun eigen leven toepassen. Ze kunnen niet lief voor iemand zijn want ze zijn nooit vrij van trots en jaloezie. Wat is het nut van zulke geleerdheid? Kinderen, we moeten van onze medemensen houden en medelijden hebben met hen die lijden. Zonder dat kunnen we God nooit bereiken. Zonder liefde voor anderen zijn we gewoon egoïstische schepsels."

Een brahmachari die naar Moeder luisterde, vroeg: "Als meditatie naar echte kennis leidt, waarom kunnen we dan niet de hele tijd mediteren? Waarvoor zijn de lessen? Waarvoor is karma yoga?"

Moeder: "Dat is prima. Maar wie kan er ieder uur van de dag mediteren? Als we een uur lang zitten, krijgen we dan zelfs maar vijf minuten concentratie? Daarom zegt Amma dat we moeten werken voor het welzijn van de wereld, nadat we gemediteerd hebben. We moeten niet indutten en dat meditatie noemen en dan een last voor de wereld worden. We zijn nu eenmaal geboren en nu moeten we iets goeds doen voor de wereld voordat we vertrekken.

Als iemand vierentwintig uur per dag kan mediteren, is dat goed. Amma zal hen niet wegsturen. Ze zal hen alle faciliteiten geven die ze nodig hebben. Maar als zij eenmaal voor de meditatie zijn gaan zitten, moeten ze werkelijk mediteren. Het is geen meditatie als de geest ronddwaalt in duizend richtingen, terwijl jij op één plaats zit. De geest moet gericht worden op God, dan wordt het meditatie. Als je je werk doet terwijl je je God herinnert en je mantra herhaalt, is dat ook meditatie. Meditatie is niet alleen maar stilzitten."

Brahmachari: "Amma, hoe zouden wij volgens U de wereld moeten dienen?"

Moeder: "Vandaag de dag zijn de mensen verloren nu ze niet weten wat onze cultuur betekent. We moeten hen duidelijk maken wat echte samskara is. Talloze mensen lijden armoede, zowel materiële als spirituele armoede. We moeten proberen om dat op te heffen. Als we geen voedsel hebben om aan hen die honger lijden, te geven, moeten we eropuitgaan en om voedsel bedelen om hen te voeden. Dat is echte kracht. We moeten niet alleen voor onze eigen bevrijding tapas doen. We moeten tapas doen om de kracht te krijgen die nodig is om de wereld te dienen. Als onze geest zo mededogend wordt, zal Godsrealisatie spoedig volgen. We kunnen ons doel sneller bereiken door mededogend dienen dan alleen door tapas. (Lachend:) Maar wat voor nut heeft iemand die lanterfant, in de naam van tapas half slaapt, en die helemaal niemand dient?"

Brahmachari: "Amma, laten we eerst leren wie we zijn. Kunnen we niet tot dan wachten met het dienen van de wereld? Op het ogenblik beweren zoveel mensen dat zij de wereld dienen. De wereld is geen zier veranderd. Is het van de andere kant niet waar dat slechts één persoon die bevrijding bereikt heeft, de hele wereld kan veranderen?"

Moeder sloot Haar ogen. Ze bleef een tijdje naar binnen gericht. Toen opende Ze Haar ogen langzaam.

Moeder: "Kinderen, als jullie zeggen dat jullie niet kunnen dienen, dat jullie alleen bevrijding willen, toon dan intensiteit. Zij die zo'n verlangen hebben, laten geen moment voorbijgaan zonder aan God te denken. Eten en slapen betekenen niets voor hen. Hun hart hunkert altijd naar God."

Herinneringen aan Moeders jeugd

Tranen kwamen op in Moeders ogen. Toen sprak Ze over Haar herinneringen aan enkele ontroerende voorvallen uit Haar jeugd.

Moeder: "Toen Amma naar God begon te zoeken, werd Ze aangegrepen door ondraaglijke zielepijn totdat Ze het doel bereikt had. De tranen hielden nooit op. Ze sliep nooit. Als de zon onderging, was Haar hart enorm van streek. Was er niet opnieuw een dag verloren gegaan? Had Ze niet opnieuw een dag verspild zonder de Heer te kennen? Het verdriet was onverdraaglijk. Ze bleef de hele nacht wakker en dacht dat als Ze niet zou slapen, de dag niet verloren zou zijn. Altijd was er deze vraag: 'Waar bent U? Waar bent U?' Omdat Ze niet in staat was om de pijn dat Ze de Heer niet gezien had, te verdragen, beet Ze in Haar eigen lichaam en trok eraan. Soms rolde Ze over de vloer, luid schreeuwend en de namen van de Heer roepend. Ze barstte spontaan in tranen uit. Ze had nooit zin om te lachen. Waar is lachen goed voor als je God nog niet kent? 'Hoe kan ik blij zijn zonder U te kennen? Waarom zou ik eten wanneer ik U niet ken? Waarom een bad nemen?' Amma bracht iedere dag op deze manier door."

Moeder hield even op en ging toen verder: "Wanneer je strikte onthechting ervaart, kun je een hekel hebben aan de wereld. Maar je moet ook dat stadium voorbijgaan. Je moet zien dat alles God is.

Amma voelde grote liefde voor arme mensen toen Ze jong was. Wanneer ze honger leden, stal Ze thuis voedsel en bracht het naar hen. Later toen Ze onverdraaglijk verdriet voelde, omdat Ze God nog niet gezien had, keerde Ze zich tegen de hele wereld. Ze was kwaad op de natuur. Ze zei: 'Ik mag u helemaal niet, Moeder Natuur, omdat u ons dingen laat doen, die verkeerd zijn!' Ze spuugde op Moeder Natuur en schreeuwde tegen haar met welke woorden er dan ook in Haar opkwamen. Het werd een vorm van krankzinnigheid.

Wanneer er voedsel voor Haar neergezet werd, spuugde Ze erin. Het waren zeer moeilijke omstandigheden. Ze was kwaad op alles. Ze had zin om modder te gooien naar iedereen die dichtbij Haar kwam. Als Ze mensen zag lijden, dacht Ze dat het door hun egoïsme kwam en dat zij gewoon het resultaat van hun karma ervoeren. Maar deze houding veranderde spoedig. Ze begon te denken: 'Mensen maken fouten uit onwetendheid. Als we hen vergeven en van hen houden, houden ze op met fouten maken. Als we boos op hen worden, zullen ze hun slechte handelingen dan niet herhalen?' Toen deze gedachten kwamen, vulde Haar hart zich met mededogen. Haar kwaadheid verdween helemaal."

Moeder zat een tijdje verdiept in meditatie. Iedereen tekende in zijn geest beelden van Moeders jeugd volgens zijn eigen verbeelding. Moeder Natuur die deze onvergelijkbare taferelen had gadegeslagen, was ook stil en rustig.

Moeder zei op zachte toon: "Kinderen, jullie hart moet voortdurend voor God kloppen en naar Hem hunkeren. Er moet geen enkel moment zijn waarop je niet aan God denkt. Alleen zij die dit gedaan hebben, hebben verlossing bereikt."

Moeders woorden van advies over onthechting en over smachten naar bevrijding raakten het hart van de toehoorders. Ze stonden daar allemaal stil en vergaten de buitenwereld.

Hoofdstuk 4

Vrijdag 20 september 1985

Brahmachari's en mensen met een gezinsleven

Enkele toegewijden stonden voor de meditatiekamer op Moeder te wachten. Nadat Moeder de brahmachari's wat instructies over meditatie gegeven had, kwam Zij naar buiten en begroette de toegewijden: "Waar komen jullie vandaan, kinderen?"

Toegewijde: "Uit Kollam, Amma."

Moeder: "Ben je hier al eerder geweest, zoon?"

Toegewijde: "Ik heb twee of drie keer geprobeerd om hier te komen, maar iedere keer kon ik de reis niet maken om een onverwachte reden. Is het per slot van rekening niet zo dat alleen onze beslissing niet voldoende is om de darshan van een mahatma te krijgen? Ik ga voor zaken vaak naar Kanyakumari, maar tot nu toe heb ik Mayiamma daar niet kunnen zien. Ik weet niet waarom. Ik bezoek veel ashrams. Vorig jaar is het hele gezin naar Rishikesh geweest."

Moeder: "Je vindt de tijd om deze dingen te doen te midden van je drukke werk. Dat is op zich al Gods zegen."

Toegewijde: "Dit is het enige wat me in evenwicht houdt. Hoe kan ik anders rustig slapen met al mijn zakelijke activiteiten. De contacten met ashrams en sannyasi's stellen me in staat om wat verlichting te ervaren van de problemen van het leven en het geeft me rust. Als dit er niet zou zijn, zou ik al lang vaak naar de drankwinkel gegaan zijn!"

Moeder: "O Shiva! Shiva!"

Toegewijde: "Amma, hoewel ik veel ashrams bezocht heb, heb ik nooit een atmosfeer gevoeld die zo vol goddelijke energie is als hier. Ook heb ik nergens anders zoveel jonge ashrambewoners gezien."

Moeder: "De kinderen die hier zijn, zagen Amma voor het eerst toen zij op de universiteit zaten of allerlei werk hadden. Ze gaven alles op en kwamen naar Amma, hoewel de meesten van hen de betekenis van spiritualiteit of meditatie niet kenden. Ze leken allemaal een vorm van krankzinnigheid te krijgen toen ze Amma zagen. Hun geest was niet langer bij hun werk of studie. Ze aten niet meer op de juiste tijd en namen niet meer de moeite om hun kleren te wassen. Ze besteedden nergens aandacht aan en weken niet van Amma's zijde. Zij probeerde hen weg te jagen, maar niemand van hen ging weg. Uiteindelijk moest Amma Haar nederlaag accepteren. Ze moest iedereen hier houden. Hoewel Amma alles voor hen betekent, moeten ze toch nog sadhana doen. Nu zijn ze niet geïnteresseerd in de buitenwereld door hun liefde voor Haar, maar ze kunnen dat zonder sadhana niet handhaven.

Moet Amma niet op alle mogelijke manieren voor deze kinderen zorgen die hun toevlucht tot Haar genomen hebben? In het verleden had Ze tijd om voor hen te zorgen, maar nu is Ze door het toenemende aantal toegewijden niet in staat om hen voldoende aandacht te geven. Daarom laat Ze hen, zodra Ze tijd heeft, zitten en mediteren, zoals Ze nu net gedaan heeft. Verder heeft Ze hun gezegd om Haar onmiddellijk te vertellen wanneer ze een probleem hebben. Ze hoeven daarvoor niet op een geschikte tijd te wachten. Ze is per slot van rekening de enige moeder, vader en guru die zij hebben."

Toegewijde: "Amma, ik vind het jammer dat ik een gezinsleven heb. Zal ik Zelfrealisatie kunnen bereiken?"

Moeder: "Zoon, in de ogen van God zijn er geen brahmachari's of mensen met een gezin. Hij kijkt alleen naar je geest. Je kunt een echt spiritueel leven leiden terwijl je in de wereld blijft. Je zult de gelukzaligheid van het Zelf kunnen genieten, maar je geest moet de hele tijd op God gericht zijn. Dan kun je gemakkelijk gelukzaligheid bereiken. Een moedervogel denkt de hele tijd aan de jongen in het nest, zelfs wanneer ze weg is om voedsel te zoeken. Op dezelfde manier moet jij je geest op God gericht houden, terwijl je bezig bent met wereldse activiteiten. Het gaat erom dat je volledig toegewijd bent aan God of de guru. Als je die toewijding eenmaal hebt, is het doel niet ver weg.

Eens kwam een guru met zijn leerlingen naar een dorp om spirituele lezingen te geven. Er kwam iedere dag een zakenman met zijn gezin om naar zijn lezingen te luisteren. Toen de satsangs over waren, werd hij een volgeling van de guru. Hij en zijn gezin besloten om in de ashram van de guru te gaan wonen.

Toen de guru naar zijn ashram terugkeerde, zag hij dat de zakenman en zijn gezin op hem stonden te wachten. Zij vertelden de guru hun besluit om in de ashram te gaan wonen. De guru legde hun de moeilijkheden van het ashramleven uit, maar omdat zijn uitleg de toegewijde niet van mening kon laten veranderen, stemde hij er uiteindelijk mee in. En zo werden de zakenman en zijn gezin permanente bewoners van de ashram.

Zij namen deel aan het ashramwerk net als de andere bewoners. De andere leerlingen hielden er echter niet van dat er een wereldlijk iemand met zijn gezin in de ashram leefde. Ze begonnen te klagen over de zakenman en zijn gezin. De guru besloot om zijn leerlingen de kracht van de toewijding van de nieuwe volgelingen te laten zien. Hij riep de toegewijde en zei: 'Je hebt je huis en je rijkdom opgegeven en nu heb je niets. Jammer genoeg zijn er niet voldoende bestaansmiddelen hier in de ashram. Toch redden we het omdat de brahmachari's hard werken. Het zou gemakkelijk geweest zijn als je niet getrouwd was. Het is moeilijk om ook de kosten van je vrouw en kinderen te dragen. Dus vanaf morgen moet je buiten de ashram gaan werken en voldoende verdienen voor hun onderhoud.' De toegewijde stemde hiermee in.

De volgende dag vond hij werk in de nabijgelegen stad en iedere avond bracht hij zijn inkomen naar de guru. Na een paar dagen begonnen de leerlingen weer te klagen. Dus riep de guru de toegewijde opnieuw en zei: 'Het geld dat je geeft is genoeg voor jouw onkosten, maar het is niet voldoende voor het onderhoud van je vrouw en kinderen. Omdat de ashram tot nu toe al hun kosten heeft betaald, moet je twee keer zo veel werken en je schuld aan de ashram afbetalen. Pas daarna mogen jij en je gezin in de ashram eten.'

De toegewijde riep zijn vrouw en kinderen en legde uit: 'Totdat we onze schuld afbetaald hebben, mogen we hier niets eten. Het zou een last zijn voor onze guru en daarom een zonde. Ik zal jullie 's avonds wat voedsel brengen. Wees alsjeblieft geduldig tot die tijd.' Ze waren het ermee eens. Vanaf de volgende dag werkte hij van de vroege ochtend tot de late avond en gaf al zijn loon aan de guru. Hij deelde met zijn vrouw en kinderen het voedsel dat hij op zijn werk kreeg. Op sommige dagen was er niets en leed het gezin honger.

De andere leerlingen waren verbaasd dat de toegewijde en zijn gezin ondanks deze moeilijkheden de ashram niet verlieten. Zij klaagden weer bij de guru: 'Nu komt de zakenman 's avonds pas laat terug. Hij verdient geld door buiten te werken, terwijl zijn vrouw en kinderen hier comfortabel in de ashram wonen. Wat een handige regeling!'

Die nacht wachtte de guru op de toegewijde. Toen hij kwam en aan zijn voeten knielde, zei de guru hem: 'Je bent een bedrieger! Buig niet voor mij! Je houdt je gezin hier terwijl je voor jezelf geld verdient door buiten te werken. En toch beweer je dat je alles wat je verdient, aan de ashram geeft.' De toegewijde gaf geen antwoord. Hij luisterde naar de guru met gevouwen handen. Toen ging hij zwijgend naar zijn kamer.

Later die nacht riep de guru alle leerlingen en zei: 'Morgen is er feest in de ashram. Er is hier geen brandhout. Iemand moet onmiddellijk naar het bos gaan en wat brandhout halen. We hebben het voor zonsopkomst nodig.' Toen ging hij naar bed. Wie wilde er zo laat nog naar het bos gaan? De leerlingen maakten de toegewijde wakker. Zij vertelden hem de opdracht van de guru om onmiddellijk brandhout te halen voor het feest van de volgende dag. De toegewijde vertrok blij naar het bos, terwijl de andere leerlingen naar bed gingen.

Toen de guru de toegewijde de volgende dag bij dageraad niet zag, riep hij zijn andere leerlingen en informeerde naar hem. Zij antwoordden dat hij brandhout was gaan halen. De guru en de leerlingen gingen naar het bos om de toegewijde te zoeken. Ze zochten overal maar konden hem niet vinden. Toen zij zijn naam riepen, hoorden zij uiteindelijk een stem die antwoordde. De stem kwam uit een grote put. De toegewijde was uitgegleden en in de put gevallen toen hij met wat brandhout in het donker terugkeerde. Hoewel de put niet erg diep was, was het erg moeilijk om er zonder hulp uit te klimmen. Omdat de arme man meerdere dagen niets gegeten had, had hij ook niet de kracht om er met al het brandhout uit te komen.

De guru vroeg de leerlingen om de toegewijde uit de put te halen. Het was daarbeneden erg donker. Toen ze hun handen in de put staken, konden ze een bundel brandhout voelen. Ze vroegen de toegewijde om zijn handen omhoog te houden, maar hij antwoordde: 'Als ik het brandhout loslaat, valt het in het water. Ik hou het omhoog, zodat het niet nat wordt. Geef dit alsjeblieft zo snel mogelijk aan onze guru. Het is voor het ochtendfeest. Daarna kun je mij hieruit halen.'

De ogen van de guru waren vol tranen toen hij de toewijding van zijn volgeling zag. Hij vroeg de leerlingen om hem onmiddellijk uit de put te tillen, maar de toegewijde stemde er pas mee in om naar boven te komen nadat iemand het brandhout van hem had overgenomen. De guru omhelsde de toegewijde, die bibberde van de kou omdat hij zo lang in de put geweest was. De guru was zo blij met de onbaatzuchtige liefde en overgave van de toegewijde dat hij hem meteen zegende met Zelfrealisatie.

Kinderen, niemand verliest de mogelijkheid tot Zelfrealisatie omdat hij een grihasthashrami is. Of je een brahmachari bent of iemand met een gezin, waar het om gaat is de houding van vertrouwen en overgave aan de guru."

Enkele momenten met de brahmachari's

Brahmachari Ramakrishnan bracht Moeder wat water te drinken. Aan de manier waarop zijn lippen bewogen, kon men zien dat hij altijd zijn mantra herhaalde.

Moeder staat er erg op dat men voortdurend een mantra herhaalt als men voedsel voor Haar kookt of Haar eten serveert. Eens bracht brahmacharini Gayatri Haar wat thee. Moeder gaf de kop thee terug aan Gayatri en zei: "Toen je deze thee maakte, was je aandacht niet bij wat je deed of bij je mantra. Je dacht aan Australië. Je mag deze thee zelf opdrinken."

Gayatri ging stil terug. Ze herinnerde zich dat ze, toen ze de thee zette, met een brahmacharini gesproken had over haar jeugd in Australië. Ze zette opnieuw thee, deze keer met shraddha en constant haar mantra herhalend. Toen Moeder de thee dronk, zei Ze: "Je hart zit hierin. Daarom drink ik het graag, niet zozeer om de smaak ervan."

Ramakrishnan knielde voor Moeder en zat dicht bij Haar. De vorige dag had iemand op de veerboot slechte dingen over de ashram gezegd. Ramakrishnan hoorde het toevallig en hij kon het niet verdragen. Hij reageerde luid op hen. Toen hij dit incident noemde, zei Moeder:

"Zoon, je bent gelukkig wanneer iedereen Amma prijst en voor jullie allemaal liefde toont. Je bent tevreden wanneer anderen jaknikken als instemming met wat jullie zeggen. Je drinkt het allemaal op als nectar. Waar duizenden mensen samenkomen, spreken er misschien twee of drie kwaad over ons. Op dat ogenblik moeten we naar onszelf kijken. We moeten zien hoe geduldig we zo'n situatie verwelkomen. We moeten niet boos op ze worden. Als we kwaad op ze worden en hen vragen om hier niet terug te komen, krijgen zij dan enig profijt van ons leven?

Iedere handeling van ons moet de wereld goeddoen. Waarderen we de bekwaamheid van een leraar niet het meest wanneer hun slechtste studenten, die gewoonlijk niets kunnen leren, succes hebben bij hun examens? We kunnen alleen beweren dat ons leven nuttig is geweest als we een land ontginnen dat verwaarloosd is en bedekt met rommel en onkruid, en daarvan de oogst kunnen binnenhalen.

De mensen die jij gisteren ontmoette, reizen alleen maar aan de oppervlakte van de oceaan. Alles wat ze willen is vis. Maar wij kunnen niet gewoon doen wat zij doen, omdat wij naar parels zoeken. Alleen als we diep duiken en zorgvuldig zoeken, krijgen we misschien één parel.

Zij hebben misschien dingen uit onwetendheid gezegd, maar als we boos op hen reageren, wie is er dan meer onwetend? Als we, net als zij, een hoop herrie maken, wat zal dan de mening van anderen over ons zijn? We moeten voorzichtig zijn dat we ons evenwicht bewaren zelfs als andere mensen ons tegenwerken of kwaad over ons spreken. Dat is sadhana. Het is een gelegenheid om ons geduld te meten. We moeten zulke situaties gelijkmoedig tegemoettreden."

Een brahmachari vermeldde het geval van drie bewoners van een ashram in Noord India, die hier onlangs gekomen waren en hier wilden wonen.

Moeder: "Iemand die hun ashram bezocht, had hun een kopie van Amma's biografie gegeven. Toen ze die lazen, wilden ze onmiddellijk bij Haar zijn. Ze verzonnen een excuus om hun ashram te verlaten en kwamen hiernaartoe. Amma moest vasthoudend zijn om hen terug te sturen. We kunnen degenen die van andere ashrams komen, niet hier houden zonder de toestemming van de autoriteiten daar."

Een groep toegewijden had zich tegen deze tijd rond Moeder verzameld en Zij leidde hen allemaal naar de darshanhut.

Moeder voedt Haar kinderen

Moeder spreekt vaak over het belang van geloften en het inachtnemen van regels in het leven van een spirituele zoeker. Geloften zijn een middel om de geest te veroveren. Niettemin is Ze ertegen dat iemand de slaaf wordt van een bepaalde gelofte of het inachtnemen van regels. Moeder hecht speciaal belang aan vasten en de gelofte van stilte. Ze heeft ashrambewoners gevraagd iedere zaterdag te vasten en indien mogelijk stilte in acht te nemen. Dit werd regelmatig opgevolgd. Sommige bewoners namen de hele dag stilte in acht en spraken alleen met Moeder. Sommigen handhaafden stilte tot zes uur 's middags. Iedereen hoorde tot de schemering in de meditatiekamer te blijven. Niemand mocht naar buiten gaan.

Op een zaterdag liet Moeder iedereen om zeven uur 's morgens naar de meditatiekamer gaan en toen deed Ze de deur van buiten op slot. Ze had hun eerder verteld dat Ze verwachtte dat zij de hele dag met japa en meditatie zouden doorbrengen. Ze gingen allemaal op hun plaats zitten en waren spoedig verdiept in meditatie. Ze openden hun ogen om negen uur, toen ze Moeders stem hoorden.

"Kinderen..."

Er was een glas zoete koffie voor iedereen neergezet, wat zoete aval (geplette rijst) en twee bananen. Moeder stond met een glimlach voor hen.

"Kinderen, jullie moeten pas mediteren als je dit gegeten hebt."

Ze ging naar buiten en sloot de deur. Ze aten Moeders prasad allemaal met grote devotie en gingen toen verder met hun japa en meditatie.

Er ging een bel. De brahmachari's keken verbaasd naar elkaar, want het was de bel voor het middagmaal. Het was half één. De brahmachari die iedere dag het middagmaal kookte, was in de meditatiekamer, dus de vraag was: 'Wie heeft vandaag het middageten gekookt? Wat is deze nieuwe lila (goddelijk spel) van Moeder?' Terwijl iedereen zich dat afvroeg, kwam een toegewijde hen inlichten dat Moeder hen voor het middageten riep. Ze troffen Moeder aan die op hen wachtte in de eetzaal. Ze had hun borden op de gebruikelijke plaats neergezet, had de rijst en curries geserveerd en een glas water naast ieder bord gezet. Ze hoefden alleen nog maar te eten. Er was één curry meer dan gewoonlijk. Een specialiteit van Moeder! Zij bediende hen zelf tijdens het eten.

Moeder vertelde de bezoekers die samen met de brahmachari's aten: "Toen Amma naar buiten kwam, nadat Ze Haar kinderen in de meditatiekamer had opgesloten, begon Ze te denken hoe wreed Ze was om Haar kinderen zo te laten verhongeren. Toen Ze naar de keuken ging, zag Ze dat daar geen eten was. Daarom maakte Ze wat zoete aval en zette koffie en Ze vond ook wat bananen. Ze zette alles voor de kinderen neer. Hun geest zou immers afdwalen als ze de kamer uit zouden gaan. Ze wilde hen ook de les leren dat als we volledig onze toevlucht tot God nemen, Hij alles wat we nodig hebben gewoon voor onze neus zet.

Toen ging Ze terug naar de keuken en kookte rijst en groenten. Omdat Amma de kinderen verteld had dat Ze niemand buiten wilde zien, bleven zij allemaal in de meditatiekamer. Het is lang geleden dat Amma iets voor Haar kinderen gekookt heeft. Vandaag kon Ze dit eindelijk doen. Amma is bereid om ontzettend lang honger te lijden, maar Ze heeft niet de kracht om Haar kinderen hongerig te zien. Omdat er steeds meer toegewijden komen, heeft Amma niet zoveel tijd als voorheen om aandacht te schenken aan Haar kinderen die in de ashram wonen. Ze weet dat God ervoor zorgt dat ze niets tekortkomen."

Een brahmachari was blijven staan toen hij op weg was naar de meditatiekamer. Hij hoorde voetstappen achter zich en keek om. Moeder kwam met een glimlach naar hem toe. Brahmachari Rao[16] was ook bij Haar.

"Waar dacht je aan?" vroeg Moeder.

"Ik dacht er toevallig aan hoe U ons liet vasten op een zaterdag een tijdje terug."

Moeder: "Hoe komt het dat je je dat vandaag herinnert?"

Brahmachari: "Het is vandaag zaterdag, nietwaar?"

Moeder: "Verspil geen tijd door hier te staan. Het is tijd voor meditatie." Ze ging met de beide mannen verder naar de meditatiekamer.

Moeder vertelde de brahmachari's die in de meditatiekamer wachtten: "Kinderen, probeer je geest niet door inspanning tot rust te brengen wanneer je zit te mediteren. De gedachten zullen met tien keer de oorspronkelijke kracht opkomen als je dat doet. Het is als het indrukken van een veer. Probeer erachter te komen waar de gedachten vandaan komen en beheers ze met die

---

[16] Swami Amritatmananda

kennis. Zet de geest op geen enkele manier onder druk. Als een deel van je lichaam gespannen is of pijn lijdt, zal de geest daar lang bij stilstaan. Ontspan ieder lichaamsdeel en sla je gedachten met absoluut bewustzijn gade. Dan zal de geest vanzelf tot bedaren komen.

Volg je gedachten niet. Als je ze volgt, is alleen je lichaam hier. Je geest is ergens anders. Heb je wel eens auto's over een stoffige weg zien rijden? Ze veroorzaken volop stof als ze voorbij snellen en je kunt de auto's helemaal niet zien. Als je zo'n auto volgt, zul je in het stof baden. Zelfs als je aan de kant van de weg staat, zul je door stof bedekt worden. Dus wanneer je een auto aan ziet komen, moet je op een afstand gaan staan. Op dezelfde manier moeten wij onze gedachten van een afstand gadeslaan. Als we te dicht bij hen komen, zullen zij ons meeslepen zonder dat we het weten. Maar als we ze vanaf een afstand gadeslaan, kunnen we het stof tot rust zien komen en de vrede terug zien keren.

Moeder met Ottūr

Ottūr Unni Nambūdiripad, een groot toegewijde van Krishna en een beroemd dichter, was in de ashram komen wonen. Hij was tweeëntachtig jaar en zijn gezondheid was erg slecht. Zijn enige wens was om in Moeders schoot te sterven. Hij kreeg een kamer die boven de ondergrondse meditatieruimte gebouwd was, net achter de kalari.

Het was negen uur 's avonds toen Moeder naar Ottūrs kamer ging. Er waren ook enkele brahmachari's in de kamer. Hoewel Moeder Ottūr probeerde tegen te houden, kwam hij met grote moeite uit zijn bed en knielde voor Haar. Ze hielp hem overeind, liet hem op zijn bed zitten en ging naast hem zitten. Als Zij zou blijven staan, zou hij weigeren te gaan zitten.

Ottūr: "Amma, zeg alstublieft iets! Laat mij Uw woorden horen!"

Moeder: "Maar je weet alles, mijn zoon."

Ottūr: "Heeft deze zoon alle brahmachari's niet een hoop moeilijkheden bezorgd?"

Een brahmachari: "Nee, helemaal niet! Het is ons goed geluk dat we de kans hebben U te dienen. Waar zouden we anders zo'n goede satsang krijgen?"

Moeder: "Je moet inderdaad op de eerste plaats bidden voor het grote geluk om Gods toegewijden te mogen dienen. Dat is de enige manier waarop we Hem kunnen bereiken."

Seva en sadhana

Brahmachari: "Maar, Amma, is het niet zo dat dienstverlening, hoe geweldig het ook is, alleen maar neerkomt op karma yoga? Shankaracharya heeft gezegd dat zelfs als de geest gezuiverd is door karma yoga, men alleen door jnana Zelfrealisatie bereikt."

Moeder: "Het Zelf is niet alleen begrensd in jou, maar doordringt alles in het universum. We kunnen het niveau van Zelfrealisatie alleen bereiken, wanneer we zien dat alles één en hetzelfde is. We worden niet tot Gods wereld toegelaten zonder de handtekening van zelfs de kleinste mier op onze toelatingspapieren. Het eerste vereiste, naast de herinnering van God, is om van iedereen en alles te houden, zowel het bewuste als het levenloze. Als we zo'n groot hart hebben, zal bevrijding niet ver weg zijn.

We gaan naar de tempel, lopen drie maal rond en buigen voor de godheid. Maar op onze weg naar buiten kijken we kwaad naar de bedelaar, die bij de deur zit! Dat is onze huidige instelling. We zullen realisatie alleen verdienen wanneer we zelfs in die bedelaar de Ene zien, voor wie we juist gebogen hebben. Als we in de wereld werken, moeten we mensen dienen en hen als God zien. Zo worden we nederig en vol respect. Het is allemaal niets waard als we beginnen te voelen 'Ik verleen diensten aan de wereld!' Alles wat we met die houding doen, heeft niets met seva te maken. Echte seva betekent dat onze woorden, onze glimlach en onze activiteiten vergezeld gaan van liefde en de houding 'Ik ben niets.' De mensen zijn zich niet bewust van hun werkelijke essentie. Kijk naar de vogeltjes die bij de vijver leven. Ze weten niet dat ze vleugels hebben. Ze willen niet omhoog vliegen en genieten van de nectar in de bloemen aan de bomen rond de vijver. Ze leven gewoon op de modder bij de vijver. Maar als ze in de lucht zouden opstijgen en de nectar zouden proeven, zouden ze niet teruggaan naar de modder beneden. Op dezelfde manier brengen mensen hun leven door, terwijl ze onwetend zijn over de gelukzaligheid die men krijgt door zuivere liefde voor God. Ons doel is om hen daarvan bewust te maken en hun naar hun ware aard te leiden. Dat is onze plicht tegenover de ashram."

Brahmachari: "Hoe kunnen we onbaatzuchtig dienen zonder de waarheid van het Zelf te kennen?"

Moeder: "Kinderen, dienen is ook een vorm van sadhana. Als je beweert dat je volmaaktheid bereikt hebt nadat je sadhana gedaan hebt door op een bepaalde plaats te zitten, zal Amma dat niet geloven. De wereld ingaan en dienst verlenen is een belangrijk onderdeel van sadhana. Als we de vijanden die in het diepste geheim in ons hart op de loer liggen, uit de weg willen ruimen, moeten we de wereld dienen. Pas dan zullen we in staat zijn om te zeggen hoe effectief onze meditatie is geweest. Pas wanneer iemand kwaad op ons wordt, zullen we weten of er nog kwaadheid in ons is.

Als de jakhals alleen in het bos zit, denkt hij: 'Nu ben ik sterk. De volgende keer dat ik een hond zie, zal ik niet meer janken.' Maar zodra hij een hond ziet, vergeet hij alles en begint luid te janken. Als we ons onder de mensen begeven, moeten we onze kwaadheid onder controle hebben in omstandigheden waarbij zij kwaad zijn. Alleen dan kunnen we de mate van onze groei begrijpen.

Je kunt hoge cijfers bij je schoolexamens halen, maar daarmee heb je nog geen baan. Om voor de baan in aanmerking te komen, moet je uitzonderlijk hoog scoren bij de test die duizenden mensen afleggen die naar die baan solliciteren. Op dezelfde manier moet je voor de samenleving werken, nadat meditatie je op een bepaald niveau gebracht heeft. Alleen wanneer je de kracht hebt om iedere spot en belediging te doorstaan, zal Amma zeggen dat je volleerd bent.

Zelfs een onervaren chauffeur kan een auto door een leeg weiland rijden. De echte test van iemands rijvaardigheid is zijn bekwaamheid om veilig door drukke straten te rijden. Evenzo kun je niet zeggen dat iemand moedig is, enkel omdat hij in eenzaamheid zit en spirituele oefeningen doet. Iemand is echt moedig als hij met verscheidene taken bezig is en daarmee door kan gaan zonder dat hij bij tegenspoed in het minst de moed verliest. Hij kan een echte wijze genoemd worden. Geen enkele situatie kan zijn geestelijk evenwicht verstoren.

Dienstverlening moet dus als sadhana gezien worden en moet een offer aan God zijn. Als iemand ons dan tegenwerkt, voelen we ons misschien een beetje vijandig, maar we kunnen daarvan afkomen door te contempleren: 'Op *wie* in hem was ik kwaad? Werd ik niet kwaad op hem omdat ik mij als dit lichaam beschouwde? Wat heb ik van de geschriften geleerd? Naar welke wereld (spiritueel of materieel) ben ik op weg? Hoe kon ik vijandigheid voelen voor die man nadat ik verklaard heb dat ik niet het lichaam of de geest ben, maar de ziel?' We moeten dit soort zelfonderzoek herhaaldelijk doen. Uiteindelijk zullen we tegenover niemand meer kwaadheid voelen. We zullen wroeging voelen, en dat zal ons op het juiste pad leiden."

Brahmachari: "Als we niets antwoorden wanneer anderen hun vijandigheid tonen, geven we ze dan niet de gelegenheid om fouten te maken en smerige taal te gebruiken? Is het bij zulke gelegenheden juist om stil te blijven en ons voor te stellen dat we de Atman zijn? Zullen zij ons geduld niet enkel als zwakte zien?"

Non-dualiteit in het dagelijks leven

Moeder: "We moeten alles als Brahman zien, maar we moeten ook ons verstand gebruiken om in iedere situatie juist te handelen. Stel dat we aan de kant van de weg staan en er komt een hond op ons afgerend, gevolgd door een menigte die schreeuwt: 'Pas op! Een dolle hond!' De dolle hond maakt geen onderscheid en zal ons bijten als we hem in de weg staan. Dus moeten we opzij gaan en misschien zelfs een stok pakken. Amma adviseert niet dat we onze ogen sluiten voor dit gevaar. Toch moeten we de hond niet onnodig slaan, want hij kan geen goed van kwaad onderscheiden. In plaats daarvan kunnen we hem de kans ontnemen om ons te bijten door hem uit de weg te gaan.

Met andere woorden we moeten niet alleen de hond, maar ook de mensen die ons waarschuwden, als Brahman zien. Ieder krijgt zijn verdiende loon. Als we geen acht slaan op de waarschuwing om uit de weg te gaan en gewoon voor de hond staan omdat we denken dat het Brahman is, zullen we zeker gebeten worden. Het heeft geen zin om daar later spijt over te hebben.

Kinderen, we moeten in iedere situatie ons verstand gebruiken. Een spirituele zoeker mag nooit zwak zijn. Denk aan een klein jongetje, bijvoorbeeld onze Shivan (moeders neefje). Hij maakt veel fouten en we kunnen hem vaak een pak slaag geven, maar we voelen geen haat jegens hem. We straffen hem niet uit wraak. Hij is een klein jongetje en we weten dat hij uit onwetendheid fouten maakt. Niettemin als we hem vandaag straffen, zal hij morgen voorzichtig zijn. Daarom houden we de schijn van kwaadheid op. Dat is de houding die we moeten hebben. We moeten zeker degenen beteugelen die zonder onderscheid handelen, maar we moeten onze gelijkmoedigheid niet verliezen als we dat doen. Zelfs als we uiterlijk ons ongenoegen tonen, moeten we van hen houden en wensen dat ze goed worden. Op deze manier maken we zelf vooruitgang.

Aan de buitenkant als een leeuw, maar van binnen als een bloem. Zo hoort een sadhak te zijn. Zijn hart moet als een bloeiende bloem zijn die nooit verwelkt. Maar van buiten moet hij krachtig en sterk als een leeuw zijn. Dan zal hij in staat zijn om de wereld te leiden. Maar als hij sadhana doet, moet hij als de laagste dienaar zijn. Een zoeker moet de houding van een bedelaar aannemen. Hij bedelt om voedsel, maar loopt weg zonder kwaad te worden, zelfs als hij alleen maar uitgescholden wordt. Met deze houding zal hij vooruitgang boeken. Kinderen, alleen een moedig iemand kan geduldig zijn. Deze houding van een bedelaar tijdens zijn sadhana zal in feite zijn moed versterken. Het zaad van moed zal alleen in de grond van geduld ontkiemen."

De bejaarde 'Unnikannan' (baby Krishna, zoals Moeder Ottūr noemde) zat voorovergebogen op zijn bed. Zijn gezicht straalde van vreugde toen hij de zoete, ambrozijnen woorden die uit Moeders mond stroomden, tot zich nam. Toen hij zag dat Moeder opstond om te vertrekken, boog hij voor Haar van waar hij zat en bood Haar een pakje met suiker aan, dat aan de Heer geofferd was in de Guruvayūr tempel. (Ottūr was zijn hele leven aan de Guruvayūr tempel verbonden geweest en hij bewaarde altijd wat prasad daarvan bij zich.) Moeder gaf hem het eerst gelegenheid om van de prasad uit het pakje te genieten door voorzichtig een beetje gezegende suiker op zijn tong te doen.

Dinsdag 24 september 1985

Een kookles

Het was na vijven 's middags. Een brahmacharini was groenten aan het snijden voor het avondeten. Om de paar minuten stond ze op om het kookvuur brandend te houden. Toen Moeder de keuken inkwam en dit zag, zei Ze: "Dochter, jij kunt voor het vuur gaan zorgen. Amma zal dit doen." Toen Zij de brahmacharini weggestuurd had om voor het vuur te zorgen, begon Zij zelf de groenten te snijden. Verscheidene anderen kwamen Moeder helpen toen ze Haar dit werk zagen doen.

Moeder: "Kinderen, die dochter stond hier alleen te ploeteren. Ze moest de groenten snijden en tegelijkertijd het fornuis brandend houden. Niemand van jullie kwam helpen. Maar zodra Amma kwam, kwamen jullie allemaal aanrennen om te helpen. Kinderen, sadhana betekent niet ergens werkeloos zitten. Je moet mededogen voelen wanneer je anderen ziet zwoegen. Je moet de drang om te helpen voelen. Je doet sadhana om een geest vol mededogen te ontwikkelen. Als je dat eenmaal verworven hebt, heb je alles. Wanneer Amma op het toneel verschijnt, komt iedereen aanrennen. Dat is geen echte devotie. Degene die in staat is om van iedereen evenveel te houden, houdt echt van Amma."

Een brahmachari: "Kortgeleden kwam ik naar de keuken om te helpen, maar uiteindelijk kreeg ik op mijn kop."

Moeder: "Je moet iets verkeerd gedaan hebben."

Brahmachari: "Het scheen dat ik de groenten in te grote stukken gesneden had."

Moeder en de anderen lachten. Moeder riep de brahmacharini. Moeder (nog steeds lachend): "Heb jij deze zoon onlangs op zijn kop gegeven, ook al was hij hier om te helpen?"

Brahmacharini: "Het is waar dat hij kwam helpen, maar het resultaat was dat mijn werk verdubbelde. Ik had hem verteld om de groenten in kleine stukjes te snijden. In plaats daarvan maakte hij grote stukken en ik moest ieder stuk opnieuw snijden. Het duurde twee keer zo lang. Ik heb hem verteld dat als hij dit weer zou doen, hij niet opnieuw hoefde te komen helpen."

Moeder: "Maar hij is hieraan niet gewend. Daarom deed hij het verkeerd. Had je hem niet moeten laten zien hoe je het wilde? Hij is niet gewend om groenten te snijden, omdat hij thuis geen enkel werk gedaan heeft."

Moeder legde iedereen uit hoe je groenten juist moest snijden. Tegen de tijd dat de kookles over was, waren de groenten allemaal gesneden. Een brahmacharini bracht wat water, Moeder waste Haar handen en verliet de keuken.

Moeder zegent een koe

Moeder liep naar de koeienstal. Zij die Haar volgden, zagen een verbazingwekkend schouwspel. Moeder knielde naast een koe neer en begon de melk direct uit haar uiers te drinken. De koe liet de melk royaal stromen. Toen Moeder een speen losliet en aan een andere begon te zuigen, druppelde er melk op Haar gezicht. De ogen van die koe, die het grote geluk had om de Moeder van de Wereld te zogen, leken te zeggen: "Al mijn tapas is gedaan voor dit ene ogenblik. Nu is mijn leven vervuld."

Moeder kwam naar buiten en veegde Haar gezicht af met het uiteinde van Haar sari. Toen Ze al Haar kinderen daar zag staan, zei Ze: "Die koe heeft lang gewenst om Amma melk te geven."

Moeder vervult zelfs de stille wensen van een koe. Het moet inderdaad een gezegende ziel geweest zijn.

Moeder ging verder: "Lang geleden, toen Amma's familie en de buren tegen Haar waren, kwamen de vogels en dieren Haar helpen. Uit eigen ervaring kan Amma vertellen dat als je je volledig aan God overgeeft, Hij er voor zal zorgen dat je niets tekort komt. Toen er niemand was die Haar eten gaf, bracht een hond een pak rijst ergens vandaan. Hij hield het pak tussen zijn tanden. Soms had Amma dagen niet gegeten. Na Haar meditatie lag Ze bewusteloos ergens in het zand. Toen Ze Haar ogen opende, ontdekte Ze een koe die naast Haar stond met haar uiers vol melk, klaar om te drinken voor Haar. Amma dronk zoveel als Ze wilde. Die koe kwam altijd en bood haar melk aan, steeds wanneer Amma zich moe voelde."

De toegewijden die het betreurden dat ze niet bij deze lila aanwezig waren geweest, hadden in ieder geval het goede geluk om de koe vandaag Amma te zien zogen.

Het aanbidden van de godheden en de guru

Toen Moeder terugliep naar de ashram, vroeg een brahmachari: "Amma, bestaan de godheden werkelijk?"

Moeder: "Zij bestaan op het subtiele niveau. Iedere godheid vertegenwoordigt een eigenschap die in ons latent aanwezig is. Maar je moet je gekozen godheid zien als niet te onderscheiden van het Hoogste Zelf. God kan iedere vorm aannemen die Hij wil. God zal vele vormen aannemen afhankelijk van de verlangens van de toegewijden. Komt de oceaan niet omhoog als reactie op de aantrekkingskracht van de maan?"

Brahmachari: "Amma, is het niet beter om je toevlucht te zoeken tot mahatma's die nu in leven zijn, in plaats van godheden te aanbidden die we nooit gezien hebben?"

Moeder: "Ja. Een echte tapasvi heeft de macht om de last van onze prarabdha op zich te nemen. Als we met devotie onze toevlucht nemen tot een mahatma, zullen onze prarabdha's spoedig tot een einde komen. Men moet meer moeite doen om profijt te hebben van de aanbidding van de godheden of van aanbidding in een tempel.

Als we onze gekozen godheid aanbidden met de houding dat hij het Hoogste Zelf is, kunnen we inderdaad Zelfrealisatie bereiken. Een vorm is als een ladder. Net zoals alle schaduwen verdwijnen op het hoogtepunt van de dag, zullen alle vormen uiteindelijk oplossen in het vormeloze. Maar als we onze toevlucht nemen tot een satguru, zal onze weg gemakkelijker zijn. De hulp van een guru is nodig om de hindernissen in de sadhana te verwijderen en om ons de weg te wijzen. Een guru kan ons in alle crises helpen door onze twijfels weg te nemen. Dan zal de reis gemakkelijker zijn. Een kind kan doen wat hij wil als zijn moeder zijn hand vasthoudt. Hij zal niet vallen, zelfs als hij beide benen van de grond tilt. Het kind moet niet proberen om zich te bevrijden van de greep van zijn moeder. Hij moet zich door haar laten leiden, anders valt hij. Evenzo zal een guru de leerling altijd te hulp komen."

Een toegewijde: "Is mediteren over een mahatma gelijk aan mediteren over het Zelf?"

Moeder: "Als we een mahatma in het juiste licht zien, kunnen we Brahman bereiken. In werkelijkheid is de mahatma vormloos. Als we de vorm van een bittere meloen uit chocolade maken, zal hij toch zoet zijn. De mahatma's die volmaakte kennis van het Zelf gekregen hebben, zijn hetzelfde als Brahman die een vorm aangenomen heeft. Al hun vormen en stemmingen zijn zoet."

Brahmachari: "Sommige mensen mediteren over Amma, anderen over Kali. Is er een verschil tussen de twee?"

Moeder: "Als je naar de echte essentie kijkt, wat is dan het verschil? Waarover je ook mediteert, het belangrijkste is je sankalpa, dat wat je aan de vorm toeschrijft. Je zult het resultaat krijgen dat daarbij past. Sommige mensen mediteren over bepaalde godheden en verkrijgen siddhi's. Zij doen dit om bepaalde resultaten te verkrijgen. Hun begrip van de vorm van de godheid is erg beperkt. We moeten het principe achter de godheid zien. Alleen dan kunnen we voorbij de vorm gaan, voorbij de beperkingen.

We moeten begrijpen dat alles het allesdoordringende Zelf is. We moeten de godheid die we aanbidden, als het onverdeelde Zelf zien. Het is alleen een verschil in sankalpa.

Mensen aanbidden soms een godheid tijdens bepaalde ceremonies of rituelen. Dit heeft alleen betrekking op een denkbeeld over een godheid, niet op God zelf.

Alle vormen zijn beperkt. Geen enkele boom raakt de hemel en geen enkele wortel bereikt de onderwereld. Wij proberen het Hoogste Zelf te bereiken. Wanneer we in een bus stappen, zijn we niet van plan om erin te blijven wonen, nietwaar? Ons doel is thuis te komen. De bus brengt ons tot onze poort, en het is onze taak om van de poort naar huis te lopen. Godheden brengen ons naar de ingang van de Hoogste Sat Chit Ananda (Zijn Bewustzijn Gelukzaligheid). Vandaar is het niet ver naar de staat van Zelfrealisatie.

Zelfs zij die alle beperkingen getranscendeerd hebben, laten hun greep op een vorm niet los. Er wordt gezegd dat zelfs jivanmukta's (zij die in dit leven bevrijding hebben bereikt) ernaar verlangen om de naam van God te horen."

Moeders woorden die de subtiele nuances van sadhana onthulden, ontstaken nieuw licht in de geest van de luisteraars. Allen bogen voor Haar met een gevoel van vervulling en keerden terug naar hun gewone werk.

Zondag 13 oktober 1985

Het schoonmaken van de beerput

Iemand die ieder wezen in zichzelf ziet
en zichzelf ziet in al het andere,
deinst daarna voor niets met afkeer terug.
*   -Isavasya Upanishad.*

Moeder trof voorbereidingen om de beerput van het toilet van het gastenhuis leeg te maken en te reinigen, omdat hij vol was. Ze was net teruggekomen van een reis van een hele dag, die ook bhajans en darshan bevatte. Zodra Ze terug was in de ashram, begon Ze met het werk. Niet dat Haar kinderen niet bereid waren om dit werk te doen. In feite hadden zij Moeder verzocht om op een afstand te staan, maar Zij stond erop om een voorbeeld te stellen. Dit was gewoonlijk het geval, zelden vroeg Zij iemand anders om het werk te doen.

Moeder: "Een moeder heeft er geen bezwaar tegen om de poep van haar baby op te ruimen, omdat ze tegenover de baby het gevoel heeft 'hij is van mij'. Hoe het ook zij, wij moeten diezelfde liefde voor iedereen hebben, dan voelen we geen afkeer of walging."

De opwinding van het werken met Moeder is iets bijzonders. Het brengt je in vervoering en zelfs nu verlangde iedereen ernaar naast Haar te werken hoewel het hard ploeteren was. Niemand vraagt of het werken met zand, cement of uitwerpselen betekent.

Moeder ging door: "Vroeger waren er geen toiletfaciliteiten voor de mensen die voor darshan kwamen. Daarom was het eerste werk voor Amma's oudste kinderen om 's morgens de ashramomgeving schoon te maken. Er waren geen hekken die ons van de aanliggende percelen scheidden. Dus meestal maakten we uiteindelijk de percelen van de buren ook schoon."

Een brahmachari ging behoedzaam om met de emmers gevuld met de inhoud van de beerput. Hij deed zijn best om niets te morsen of te knoeien. Toen de emmers echter sneller doorgegeven werden, verminderde zijn aandacht en viel er een emmer op de grond waarbij de uitwerpselen over zijn hele lichaam spatten.

Moeder: "Maak je geen zorgen, zoon. Per slot van rekening dragen we dit allemaal in ons. We kunnen het afwassen. Het echte vuil is de houding 'ik ben degene die handelt' terwijl je iets doet, of het nu een puja is of het schoonmaken van de goot. Die houding is moeilijk weg te wassen. Mijn kinderen, jullie moeten leren om alle werk dat jullie doen, als een offer aan God te zien. Dan zullen jullie van binnen gezuiverd worden. Daarom laat Amma jullie dit allemaal doen. Amma wil niet dat Haar lieve kinderen op een afstand staan en anderen bevelen om zulk werk te doen. Een brahmachari moet geschikt zijn om ieder soort werk te doen."

Niet alleen de brahmachari's, maar ook enkele toegewijden deden mee met het werk. Eén toegewijde werd wakker van al het lawaai en het licht en kwam naar buiten om te zien wat er aan de hand was. Toen hij zag wat Moeder aan het doen was, kon hij niet aan de kant blijven staan. Hij trok zijn hemd uit, stroopte zijn dhoti op en wilde de beerput ingaan.

Moeder: "Nee, mijn zoon. Het werk is bijna klaar. Het is niet nodig dat jij vanavond ook een bad moet nemen."

De lippen van de toegewijde trilden van emotie: "Wilt U mij die emmer geven en opzij gaan, Amma?"

Moeder glimlachte omdat Zij in zijn stem een besef van autoriteit hoorde dat uit liefde voortkwam.

Moeder: "Zoon, Amma heeft er helemaal geen hekel aan om de poep van Haar toegewijden op te ruimen. Het is een genoegen."

"Loop dat genoegen nu niet na, Amma. Wilt U dit aan mij geven?" zei de toegewijde met een verstikte stem toen hij de emmers uit Moeders handen probeerde te grijpen.

Vaak zien we dat toegewijden zich vrijheden tegenover Moeder veroorloven die de ashrambewoners niet snel zouden nemen, maar Moeder zal altijd toegeven aan zuivere, onbezoedelde devotie.

Op het gunstige uur voor de dageraad was het werk klaar. Voor hen die de routine in de ashram volgden, leek het alsof men de uitspraak in de Gita moest verbeteren 'In dat wat nacht is voor alle wezens, blijft de yogi wakker.' Hier was de nacht dag, zelfs voor hen die bij de Yogini wilden zijn.

Zaterdag 19 oktober 1985

Volg de principes achter rituelen

Moeder kwam laat in de middag naar beneden en ging naar de kalari hoewel het nog geen tijd voor de bhajans was. De brahmachari's en enkele wereldlijke toegewijden waren bij Haar.

Het familielid van Ottūr dat in de ashram verbleef om voor de bejaarde man te zorgen, was ziek. Om die reden zorgden enkele brahmachari's voor Ottūr. Wat rituelen betreft was Ottūr gewoonlijk erg veeleisend en was het moeilijk om het hem naar de zin te maken. Toen het gesprek op dat onderwerp uitkwam, zei Moeder:

"Amma weet niets van achara's (gebruikelijke ceremonies). Toen Ze opgroeide, hoefde Ze die niet te verrichten. Ondanks dit was Damayantiamma[17] erg streng. Ze stond ons niet toe vriendschappen aan te gaan. Maar dit had één voordeel: wanneer je alleen bent kun je liederen zingen om de Heer te prijzen. Je kunt met Hem praten. Wanneer er iemand anders bij je is, wordt de tijd verspild met nutteloos gepraat. Een beetje stof op het afgewassen keukengerei was voor Damayantiamma voldoende om Amma een pak slaag te geven. En als er, wanneer Ze klaar was met vegen, nog een klein stukje vuil in de tuin achtergebleven was, sloeg Damayantiamma Haar met de bezem totdat de bezem brak. (Lachend:) Misschien was het deze opvoeding die Amma zo streng maakt voor Haar kinderen. Ze is nu een verschrikking, nietwaar?

---

[17] De moeder van Amma

In die tijd ging Amma, nadat Ze de voortuin geveegd had, in een hoek staan en stelde zich voor dat de Heer voor Haar liep. Ze stelde zich voor dat Ze iedere voetstap van Hem in het zand zag, als Hij liep. Wat Ze ook deed, er was alleen de gedachte aan God. Kinderen, waar jullie ook mee bezig zijn, jullie moeten alleen aan God denken. Dit is het doel van rituelen. Rituelen helpen ons om goede gewoonten aan te leren en dan zal er orde in het leven zijn. Maar toch moeten we voorbij de rituelen gaan. We moeten niet aan hen gebonden zijn tot de dag waarop we sterven."

Een brahmachari: "Is het niet zo dat rituelen de aandacht alleen maar naar buiten richten en niet op God?"

Moeder: "Ieder ritueel werd gecreëerd als een hulpmiddel om een ononderbroken herinnering aan God te handhaven. Geleidelijk is het in enkel routine veranderd. Hebben jullie dit verhaal niet gehoord? Er was een priester wiens kat hem steeds stoorde als hij zijn puja deed. Hij had hier zo genoeg van dat hij op een dag de kat in een mand stopte voordat de puja begon. Hij liet hem vrij als de puja voorbij was. Weldra werd dit een gewoonte. Zijn zoon hielp hem hierbij gewoonlijk. Na verloop van tijd stierf de oude priester en de zoon nam de verantwoordelijkheid voor de puja over. Hij vergat nooit om de kat in een mand te stoppen voordat hij met de puja begon. Na enige tijd stierf de kat ook. Toen het de volgende dag tijd voor de puja was, maakte de zoon zich zorgen. Hoe kon hij met de puja beginnen zonder de kat in de mand te stoppen? Hij liep naar buiten, pakte de kat van de buren, stopte hem in een mand en ging verder. Omdat hij niet altijd de kat van de buren op tijd voor iedere puja kon vinden, ging hij uiteindelijk een nieuwe kat kopen.

De zoon wist niet waarom zijn vader de kat altijd in een mand gestopt had en hij had er nooit naar gevraagd. Hij deed gewoon alles na wat zijn vader gedaan had. Rituelen horen zo niet te zijn. We moeten achara's alleen verrichten nadat we het principe erachter begrepen hebben. Alleen dan hebben we er iets aan. Anders verworden ze tot enkel routine.

We moeten de gedachte aan God in al onze activiteiten kunnen bewaren. Bijvoorbeeld voordat we ergens gaan zitten, moeten we onze zitplaats aanraken en ervoor buigen, waarbij we ons indenken dat onze gekozen godheid voor ons zit. We moeten hetzelfde doen wanneer we opstaan. Wanneer we iets oppakken, moeten we op deze manier respect tonen waarbij we ons de godheid in het voorwerp voorstellen. Als we dus altijd zo alert blijven, zal onze geest bij God blijven zonder af te dwalen naar wereldse zaken.

Heb je wel eens naar een moeder gekeken die in het huis van de buren werkt en haar baby thuis heeft gelaten? Wat ze ook doet, haar gedachten zijn bij haar baby. 'Hij zal toch niet te dicht bij de put komen? Zullen de andere kinderen hem op een of andere manier pijn doen? Zal hij naar de koeienstal gaan en onder de koeien kruipen? Zal hij bij het vuur in de keuken komen?' Ze zal altijd op die manier denken. Een sadhak moet ook zo zijn en constant aan God denken.

De brahmachari's hier hebben geen enkel ritueel geleerd. Door mensen als hem (Ze bedoelde Ottūr) te dienen zullen ze iets leren. (Zich wendend tot de brahmachari:) Zoon, zelfs als hij je berispt, moet je geen kwaadheid voelen. Als je boos wordt, zal alles wat je gedaan hebt, verloren gaan. Je moet iedere gelegenheid om een sadhu te dienen als een grote zegen beschouwen."

Hoe afkeuring en lof tegemoet te treden

Een brahmachari klaagde bij Moeder over het karakter van een wereldlijke toegewijde. Deze toegewijde, zei de brahmachari, zou de geringste vergissingen van de brahmachari's als ernstige fouten zien en aarzelde niet om hen zwaar te bekritiseren zonder één van hun goede kanten te zien.

Moeder: "Zoon, het is gemakkelijk om diegenen aardig te vinden die ons prijzen, maar we moeten nog meer houden van degenen die ons op onze fouten en tekortkomingen wijzen. Je zou kunnen zeggen dat zij degenen zijn die werkelijk van ons houden. Wanneer we onze fouten zien, kunnen we ze corrigeren en verdergaan. We moeten degenen die ons prijzen, als onze vijanden beschouwen en degenen die ons bekritiseren, als onze vrienden. Maar laten we deze houding voor onszelf houden. We hoeven het niet aan iemand bekend te maken. Het is waar dat het erg moeilijk is om deze houding te cultiveren. Hoe het ook zij, we zijn erop uit om het Zelf te realiseren en niet om het lichaam te realiseren. Vergeet dat niet.

Lof en afkeuring zijn op het fysieke niveau, niet op het niveau van het Zelf. We moeten lof en kritiek als gelijkwaardig kunnen zien. Het is het beste als we leren om ons geestelijk evenwicht niet te verliezen of we nu liefde of kwaadheid van anderen ontvangen, lof of kritiek. Dat is echte sadhana. We kunnen alleen vooruitgaan als we hierin slagen."

Brahmachari: "Amma, waarom zei U dat we degenen die ons prijzen als onze vijanden moeten zien?"

Moeder: "Omdat ze ons van ons doel weghalen. We moeten dit begrijpen en met onderscheid verdergaan. Het betekent niet dat we aan iemand een hekel moeten hebben.

Alle levende wezens zijn op zoek naar liefde. Zolang we naar wereldse liefde zoeken, zullen we lijden, net zoals een vuurvliegje dat omkomt in het vuur. Al het zoeken naar wereldse liefde eindigt in tranen. Dat is op het ogenblik de geschiedenis van ons leven. Echte liefde is nergens te vinden. Er is alleen kunstmatige liefde. Het is als de lichten die een visser gebruikt. Hij werpt zijn net uit, doet de felle lichten aan en wacht. De vis komt, aangetrokken door het licht. Weldra is het net vol en de visser vult zijn mand. Iedereen houdt van een ander om egoïstische redenen.

Wanneer anderen van ons houden, willen we dicht bij hen zijn omdat we geloven dat ze ons vrede zullen schenken. Maar we zien niet dat de honing die zij ons aanbieden, een druppel is op de punt van een naald. Als we proberen om van de honing te genieten, zal de naald in onze tong prikken. Daarom, ken de waarheid en ga verder! Weet dat we alleen God als vriend hebben, dan hoeven we geen spijt te hebben."

De aarde en de hemel baadden zich in de gouden straling van de avondzon. Spoedig werd de westelijke hemel dieprood gekleurd.

"De vissers die naar zee gaan, zullen vannacht erg blij zijn," zei Moeder toen Ze op de prachtige rode kleur wees. "Ze zeggen dat dat een grote vangst betekent."

Iemand begon op het harmonium te spelen en Moeder ging op Haar plaats in de kalari zitten. Weldra was Ze helemaal teruggetrokken uit de buitenwereld. Ze nam de stemming aan van de zuivere devotie van een eenzame zoeker. De bhajans begonnen met 'Kumbhodara varada...'

U met een grote buik en het gezicht van een olifant,
Schenker van gunsten, Zoon van Shiva,
Heer van de Gana's.

U met vijf handen die gunsten schenken,
Vernietiger van verdriet,
Zoon van Shiva, zegen ons met Bevrijding.
Laat Uw welwillende blik op mij vallen.

Allerhoogste Heer,
die ons over de rivier van Samsara leidt,
Zetel van genade, Schenker van voorspoed,
O Hari, Nectar van gelukzaligheid,

Verwijderaar van hindernissen,
toon Uw mededogen.

De ashram en zijn omgeving waren doordrongen met de melodieën van de zoete, devotionele muziek. Iedereen was gedompeld in de extase van bhakti.

Zondag 20 oktober 1985

Een ongeluk veroorzaakt door een hond

"Kinderen, we moeten van alle levende wezens houden, maar die liefde mag nooit iemand schaden. Wij behoren de wereld in te trekken en de mensen te dienen. Maar het mededogen dat we een levend wezen tonen, mag uiteindelijk niet iemand anders pijn doen. Als we in een afgelegen plek wonen, kunnen we honden of katten houden of wat dan ook. Maar dit is een plaats waar veel mensen komen en verblijven. Als we hier een hond houden, zullen kleine kinderen proberen ermee te spelen en ze zouden gebeten kunnen worden. Het is beter om geen hond te houden in een ashramomgeving."

Een aantal mensen kwamen en verzamelden zich om Moeder toen ze Haar stem hoorden. Ze was deze morgen vanuit Haar kamer naar beneden gekomen toen Ze beneden luid lawaai hoorde. Moeders grootmoeder (Achamma, wat vaders moeder betekent) was achter de hut gegaan om een lange paal te pakken om bloemen van de bomen te plukken. Een hond had kort geleden het leven geschonken aan een nest jonge hondjes en ze zoogde die achter de hut. Maar Achamma wist dit niet. De hond had in haar opwinding Achamma gebeten, die luid begon te huilen. De brahmachari's en toegewijden hadden zich om haar heen verzameld tegen de tijd dat Moeder naar beneden kwam.

Moeder: "Arm mens, hoe moet ze nu bloemen plukken? De hond heeft haar diep gebeten."

Achamma verzamelde iedere dag bloemen in de buurt voor de puja in de kalari. Ze verbrak deze routine nooit hoe zwak ze zich ook mocht voelen. Wanneer het 's zomers moeilijk was om verse bloemen te vinden, zag ze vaak in haar dromen waar ze bloemen kon vinden, en haar dromen waren altijd juist. Ze vond volop bloemen op die plaatsen en de buren maakten er zelden bezwaar tegen dat ze bloemen op hun grond plukte.

De ashrambewoners begonnen het incident te bespreken. Brahmachari Rao: "Unni begon de hond hier te houden. Hij geeft hem iedere dag rijst, dus waarom zou hij de ashram willen verlaten?"

Moeder: "Waar is Unni? Roep hem." Toen zag Ze Unni achter Haar staan. "Is dit jouw hond, zoon? Ben je hier gekomen om honden te fokken?"

Unni: "Amma, ik zag de hond enkele dagen achter elkaar bij de kraan wachten als ik na het eten mijn handen waste. Ik had medelijden met hem door de manier waarop hij daar stond."

Moeder: "Hoe lang heb je hem gevoerd?"

Unni: "Ik heb hem af en toe gevoerd. Ik dacht niet dat ze haar jongen hier zou werpen."

Moeder: "Heeft de hond jouw toestemming nodig om jongen te krijgen?"

Unni (probeert zijn lachen te onderdrukken): "Amma, ik had met hem te doen toen ik zijn hongerige blik zag."

Moeder: "Als je erop staat hem te voeren, breng hem dan ergens ver weg en voer hem daar. Als je dat gedaan had, hadden we nu dit probleem niet."

Ze ging verder op ernstige toon: "Je had medelijden met de hongerige hond. Voel je nu geen medelijden voor deze oude grootmoeder die hier staat en bloedt door de hondenbeet? We moeten God in alles zien en onze diensten aanbieden, dat is waar. Het is sadhana. We moeten mededogen tonen voor ieder levend wezen. Maar er is een juiste omgeving voor alles. Dit is niet de plaats om katten en honden te houden. Weet het arme dier dat dit een ashram is of dat Achamma alleen probeerde om die paal te pakken? We moeten jou een pak slaag geven omdat je de hond hier gehouden hebt en hem gevoerd hebt."

Moeder nam Unni's handen en hield ze bij elkaar.

Unni: "Amma, ik heb hem niet dagelijks eten gegeven, slechts af en toe."

Moeder: "Nee, hou je mond! Ik ga je vandaag vastbinden!"

Zonder hem los te laten liep Ze naar de eetzaal. Ze ging daar naast een pilaar staan en vroeg een toegewijde om een touw te brengen. De toegewijde, die wist dat dit allemaal Haar lila was, bracht een klein stukje touw. Toen Moeder het touw zag, veranderde Haar stemming. Ze zei: "Dit touw is niet goed. Als Amma dit gebruikt, zal hij gewond raken. Dus misschien laten we hem deze keer gaan." Ze liet toen de brahmachari vrij.

Dokter Lila[18] bracht Achamma naar Moeder en zei: "Ik weet niet of de hond rabiës heeft of niet. Moet ik Achamma geen injectie geven?"

Moeder: "De hond heeft geen rabiës of iets dergelijks. Doe gewoon wat zalf op Achamma's wond. Dat is genoeg."

Het was zondag en vele toegewijden waren gekomen. Toen Moeder bij de darshanhut kwam, dromden ze om Haar samen. Een vrouw fluisterde in Moeders oor: "Ik was bang voor Amma's stemming vanochtend."

Moeder lachte luid en gaf een hartelijke zoen op haar wang. Zij die er niet mee vertrouwd zijn, moeten zich wel verward of vol ontzag voelen wanneer zij Moeder de brahmachari's zien straffen. Bij zulke gelegenheden wordt Haar gezicht heel serieus, maar zij

---

[18] Swamini Atmaprana

zullen ook verrast zijn om het volgende ogenblik de nectar van liefde en genegenheid uit Haar te zien stromen. Moeder is liefde zelf. Ze kan niet kwaad zijn. Ze kan alleen maar liefhebben.

De Moeder die onzichtbare zegeningen schenkt

Moeder vroeg een vrouwelijke toegewijde: "Dochter, Amma heeft onlangs naar je gezocht. Waarom ben je zo vroeg vertrokken?"

Toen Moeder een paar dagen eerder uit Haar kamer kwam, lag er een pakje met gekookte kachil en specerijen voor de deur. Moeder proefde een stukje en vroeg een brahmacharini om de vrouw die het pakje gebracht had, te halen. De vrouw was blijkbaar vertrokken en men kon haar niet vinden. Niemand wist wie het pakje voor Moeders deur gelegd had.

Toegewijde: "Ik was die dag erg bezorgd, Amma. We moesten die dag een overeenkomst sluiten over een stuk land dat we kochten. Ik had beloofd dat ik om elf uur met het geld bij de rechtbank zou zijn. Toch konden we niet voldoende contant geld bijeenbrengen, zelfs nadat ik mijn armbanden en ketting verpand had. We vroegen verschillende mensen, maar niemand wilde helpen. Als de akte om elf uur niet ingeschreven was, zouden we de vooruitbetaling verliezen die we gedaan hadden. Hoe dan ook, ik besloot om 's morgens naar Ammachi te gaan en bracht wat gekookte kachil mee. Het was half tien toen ik hier kwam en iemand vertelde mij dat Amma pas later naar buiten zou komen. Als ik voor twaalf uur bij de rechtbank zou zijn, kon ik om een terugbetaling vragen van tenminste de helft van de aanbetaling, zelfs als de overeenkomst niet doorging. Dus liet ik het pakje bij Amma's deur achter en ging weg. Ik huilde veel. Ik had gehoopt dat ik met Amma's zegen tenminste de helft van de aanbetaling terug zou krijgen.

Toen ik in Ochira kwam, zag ik een oude vriendin van mij die op de bus stond te wachten. Haar man werkt in Saudi Arabië.

Toen ik haar toevallig tegenkwam, dacht ik dat ik haar net zo goed om hulp kon vragen. Ik legde de situatie uit: 'Als ik niet voor twaalf uur tienduizend roepies heb, dan zal de overeenkomst vervallen.' Door Amma's genade had zij precies dat bedrag bij zich! Iemand had haar juist een lening terugbetaald, die zij hem gegeven had, en nadat ze het geld teruggekregen had, keerde ze naar huis terug. Ze gaf mij het geld zonder iets te zeggen en ik barstte in tranen uit. De overeenkomst ging door dankzij Amma's genade!"

De ogen van de vrouw schoten vol tranen. Moeder omhelsde haar innig en veegde haar tranen af met Haar sari.

De innerlijke schat

Er zou een puja gedaan worden in het huis van een toegewijde. De brahmachari die de ceremonie zou gaan doen, kwam langs om Moeders zegen te ontvangen voordat hij erheen ging. Moeder zegende hem en zei: "Zoon, er is een mierenhoop bij hun huis. Omdat ze het advies van iemand volgen dat die niet verwoest mag worden, houden ze die. Amma denkt niet dat het erg belangrijk is.

Zelfs als wij alles juist doen, zullen de toegewijden er geen enkel profijt van hebben, als ze niet het juiste vertrouwen en een besef van overgave hebben. Sommige mensen kunnen blindelings in iets geloven en wijken niet van dat geloof, hoe vaak we hen ook de zaak uitleggen. Dus moeten we afdalen naar hun niveau en doen wat nodig is. In dit stadium is alles wat hun vrede schenkt, juist.

Dat betekent niet dat we hen aan hun blind geloof moeten overlaten. Zeg dus tegen hen: 'Deze mierenhoop zal jullie geen kwaad doen, maar het is niet nodig om hem zo te laten. Bewaar slechts een klein stukje ervan in je pujakamer. Je kunt de rest verwijderen. Als hij blijft groeien, zullen jullie zoveel ruimte verliezen.' Op het einde van de puja neem je een beetje zand van de mierenhoop en geef je het aan hen om in de pujakamer te bewaren."

Moeder vertelde de toegewijden rondom Haar: "Eens kwam iemand hier met een gelijksoortig verhaal. Er was een mierenhoop bij zijn huis. Een astroloog overtuigde hem ervan dat er een schat onder lag en dat hij hem kon vinden als hij wat puja's deed. Hij zocht de hulp van talloze astrologen en anderen om de schat te voorschijn te krijgen. Veel van hen beloofden hem te helpen en namen veel van zijn geld, maar hij vond geen enkele schat. Uiteindelijk kwam hij hier. Zijn enige vraag was wanneer hij de schat zou vinden, niet of er eigenlijk wel een schat was. Wat kon Amma zeggen? Hij was boos op Haar omdat Zij hem zei dat er geen schat was. 'Alle astrologen die ik bezocht heb, zeiden me dat er een schat was. Als U dat niet kunt zien, waarom kom ik dan hier?' Nadat hij dit gezegd had, ging hij weg. Zijn geest was vol met de droom over een schat. Wat konden we doen? Amma vertelde hem dat er geen schat was, maar hij kon het niet accepteren.

Spoedig daarna kwam hij terug. Hij had een ervaring die hem terugbracht." Moeder lachte. "Nu is hij geïnteresseerd in de innerlijke schat, niet in de schat buiten. Als Amma hem in het begin afgewezen had, dan zou zijn toekomst er somber uitgezien hebben. Daarom moeten we, wanneer zulke mensen komen, hun niveau van begrip achterhalen en om te beginnen naar dat niveau gaan. Geleidelijk kunnen we hen vertrouwd maken met spirituele ideeën en standpunten.

Iedereen wil de uiterlijke schat. Daarvoor zijn ze bereid om door onvoorstelbaar veel problemen te gaan. Niemand wil de innerlijke schat. We hebben een schat in ons die we nooit zullen verliezen, en die niemand kan stelen. Maar we zullen die niet vinden door aan de buitenkant te zoeken. We moeten naar binnen kijken. We moeten de bloem van ons hart aan God aanbieden."

Moeder ging de trap naar Haar kamer op en gaf hun een lieve glimlach om in hun hart te bewaren. Sommigen van hen vroegen zich misschien af hoe de 'bloem van het hart' die geschikt is om Haar aan te bieden, eruitziet. Enkelen die Moeders lieve glimlach koesterden, herinnerden zich een lied dat Moeder vaak zong over de bloem om aan de Heilige Moeder te offeren: *'Pakalonte karavalli thazhukatha pushpam...'*

De bloem die niet door de stralen
van de zon geliefkoosd wordt,
de bloem die niet in het geheim
door de wind gestolen wordt,
de geest is die bloem.
Hij staat in volle bloei.

De geest die helemaal niet door verlangen bevlekt is,
de geest die geen vlammen van woede uitwerpt,
de bloem die niet uit liefde
aan een meisje aangeboden wordt,
dat is de geest
waarin de Goddelijke Keizerin verblijft.

De geest die je leven zijn volledige betekenis geeft,
de geest die naar het welzijn van anderen verlangt,
de geest die vol onbevlekte liefde is,
die geest wordt door Moeder
als een krans gedragen!

De kracht die je zoekt is in je.
Geef dit wankelende zoeken op, o geest!
Ga dapper verder naar het doel van je leven.
Waar egoïsme verdwijnt, daar zal Moeder schijnen.

Wanneer alles overgegeven is,
is er een ziel, vrij van valse trots, vol vrede.
Dat is een licht dat niet in woorden
gevangen kan worden.
Daar zal de Goddelijke Moeder altijd dansen!

Woensdag 23 oktober 1985

Initiatie door de Godin van Kennis

Vandaag, Vijaya Dashami dag, begonnen de toegewijden al vroeg in de morgen te komen met hun kleine kinderen, die hun eerste les van de Godin van Kennis zelf zouden ontvangen. De meeste toegewijden waren moeders van het nabije kustgebied. Mensen die van ver kwamen, waren twee dagen eerder gekomen en verbleven in de ashram. Moeder kwam naar de meditatiekamer met enkele kinderen die hun boeken al op de stapel hadden gelegd op de plaats waar de puja voor Sarasvati, de Godin van Kennis, weldra zou beginnen. Veel toegewijden waren al op hun plaats in de kamer gaan zitten. Er heerste een feestelijke atmosfeer in de hele ashram.

Er was niet genoeg ruimte voor iedereen tegelijk in de meditatiekamer. "Kleine kinderen, komen jullie eerst!" riep Moeder. De kinderen verzamelden zich rond de stapel boeken en hielden tulasiblaadjes in hun handen.

Om mushika vahana modaka hasta
Chamarakarna vilambita sutra
Vamanarupa maheshvara putra
Vishva vinayaka pahi namaste.

Heer Ganesha, die op een muis rijdt,
die zoete modaka in zijn handen houdt,

wiens oren als een waaier zijn,
die alle hindernissen verwijdert,
bescherm mij alstublieft.
Ik buig voor U neer.

Sarasvati namastubyam
Varade Kamarupini
Vidyarambham karishyami
Siddhir Bharata me sada.

O Sarasvati, nu ik mijn studie begin,
buig ik voor U, die de schenkster van gunsten zijt,
die een betoverende vorm heeft.
Dat ik altijd mag slagen.

Padma putra vishalakshi
Padma Kesara varnini
Nityan padmalaya Devi
Sa mam pata Sarasvati.

Wij groeten Sarasvati,
wier ogen groot zijn als de bladen van een lotus,
wier gelaatskleur saffraan is
als de meeldraden van een lotus,
en die voortdurend in de lotus verblijft.

Vele tere stemmetjes herhaalden de mantra's die Moeder regel voor regel reciteerde en die Heer Ganesha en Devi Sarasvati prezen.

Moeder: "Kinderen, nu moeten jullie je allemaal voorstellen dat je je geliefde godheid voor je ziet. Kus die goddelijke voeten en kniel voor Hem of Haar."

Moeder knielde eerst en de kinderen volgden Haar voorbeeld. Buiten wachtten nog veel meer kinderen.

De brahmachari's gingen aan de zuidkant van de kamer zitten om met de bhajans te beginnen. Moeder ging op Haar plaats aan de noordkant zitten met een bord vol ongekookte rijst. Hierin zouden de letters van het alfabet weldra tevoorschijn komen uit de vingertoppen van de wachtende kinderen. Om de beurt brachten de ouders hun kinderen naar Moeder zodat Zij hun eerste stappen in de wereld van kennis kon begeleiden. Eén voor één zette Zij ieder kind op Haar schoot en kalmeerde het met een snoepje. Iedereen in de kamer keek gefascineerd toe hoe Moeder de kleine vingertjes van de kinderen leidde en hen een paar letters in de rijst liet schrijven.

"Hari!" zei Moeder. Het kleine kind dat op Haar schoot zat, getooid in zijn nieuwe mundu (dhoti) met vergulde randen en met sandelpasta op zijn voorhoofd, keek naar Haar gezicht alsof hij zich afvroeg wat er aan de hand was. Moeder spoorde hem aan: " 'Hari!' zeg het dan 'Ha...ri!' ". Het kind antwoordde getrouw: "Hari, zeg het dan Hari!" Iedereen inclusief Moeder barstte in lachen uit.

Veel kinderen begonnen te huilen als zij bij Haar kwamen, maar Ze liet niemand van hen gaan zonder hen in de rijst te laten schrijven. Ondertussen gaven de bhajans ter ere van de Godin van Kennis de stemming in het hart van de ouders weer:

Sarasvati, Godin van alle kennis,
geef ons uw zegen!
We zijn geen geleerden,
we zijn sufferds,
gewoon marionetten in uw handen!

Moeder houdt er niet van dat Haar kinderen Haar dakshina geven (een traditionele offergave aan iemand die het gebed of een ceremonie leidt). Niettemin wilden de ouders dat hun kinderen Haar bij deze gelegenheid iets gaven. Vele arme ouders van het kustgebied hadden hun kinderen gebracht maar ze waren niet in staat om iets te geven wat te vergelijken was met wat vele anderen konden geven. Om er zeker van te zijn dat zij zich niet gekwetst voelden, besloot Moeder dat het genoeg was als iedereen slechts één roepie aanbood om de gewoonte te respecteren. Die moest voor de afbeelding van Sarasvati gelegd worden. Ze wilde niet dat een moeder verdrietig was omdat haar kinderen geen dakshina konden aanbieden die gelijk was aan andere. Het was elf uur toen alle kleine kinderen geïnitieerd waren in het alfabet.

Naderhand kwam Moeder naar de binnenplaats. De toegewijden en brahmachari's zaten daar in rijen. Moeder ging bij hen zitten en riep uit "Om." Iedereen herhaalde de oerklank en schreef hem in het zand. "Om." De les ging door: "Hari Śri Ganapataye namah!"

Ten slotte kregen alle toegewijden om de zoete smaak van het leren te vergroten prasad uit Moeders handen.

Tegen twaalf uur gingen veel bezoekers naar huis. Allen waren gelukkig nadat ze van de Moeder van alle Kennis instructies ontvangen hadden. De brahmachari's zaten hier en daar hun lessen te herhalen of Vedische mantra's te reciteren. Omdat veel toegewijden door de feestelijkheden niet in staat waren geweest zich van hun last van verdriet te ontdoen in Moeders schoot, wachtten zij met verlangen in hun ogen. De onvermoeibare Moeder verzamelde hen allemaal en ging naar de darshanhut.

Geef aan hen die gebrek lijden

Janaki, uit de stad Pandalam, sprak met Moeder. Omdat ze een gepensioneerde lerares was, kwam ze Moeder vaak opzoeken. Ze was bezorgd over het gedrag van haar oudste zoon.

Moeder: "Hoe gaat het nu met je zoon?"

Janaki: "U moet hem op het rechte spoor zetten, Amma. Ik kan het niet. Wat kan ik doen als iemand van zijn leeftijd niet voor zijn eigen leven kan zorgen?"

Moeder: "Dat gebeurt er wanneer je kinderen te veel affectie toont."

Janaki: "Hij heeft volop tijd voor zijn vrienden en buren. Als iemand met hem over zijn financiële problemen praat, is hij bereid te helpen, zelfs als hij daarvoor ons huis moet plunderen. Ik ben nu met pensioen. Het is droevig dat hij van nu af niet voor zichzelf kan zorgen. Wat heeft hij eraan om geld zo weg te geven? Morgen zal niemand van deze mensen ons zelfs maar herkennen als wij naar hen toe gaan voor hulp."

Moeder: "Wanneer we geven, moeten we weten aan wie we geven. We moeten geven waar er gebrek is en we moeten geven zonder iets terug te verlangen. Als we geven om iets terug te krijgen, is dat dan niet een vorm van zakendoen?

We moeten hen die gebrek lijden, herkennen en hen helpen. We moeten aan hen geven die geen goede gezondheid meer hebben en niet meer kunnen werken, aan hen die gehandicapt zijn, aan kinderen die door hun ouders in de steek gelaten zijn, aan hen die ziek zijn maar niet de middelen voor een behandeling hebben, aan hen die oud zijn en geen familie hebben om hen te helpen. Dat is ons dharma. En we moeten niets terug verwachten voor onze hulp. Maar we moeten ons twee keer bedenken voordat we geven aan mensen die gezond zijn en in staat zijn om te werken. Als we hun geld geven, worden ze alleen maar luier. En als veel mensen hun iets geven, zullen ze een hoop geld hebben, nietwaar? Ze zullen het verspillen aan alcohol en drugs. Als dat gebeurt, zijn wij degenen die de zonde van hun daden vermeerderen, want als wij hun het geld niet gegeven hadden, zouden ze die fouten niet gemaakt hebben.

We kunnen een deel van ons voedsel geven aan hen die honger hebben. We kunnen medicijnen aan de zieken geven. We kunnen kleren geven aan hen die bescherming tegen de kou nodig hebben. Als iemand geen vast werk kan vinden, kunnen wij ze wat werk laten doen en hun dan wat financiële hulp geven. Als wij arm worden door achteloos geld aan anderen weg te geven, kunnen we God daarvan niet de schuld geven.

Het is prima om geld te geven aan ashrams en andere instellingen die de wereld dienen. Zij zullen dat geld niet verspillen. Instellingen als ashrams besteden geld aan charitatieve projecten. Maar zelfs in dit geval moeten wij niet geven om beroemd te worden om onze vrijgevigheid. We moeten het als een gelegenheid zien om God te dienen. De verdienste van het geven van een gift zal in ieder geval naar ons komen. Wanneer we een gift doen moeten alleen wij dat weten. Is er niet een gezegde dat de linkerhand niet mag weten wat de rechterhand doet?"

Moeder veegde de tranen van de vrouw af, knuffelde haar en troostte haar met de woorden: "Hou op met piekeren, dochter. Amma is hier voor jou!"

Janaki: "Amma, laat hem alles weggeven aan wie hij ook maar wil. Daarover klaag ik niet. Maar ik heb niet de kracht om hem op een dag om wat kleingeld te zien bedelen. U moet mij daarvóór wegnemen, Amma."

Moeder: "Huil niet, dochter. Je zult dat nooit hoeven zien. Je zult nooit iets tekortkomen. Is Amma niet altijd bij je?" Moeder knuffelde haar opnieuw en gaf haar een kus.

Geen armoede voor de echte toegewijde

De vrouw ging bij Haar weg met een vredige glimlach op haar gezicht, veroorzaakt door Moeders kus. Meteen daarna lag de volgende toegewijde, een man met de naam Divakaran, in Haar schoot.

Moeder: "Wanneer ben je gekomen, zoon? Amma heeft je niet gezien toen Zij aan iedereen prasad gaf."

Divakaran: "Ik wilde vanochtend komen, Amma, maar de bus was te laat en ik ben hier nu pas aangekomen."

Moeder: "De laatste keer was er een andere zoon bij je."

Divakaran: "Ja, dat was Bhaskaran. Hij zit altijd in de problemen, Amma. Hij is de laatste zeventien jaar regelmatig naar de tempel in Sabaramila gegaan. Er zijn maar weinig tempels die hij niet bezoekt en toch achtervolgen armoede en andere problemen hem steeds onophoudelijk. Wanneer ik zijn geval zie, vraag ik me zelfs af waarom we aan God zouden moeten denken."

Moeder: "Als we volledig onze toevlucht tot God nemen, zullen ons alleen goede dingen overkomen, zowel materieel als spiritueel. Er is nergens een verslag over mahatma's die de hongerdood sterven. De hele wereld gaat voor hen op de knieën. Iemand die zijn totale toevlucht tot God neemt, zal geen armoede hoeven te lijden. De belangrijkste oorzaak van ons huidige lijden is dat we ons niet volledig aan God overgeven. Onze devotie is niet devotie op zichzelf, maar is om onze verlangens te vervullen. Maar verlangens lijden tot verdriet."

Een andere toegewijde: "Had Kuchela[19] geen sterke devotie voor de Heer? Toch moest hij armoede lijden."

Moeder: "Het is niet juist om te zeggen dat Kuchela leed door zijn armoede. Hoe kon hij de tijd vinden om enig verdriet te ervaren, als hij voortdurend in de gedachte aan God verzonken was? Zijn zuivere devotie stelde hem in staat om gelukzalig te blijven zelfs temidden van armoede. Door zijn overgave aan God verdween zelfs de armoede, wat een deel van zijn prarabdha karma was. Kuchela bezweek niet onder de druk van de armoede en ook vergat hij God niet door overmatige vreugde toen alle rijkdom naar hem toekwam.

---

[19] Een toegewijde en schoolvriend van Heer Krishna

Als we zonder verlangens onze toevlucht tot God nemen, zal Hij ons alles geven wat we nodig hebben, wanneer we het nodig hebben. Wanneer we ons aan Hem overgeven met de houding dat Hij voor alles zal zorgen dan hoeven we niets te vrezen. Er zal overal welvaart en geluk zijn. De Godin van de Welvaart zal de dienares zijn van degene die zuivere devotie heeft. Maar wat voor devotie hebben wij nu? We zeggen dat we naar de tempel gaan, maar niemand gaat daarheen alleen om de Heer te zien. Zelfs in Zijn heilige aanwezigheid praten we alleen over wereldse zaken. Waarvoor is het nodig om naar de tempel te gaan als we alleen maar over ons gezin en de buren praten? Op zijn minst wanneer we in de tempel zijn, moeten we alleen over God mediteren en al onze lasten aan Hem overgeven en ons realiseren dat Hij zich bewust is van onze problemen, zonder dat het Hem verteld wordt. We moeten niet naar de tempel gaan enkel om onze klachten te uiten, maar om Hem te aanbidden en om de herinnering aan God in ons te versterken."

In dit stadium van het gesprek begon een andere toegewijde, die tot nu toe gezwegen had, vragen te stellen.

Zet je vertrouwen om in daden

Een toegewijde: "Maar, Amma, U hebt zelf gezegd dat we ons hart moeten openen en alles aan God moeten vertellen."

Moeder: "Lucht het ons niet op als we onze problemen toevertrouwen aan hen die ons dierbaar zijn? We moeten diezelfde liefde en nabijheid tot God voelen. We moeten voelen dat Hij helemaal van ons is. We hoeven niets voor Hem te verbergen. Het is in deze zin dat Amma zegt dat we Hem alles moeten vertellen. Het is goed om de last in ons hart te verlichten door God over al ons verdriet te vertellen. We moeten in al onze moeilijkheden alleen van Hem afhankelijk zijn. De echte toegewijde vertelt nooit iemand anders over zijn problemen. God is zijn enige echte relatie.

Toch heeft het geen zin om naar God te gaan met ons hart alleen vol met verlangens en familieproblemen.

We moeten de achtergrond van onze rechtszaak uitleggen aan de advocaat. Alleen dan kan hij namens ons pleiten. Op dezelfde manier moeten we onze symptomen aan de dokter beschrijven. Pas dan kan hij ons behandelen. Maar als we God van onze problemen op de hoogte willen brengen, hoeven we helemaal niet in details te treden. Hij weet alles. Hij verblijft in ons en slaat iedere beweging gade. Het is Zijn kracht die ons in staat stelt om te zien, te horen en te handelen. Door zijn kracht mogen we Hem kennen. We kunnen de zon alleen zien door Zijn licht. Wat we daarom moeten doen is alles aan God overgeven en Hem ons voortdurend herinneren.

Onze meest hechte relatie met God zijn. Als we besluiten om Hem over ons verdriet te vertellen, moet het alleen zijn om dichter bij Hem te komen. Het zijn ons vertrouwen en onze overgave aan God of de guru die ons verdriet verwijderen. Alleen onze moeilijkheden beschrijven heeft geen enkele zin."

Een brahmachari die vlakbij zat, bracht een twijfel naar voren: "Amma, is het mogelijk om Zelfrealisatie te bereiken alleen door in God te geloven?"

Moeder: "Als je totaal geloof hebt is dat op zichzelf realisatie, maar jij hebt dat niet. Dus moet je er zeker moeite voor doen en sadhana doen. Het is niet voldoende om in de dokter te geloven, je moet de medicijnen innemen om beter te worden. Evenzo zijn zowel geloof als inspanning nodig. Als je een zaadje plant, zal het ontkiemen, maar om goed te groeien heeft het water en mest nodig. Geloof maakt ons bewust van onze ware aard, maar om dat direct te ervaren moeten we ons inspannen.

Er is een verhaal over een vader en zijn zoon. De zoon had een ziekte en de dokter schreef het extract van een bepaalde plant voor als geneesmiddel. Ze zochten overal naar de plant, maar konden hem niet vinden. Ze liepen lange tijd rond en werden erg moe en kregen dorst. Toen ze een put zagen, gingen ze erheen, en ze vonden een touw en een emmer naast de put. Er groeiden daar veel wilde planten. Toen de vader de emmer in de put liet om met water te vullen, zag hij op de bodem van de put de medicinale plant, die ze overal gezocht hadden. Hij probeerde af te dalen in de put, maar dat ging niet. Er waren geen treden en de put was erg diep.

De vader wist wat hij moest doen. Hij bond het touw rond het middel van zijn zoon en liet hem voorzichtig in de put zakken. 'Trek de planten uit wanneer je daar beneden bent,' zei hij tegen de jongen. Op dat ogenblik kwamen er toevallig wat reizigers voorbij. Ze waren verbaasd over de activiteit van de man. 'Wat voor man bent U dat U een kleine jongen aan een touw in een put stopt?' vroegen zij. De vader zei niets. De jongen bereikte de bodem van de put en plukte voorzichtig de planten. De vader trok hem langzaam omhoog en toen hij uit de put kwam, vroegen de anderen hem: 'Waar haalde je de moed vandaan om aan een stuk touw in een put af te dalen?' De zoon antwoordde zonder te aarzelen: 'Mijn vader hield het touw vast.'

De jongen had diep vertrouwen in zijn vader, maar pas toen hij het in daden omzette door in de put te gaan om het geneesmiddel te halen, kreeg hij profijt van zijn vertrouwen. Kinderen, dit is het soort geloof dat we in God moeten hebben. We moeten denken: 'God is hier om mij te beschermen, dus waarom zou ik treuren? Ik ben zelfs niet bezorgd over Zelfrealisatie.' Zo'n vertrouwen moeten we hebben. De devotie van iemand die ieder ogenblik geplaagd wordt door twijfels, is geen echte devotie. Zo'n geloof is geen echt geloof."

Geloof in God en in zichzelf

Een jongeman: "Amma, waarom moeten we afhankelijk zijn van God? Is het niet voldoende om op eigen inspanning te vertrouwen? Per slot van rekening hebben we alle kracht in ons. Zijn alle goden niet door de mens geschapen?"

Moeder: "Zoon, nu leven we met de houding van 'ik' en 'mijn.' Zolang deze houding blijft bestaan, zullen we niet in staat zijn om de kracht in ons te vinden. Wanneer er een gordijn voor het raam hangt, kunnen we de hemel niet zien. Trek het gordijn opzij en de hemel zal zichtbaar zijn. Op dezelfde manier zullen we het licht in ons kunnen zien, als we het ikbesef uit onze geest verwijderen. Dat besef kan niet verwijderd worden zonder nederigheid en toewijding.

Om een kano te bouwen, wordt hout in vuur verhit, zodat het in de juiste vorm gebogen kan worden. We kunnen zeggen dat dit het hout zijn echte vorm geeft. Evenzo onthult nederigheid onze ware vorm.

Als een draad dik of vervormd is, zal hij niet door het oog van een naald gaan. Hij moet samengedrukt worden tot een dunne draad voordat hij erdoor kan. Die overgave van de draad, stelt hem in staat om talloze stukken stof aan elkaar te naaien. Zo ook is overgave het principe dat het individuele zelf (jivatman) naar het Hoogste Zelf (Paramatman) brengt. Dit is allemaal in ons, maar om het op te laten bloeien, moeten we onophoudelijk moeite doen.

We hebben misschien talent voor muziek, maar alleen als we regelmatig oefenen, kunnen we op een manier zingen die de luisteraars vreugde schenkt. Wat we in ons hebben moet naar het niveau van ervaring gebracht worden. Het heeft geen zin om te zeggen 'Alles is in mij.' We zijn trots op onze status, positie en bekwaamheden, maar we verliezen de moed, wanneer er zich ongunstige omstandigheden voordoen. We verliezen het vertrouwen in onszelf. Voortdurende inspanning is nodig om dit te veranderen.

We denken dat alles werkt door onze kracht. Maar zonder Gods kracht zijn we slechts levenloze lichamen. We scheppen erover op dat we de hele wereld kunnen platbranden door op een knop te drukken. Maar moeten we dan niet onze vinger bewegen om op die knop te drukken? Waar halen we de kracht vandaan om dat te doen? Er zijn verkeersborden met speciale lichtgevende verf. Zij lichten op wanneer het licht van naderende voertuigen erop schijnt. Dit geeft de bestuurders informatie over de route en de wegcondities. Maar stel je een verkeersbord voor dat denkt: 'Die auto's rijden door mijn licht. Zouden ze hun weg zonder mij kunnen vinden?' Wanneer we zeggen 'mijn kracht' of 'mijn bekwaamheid' is dat iets dergelijks. Het bord licht alleen op wanneer de koplampen van de auto's erop vallen. Op dezelfde manier zijn wij alleen in staat om te bewegen en te handelen door de genade van de Almachtige en Zijn Kracht. Hij is degene die ons altijd beschermt. Als we ons aan Hem overgeven, zal Hij ons altijd leiden. Met dat geloof, zullen we nooit weifelen."

Het was al twaalf uur 's middags en Moeder had vandaag nog niets gegeten. Ze was bij Haar kinderen geweest sinds 's morgens vroeg. Dit gebeurt iedere dag.

Vele kniebuigingen voor de belichaming van
onzelfzuchtigheid,
die de hele wereld als Haar kinderen ziet
en die voortdurend iedereen
met Haar genegenheid overlaadt.

Hoofdstuk 5

Vrijdag 25 oktober 1985

De Moeder die Haar zegen uitstort

Sethuraman, die in Assam werkte, en zijn gezin kwamen naar voren en knielden voor Moeder. Nadat hij afgestudeerd was, had hij verscheidene jaren geen werk kunnen vinden. Hij was steeds wanhopiger geworden en was uiteindelijk Moeder komen opzoeken. Ze had hem een mantra gegeven en had hem gezegd om die iedere dag honderd en acht keer te herhalen en om archana te doen. Hij volgde Moeders instructies naar de letter. Drie weken later kwam zijn oom die in Assam werkte, thuis voor vakantie. Hij beloofde een baan voor zijn neef te regelen. Sethu vertrok spoedig daarop naar Assam en was nu terug thuis voor vakantie. Zijn vrouw was ook bij hem. Zij was een collega, met wie hij getrouwd was met de zegen van zijn familie en Moeder. Moeder zelf had de naamgevingsceremonie voor hun eerste dochter Saumya geleid. Moeder verwelkomde Sethu's vrouw en baby in Haar armen. Haar gezicht straalde met het geluk van een matriarch die haar jonge schoondochter in de familie verwelkomt. Sethu stond erbij en er kwamen tranen van geluk in zijn ogen op.

Moeder: "Blijven jullie niet tot morgen, kinderen?"

Sethu: "We wilden meteen vertrekken nadat we U gezien hebben, Amma, maar we hebben besloten om vannacht hier te blijven."

Moeder (tegen een brahmachari die naast Haar stond): "Geef hun jouw kamer, zoon." Tegen Sethu zei Ze: "Amma zal jullie na de bhajans zien."

De brahmachari's hadden hun plaats al ingenomen en de bhajans begonnen.
Prapanchamengum...

> *O misleidende verschijning,*
> *die het hele universum vult,*
> *o schittering, wilt U niet in mijn hart dagen*
> *en daar blijven*
> *om voor altijd Uw licht te verspreiden?*

> *Ik ga overmatig drinken van Uw moederlijke liefde.*
> *Wanneer ik dicht bij U kom*
> *en oplos in Uw goddelijke schittering,*
> *verdwijnt al mijn verdriet!*

> *Hoe lang heb ik gezworven*
> *en naar U gezocht, de kern van alles.*
> *O Moeder, wilt U niet naar mij toekomen*
> *en me de gelukzaligheid van het Zelf schenken?*
> *Wilt U niet komen?*

De sterren schenen helder. Moeder begon onder een aantal chembu-planten te graven op zoek naar eetbare knollen, maar Ze vond er geen. Bij verschillende eerdere gelegenheden had Ze eetbare knollen opgegraven. De melodieën van de devotionele muziek in de kalari zweefden door de lucht. Moeder had eerder gezongen en na afloop van een kirtan ging Ze de kalari uit en ging naar de noordkant van de ashram. Dit gebeurde van tijd tot tijd. Als Ze te veel opging in het zingen en voelde dat Ze zich niet op dit aardse niveau kon houden, probeerde Ze Haar geest naar beneden te halen door wat werk. Ze heeft vaak gezegd: "Amma kan zelfs niet één regel met totale aandacht zingen. Ze zou Haar grip verliezen! Dus wanneer Ze de ene regel zingt, probeert Ze bewust zich de volgende te herinneren. Ze vraagt zich af hoe Haar kinderen bhajans kunnen zingen zonder te huilen!"

Nadat Moeder onder veel chembu-planten gegraven had, vond Ze een handvol eetbare knollen. Ze waste ze, stopte ze in een pan met water, maakte vuur en begon ze te koken. Ze waren pas halfgaar toen Moeder een heet stuk in Haar mond stopte. Ze gaf de rest aan Haar kinderen en ging naar Haar kamer.

Moeders prasad kwam in de vorm van halfgare, ongezouten, ongekruide stukken chembu, die op kleine musseneitjes leken. Toen Haar kinderen met de prasad in hun handen naar de kalari liepen, waren ze net op tijd voor de arati na de bhajans. Wat Moeder bij een eerdere gelegenheid gezegd had, bloeide in hun geest als een bloem die 's nachts bloeit: "Mijn kinderen, weten jullie hoe veel moeite Amma moet doen om hier in jullie wereld te blijven?"

Een uur na middernacht kwam Moeder uit Haar kamer. Een brahmachari was japa aan het doen in de kalari. Toen hij Moeder onverwachts voor zich zag, knielde hij aan Haar voeten. Moeder vroeg hem om iedereen te roepen. Iedereen was klaarwakker toen hij hoorde dat Moeder riep. Ze renden naar Haar toe, maar hadden geen idee waarom Ze hen riep. Ze vroeg hen om iets mee te nemen om op te zitten en begon naar de zee te lopen.

Iedereen wist dat het meditatietijd was. Moeder nam de brahmachari's af en toe mee naar zee om te mediteren. Er was hiervoor geen vastgestelde tijd, het kon op ieder uur gebeuren. Iedereen zat rond Moeder op het strand en alles was stil, behalve het diepe 'Om...' geluid van de zee en het onophoudelijke breken van de golven tegen de kust. De lichten van de vissersboten fonkelden ver weg in de oceaan. Moeder zong drie keer 'Om.' En ze antwoordden allemaal met een weergalmend 'Om'. Ze zei: "Als iemand slaap heeft, sta dan op en herhaal je mantra. Als je nog steeds slaap hebt, ren dan een poosje over het strand en ga dan weer zitten. Dit uur, waarop de hele natuur stil is, is de beste tijd voor meditatie."

Twee uur ging erg snel voorbij. Op het einde zong Moeder weer 'Om', wat iedereen herhaalde. Ze volgden Haar instructie op en stelden zich hun gekozen godheid voor zich voor en knielden daarvoor. Moeder zong een hymne ter ere van de Goddelijke Moeder: *Śri chakram ennoru...*

Het maanlicht verlichtte de zee. De horizon was gedeeltelijk verborgen achter een dunne mistsluier. Een paar alleenstaande sterren schenen aan de hemel. Zelfs de golven leken te proberen stil te zijn. De in witte kleding gehulde zangers op het strand leken op een troep zwanen die naar beneden gekomen waren om een tijdje te rusten op de overgang van de tijd bij het aanbreken van een oud tijdperk. Moeders vorm gloeide in hun geest als de witte berg die weerspiegeld wordt op het stille water van het Manasarovar meer.

Dinsdag 29 oktober 1985

Moeder drinkt vergiftigde melk

's Middags riep Moeder alle brahmachari's naar Haar kamer. Ze zat in het midden van de kamer en er lagen veel pakjes voor Haar, ieder met een verscheidenheid aan snoepjes.

Moeder: "Kinderen, Amma wilde jullie deze dingen al enige tijd geven, maar Ze heeft er tot nu toe geen tijd voor gehad."

Ze gaf iedereen wat snoepjes. Toen Ze zag dat sommige ashrambewoners niet gekomen waren, vroeg Ze: "Waar zijn de anderen?"

Een brahmachari: "Twee mensen hebben een ooginfectie en rusten."

Moeder: "Liggen ze? Kunnen ze zelfs niet lopen?"

Brahmachari: "Ze hebben geen problemen met lopen of iets dergelijks, maar zij zijn bang dat zij U de infectie zullen geven, Amma."

Moeder: "Zij hoeven zich daarover geen zorgen te maken. Kinderen, wat voor ziekte jullie ook hebben, jullie kunnen toch naar Amma komen. Zoon, mensen met allerlei besmettelijke ziekten komen naar Haar voor darshan. Hoeveel mensen met ooginfecties, waterpokken en huidziekten zijn er naar Haar gekomen? Tot nu toe heeft Ze nooit de regelmaat van de darshan hoeven verbreken. God heeft Haar altijd beschermd. Ze gelooft dat het op dezelfde manier verder zal gaan.

Eens bracht een vrouwelijke toegewijde een glas melk. Amma dronk het helemaal op. Even later begon Ze over te geven. Ze werd erg zwak door waterverlies in Haar lichaam. Maar waar Ze aan dacht, was de menigte toegewijden die op Haar darshan wachtten. Onder hen waren erg arme mensen die als arbeiders vele dagen moesten werken. Zo moesten ze iedere dag een paar pais sparen om genoeg te hebben voor het busgeld om Amma te komen zien. Als zij weg moesten gaan zonder Haar te zien, wanneer zouden ze dan weer een kans krijgen? Amma voelde zich rot wanneer Ze aan hen dacht. Ze bad en ging toen rechtop zitten. Ze riep de toegewijden bij zich, troostte hen en gaf hun het advies dat ze nodig hadden. Tegen die tijd begon Ze opnieuw over te geven, dus sloot Ze de deur, ging op de grond zitten en gaf over. Even later trok Ze andere kleren aan en ging verder met darshan geven. Nadat Ze weer tien mensen gezien had, braakte Ze weer. Als Ze te zwak was om op te staan, stelde Ze zich voor dat Ze een kirtan zong en danste. Dat gaf Haar wat energie. Maar even later gaf Ze weer over en gaf opnieuw darshan.

Dit ging door tot de morgen. Ze was op het laatst erg zwak, maar toch hield Ze vol tot Ze de laatste toegewijde gezien had. Zodra Amma de laatste persoon darshan gegeven had, stortte

Ze in. Mensen droegen Haar naar Haar kamer. Iedereen was erg bezorgd en vreesde dat Ze zou sterven. Als Amma alleen aan Haar eigen welzijn gedacht zou hebben, dan zou dat allemaal niet nodig geweest zijn. Ze had alleen maar naar Haar kamer hoeven gaan en gaan liggen en Ze zou zich heel snel beter gevoeld hebben. Maar toen Ze dacht aan het verdriet van alle mensen die gekomen waren om Haar te zien, kon Ze dat niet doen. Ze was bereid om te sterven als dat moest.

De melk die men Amma gegeven had, bevatte vergif. Een gezin dat Amma vijandig gezind was, had de melk aan een toegewijde meegegeven om hier te brengen. De vrouw wist niet dat de melk vergiftigd was, noch was zij zich ervan bewust dat het gezin dat haar de melk gegeven had, tegen Amma was."

Enige tijd later deelde Moeder aan iedereen snoepjes uit en ging toen naar beneden. Ze ging bij het waterbassin aan de zuidkant van de meditatiekamer zitten. Er groeide op die plaats wat suikerriet aan de oever van de backwaters. Eén van de rietplanten was gebroken. Een brahmachari sneed hem af en bracht hem naar Moeder. Ze sneed het in kleine stukjes en gaf het aan de brahmachari's. Omdat het suikerriet bij zout water groeide, was het niet alleen zoet, maar had ook een licht zoute smaak. Moeder kauwde ook op een paar stukjes.

Toen Ze de resten uitspuugde, zei Ze: "Kinderen, wanneer jullie de geschriften bestuderen, moeten jullie je dit overblijfsel herinneren. We spugen de resten uit nadat we van het sap van het suikerriet genoten hebben. Op dezelfde manier moeten we de essentie van de geschriften in ons opnemen en de rest weggooien. Maar het zou dwaas zijn om ons aan de geschriften vast te klampen tot de dag dat we sterven. We moeten hetzelfde doen met de woorden van mahatma's. We moeten alleen accepteren wat we kunnen opnemen en in ons eigen leven gebruiken. Al hun instructies zijn niet even geschikt voor iedereen. Zij houden rekening met de speciale omstandigheden en het niveau van begrip van degene die zij adviseren."

Moeder liep naar de kalari. De toegewijden die stonden te wachten, stormden naar Haar toe. Ze bracht hen allemaal de kalari in en ging zitten.

Moeders echte vorm

Een vrouwelijke toegewijde knielde voor Moeder en begon heftig te snikken toen ze in Haar schoot lag. Haar verdriet werd veroorzaakt door de beschimpingen van enkele mensen op de veerboot die haar overzette. Moeder veegde haar tranen af en troostte haar. Toen zei Ze tegen de toegewijden: "Als je in de stam van een boom knijpt, zal hij dat niet voelen. Maar als je in een tere, nieuwe bloemknop knijpt, zal het de pijn voelen. Amma kan alles verdragen wat iemand over Haar zegt. Maar als iemand de toegewijden op een of andere manier pijn doet, als ze vreselijke dingen over Haar kinderen zeggen, kan Ze het niet verdragen. Ook al zijn allen één en dezelfde Atman, Amma kan niet op een afstand blijven staan, wanneer Ze het lijden van Haar kinderen ziet. Krishna week niet terug, toen Bhishma honderd pijlen op Hem afschoot. Maar toen er pijlen op Arjuna afkwamen, toen Zijn toegewijde in gevaar was, rende Krishna toen niet op Bhishma af, waarbij Hij Zijn chakra gebruikte? Voor de Heer is het beschermen van de toegewijden belangrijker dan zich aan een gelofte houden. Dat heeft Hij ons laten zien."

Een toegewijde: "Amma, is het niet mogelijk om van hen die God belasteren en het spirituele pad hekelen, af te komen?"

Moeder: "Zoon, als wij die houding hebben, zijn wij schadelijker dan zij. Een spiritueel iemand moet er nooit over denken anderen schade te berokkenen. Zijn gebed tot God moet zijn om die mensen goedaardig te maken en om hen tot betere mensen te maken. Het doel van devotie en gebed is om liefde voor iedereen te ontwikkelen. Voel je niet rot als er iemand kwaad over je spreekt. Je moet denken dat ook dit voor je bestwil is. Is er een wereld zonder tegenstellingen? Komt het niet door de duisternis dat we weten hoe geweldig het licht is?"

Toegewijde: "Wat boffen wij dat we naar U gekomen zijn, Amma! Wanneer we bij U zijn, is er alleen gelukzaligheid!"

Moeder (lachend): "Wees daar niet zo zeker van, kinderen! Jullie zijn nu allemaal ziek. Jullie hebben allemaal geïnfecteerde wonden. Amma zal in die wonden knijpen om de pus eruit te krijgen. Ze zal jullie kleine fouten groot laten lijken. Dan zal dat een beetje pijn doen.

Amma vertelt Haar kinderen 'Amma houdt meer van de Heer van de dood dan van Heer Shiva.' Is het niet door hun angst voor de dood dat de mensen om Shiva roepen? Wie zou er anders zijn toevlucht nemen tot Shiva? Uit vrees voor Amma zullen jullie in ieder geval God roepen."

Moeder lachte: "Vroeger zongen de brahmachari's altijd: *'Amme, snehamayi!...'* (Moeder vol liefde). Nu zingen ze: *'Amme, kruramayi!...'* (Moeder vol wreedheid)."

Moeder lachte en zong: *'Amma, kruramayi!...'* langzaam op de wijs. Iedereen lag dubbel van het lachen.

Moeder ging verder: "Soms zegt Amma dat Haar kinderen ongelijk hebben, hoewel ze gelijk hebben. Waarom? Omdat zij shraddha moeten hebben. Dan zullen ze bij iedere stap opletten. Als Amma hen zou trappen of slaan, zou dat geen effect hebben. Ze zouden gewoon glimlachend blijven staan. Ze zeggen vaak: 'We mogen het graag als Amma ons een beetje op onze kop geeft. In ieder geval kunnen we naar Amma staan kijken als Ze dat doet. Het is zelfs beter als Ze ons een paar keer een pak slag geeft.' Hoeveel Amma hen ook op hun donder geeft, ze weten dat Zij het volgende ogenblik weer naar hen moet glimlachen. Dus het enige wat nu werkt is als Amma een hongerstaking begint. Ze kunnen het niet verdragen als Amma niet eet."

Niemand sprak enige tijd. Ze verbaasden zich allemaal over de hoeveelheid aandacht en affectie die Moeder Haar kinderen gaf, wat zeldzaam is zelfs voor de moeders die hen het leven geschonken hebben.

Overgave aan God

Een vrouwelijke toegewijde stelde een vraag: "Amma, U zegt dat we God in alles moeten zien, maar hoe is dat mogelijk?"

Moeder: "Kinderen, jullie moeten van alle vasana's af, die in jullie zijn. God moet jullie enige toevlucht worden. Jullie moeten de gewoonte ontwikkelen om je God te herinneren, wat je ook doet. Dan zul je langzaam eenheid in al deze verscheidenheid beginnen te zien."

Er kwam een meisje naar voren en zij omarmde Moeder. Ze legde haar hoofd op Moeders schouder en begon te snikken. Ze was de dochter van een vrachtwagenchauffeur en haar vader was gewoonlijk niet thuis. Haar stiefmoeder duwde haar in de richting van een onzedelijk leven. Ze had de middelbare school afgemaakt, maar niemand wilde dat ze naar de universiteit ging.

Meisje: "Amma, ik heb niemand! Ik blijf hier en doe wat werk."

Moeders ogen waren vol mededogen. Ze zei: "Dochter, God is altijd aanwezig om voor ons te zorgen. Hij is de zetel van mededogen. Hij is onze echte vader en moeder. De mensen die wij onze ouders noemen, hebben ons alleen opgevoed. Als zij onze echte ouders waren, zouden ze ons dan niet tegen de dood beschermen? Maar ze zijn daartoe niet in staat. Wij bestonden voordat we hun kinderen werden. God is onze echte vader en moeder en beschermer."

Moeder troostte het meisje en gaf haar vertrouwen: "Ga naar huis, dochter, en vertel je vader ferm dat je naar de universiteit wilt gaan. Hij zal ermee instemmen. Het is Amma die je dit vertelt. Maak je geen zorgen, dochter, maak je geen zorgen!"

Een vrouwelijke toegewijde: "Ik wil U iedere dag komen zien, Amma, maar ik ben alleen thuis. Hoe kan ik hier komen en het huis onbeheerd achterlaten? Vandaag heb ik het huis op slot gedaan en voor ik vertrok, heb ik de sleutel aan mijn buurman toevertrouwd."

Moeder: "Het is goed om iemand te vragen om je huis in de gaten te houden, als je hier komt. We moeten zeker aandacht schenken aan uiterlijke dingen. Maar vinden er niettemin geen diefstallen plaats zelfs wanneer we de veiligste sloten gebruiken en bewakers in dienst nemen om op ons huis te passen? Hoe kunnen we dat verklaren? In werkelijkheid zijn zij niet onze bewakers. Onze echte bewaker is God. Als we alles aan Zijn zorg overlaten, zal Hij wakker blijven en het altijd beschermen. Andere bewakers kunnen in slaap vallen en dan zullen dieven de kans niet voorbij laten gaan om onze bezittingen te stelen. Maar met God als onze bewaker hebben we niets te vrezen!

Stel je voor dat we in een boot stappen. We dragen een zware zak en we blijven hem vasthouden in plaats van hem neer te zetten. De bootsman, die onze inspanning ziet, zegt: 'Je bent nu in de boot. Zet je je zak niet neer?' We zijn niet bereid om de zak neer te zetten. In plaats daarvan huilen en klagen we dat de zak te zwaar is. Is dat echt nodig? Op dezelfde manier: waarom dragen wij al deze lasten? Plaats alles aan Gods voeten! Hij zal voor al onze lasten zorgen."

Geen tijd voor sadhana

Ondertussen benaderde Soman, een leraar, Moeder met een vraag: "Amma, na schooltijd zijn er thuis honderd dingen te doen. Waar kan ik de tijd voor japa vinden?"

Moeder: "Zoon, je zult tijd vinden als je het echt wil. Je moet de overtuiging hebben dat er niets fantastischer is dan aan God te denken. Dan zul je zelfs tijd vinden temidden van al je werk. Eens ging een rijke man naar zijn guru en klaagde: 'Meester, mijn geest heeft geen vrede. Ik ben altijd bezorgd. Wat kan ik doen?' De guru zei: 'Ik zal je een mantra geven. Herhaal die regelmatig.' De rijke man antwoordde: 'Maar ik heb de hele dag zoveel verantwoordelijkheden. Waar vind ik tijd om de mantra te herhalen?'

De guru vroeg: 'Waar neem je je bad?' 'In de rivier.' 'Hoe lang duurt het om daar te komen?' 'Drie minuten.' De guru zei: 'Dan kun je de mantra herhalen vanaf het moment dat je je huis verlaat totdat je de rivier bereikt. Probeer dat.'

Na een paar maanden kwam de man in een erg enthousiaste stemming terug om de guru te zien. Hij knielde voor hem en zei: 'Mijn onrust is verdwenen. Mijn geest is rustig. Ik herhaal regelmatig de mantra die u mij gegeven heeft. Nu is het mij onmogelijk om hem niet te denken! Eerst begon ik hem te herhalen op weg naar de rivier. Toen beoefende ik het herhalen op de terugweg en ook tijdens het baden. Toen begon ik hem te denken op weg naar mijn werk. Toen begon ik hem op kantoor te herhalen steeds wanneer de gedachte aan de mantra in mij opkwam. Ik herhaal hem wanneer ik naar bed ga. Ik val in slaap terwijl ik de mantra denk. Nu is het mijn wens om iedere dag steeds meer de mantra te herhalen. Ik ben ongelukkig wanneer ik hem niet denk.'"

Moeder ging verder: "Door constante oefening werd het zijn gewoonte om de mantra te herhalen. Je moet beginnen met vroeg op te staan. Zodra je opstaat mediteer je tien minuten. Na je bad mediteer je weer een half uur. In het begin is het voldoende om kort te mediteren. Daarna kun je je huishoudelijk werk doen. Voordat je naar school gaat, mediteer je weer een half uur. Alle tijd die na de meditatie over is, moet je voor japa gebruiken. Je kunt japa doen onder het lopen of zitten, tijdens alles wat je doet. Mijn zoon, Amma suggereert een dergelijke discipline omdat je van een spiritueel leven houdt. Beginners hoeven slechts een half uur of een uur te mediteren. De rest van de tijd kan gebruikt worden voor japa en om kirtans te zingen."

Soman: "Amma, hoe kan ik mijn geest bij God houden? Ik ben nu een jaar getrouwd. Ik moet het geld nog terugbetalen dat ik geleend heb om ons huis te bouwen. Mijn vrouw voelt zich niet goed. Wanneer ik al deze problemen aan mijn hoofd heb, hoe kan ik dan japa en meditatie doen?"

Moeder: "Dat is waar. Maar wat heeft het voor zin om te piekeren, zoon? Zal piekeren je helpen om het geld te krijgen om de lening terug te betalen? Wees dus bezig met je werk. Verspil geen tijd. Probeer je mantra de hele tijd te herhalen. Zelfs als je hem soms vergeet, ga dan verder met herhalen zodra je je hem herinnert.

Als je een boom water geeft bij de wortels, gaat het naar alle takken en bladeren. Als je water boven op de boom giet, heeft het geen nut. Je schiet niets op met piekeren. Geef je geest gewoon aan God. Zoek je toevlucht bij Hem en je zult niets tekortkomen in het leven. Je zult krijgen wat je nodig hebt. Je problemen zullen op een of andere manier opgelost worden en je zult rust vinden. Zij die tot God bidden en oprecht over Hem mediteren, zullen geen gebrek ervaren van iets dat essentieel is. Dat is Gods besluit. Het is Amma's eigen ervaring. Als je niets anders kunt doen, doe dan iedere dag de Lalita Sahasranama met liefde en devotie. Dan zul je niets tekortkomen. Mijn lieve kinderen, hoe jullie er ook voor mogen staan, jullie zullen geen gemoedsrust vinden zonder sadhana te doen. Hoe rijk jullie ook zijn, als je vredig wilt slapen, moeten jullie je toevlucht tot God nemen. Zelfs als je vergeet te eten, vergeet dan niet om aan Hem te denken."

Volledige overgave aan God is de essentie van Moeders onderricht. Wat onze lasten ook mogen zijn, als we die aan Hem overgeven, zal hun gewicht ons niet verpletteren. In het licht van Haar eigen ervaring verzekert Moeder ons dat God op iedere manier voor ons zal zorgen. Haar antwoord op iedere vraag van wereldse aard brengt ons omhoog naar het niveau van devotie en spiritualiteit. Wanneer Haar gelukzalige aanwezigheid gecombineerd wordt met de zoetheid van Haar liefdevolle woorden, wordt het een onvergetelijke ervaring.

Toen Moeder van Haar zitplaats opstond, knielden alle toegewijden voor Haar en stonden op.

Zaterdag 2 november 1985

Moeder in Ernakulam

Moeder en Haar groep verbleven in het huis van Haar toegewijde Gangadharan Vaidyar bij Ernakulam. De volgende morgen vertrokken ze naar het huis van een andere toegewijde in Elūr. Onderweg bezochten ze nog drie huizen.

Er hadden zich veel mensen verzameld in het huis in Elūr om Moeder te zien. Een aantal van hen kwamen voor de eerste keer. Er waren ouders met zwakzinnige kinderen, mensen die op de een of andere manier verminkt waren, mensen die jarenlang naar werk gezocht hadden, spirituele zoekers die instructie in de methode van sadhana nodig hadden, en zij die een leven van sannyasa bij Moeder in de ashram wilden leiden.

Een toegewijde kwam naar voren met zijn zoon, die ongeveer twaalf jaar oud leek te zijn. Hij knielde voor Moeder, trok zijn zoon dicht naar Haar toe en zei: "Amma, deze jongen is erg ondeugend. Hij gaat naar de beste school, maar hij toont zijn bekwaamheden alleen in kattenkwaad uithalen en niet in studeren. Hij is pas een kind en toch gaat hij een meisje in zijn klas vragen om met hem te trouwen. Bovendien heeft hij de jongen die dit aan de leraar verteld heeft, een pak slaag gegeven. Amma, zegen hem alstublieft en zet hem op het rechte spoor."

Moeder knuffelde de jongen: "Wat is dit, mijn zoon? Vertelt je vader de waarheid?" Ze hield Haar vinger voor Haar neus. (In India betekent dit schaam je.) De jongen schaamde zich erg en wilde aan Moeders grip ontsnappen. Moeder liet hem niet gaan. Ze liet hem op Haar schoot zitten, gaf hem een appel en een kus op zijn wangen. Ze kon niet lang met zijn vader praten, omdat Ze slechts kort in dat huis verbleef. Ze gaf hem toestemming om Haar later te komen opzoeken. Hij knielde weer en vertrok.

Moeder was al laat toen Ze naar de nabijgelegen Krishnatempel ging, waar Ze de bhajans zou leiden. Niettemin stond Ze niet op voordat Ze aan iedereen darshan gegeven had.

Na de bhajans moest Moeder nog naar het huis van een paar toegewijden gaan. Het was erg laat toen Ze terugkwam bij Vaidyar's huis in Ernakulam. Hoewel Ze van plan was om naar de ashram terug te keren, gaf Ze toe aan de vasthoudendheid van de toegewijden en besloot de nacht te blijven.

De toegewijde die eerder op de dag zijn zoon naar Haar toe gebracht had, wachtte daar om Haar opnieuw te spreken, maar hij verloor de hoop om Moeder die nacht te zien, omdat het erg laat was. Plotseling zag hij dat een brahmachari te kennen gaf dat Moeder hem riep, dus ging hij naar Haar toe en knielde voor Haar.

Toegewijde: "Ik had helemaal niet meer verwacht Amma vannacht nog te zien."

Moeder: "Amma was van plan om vannacht te vertrekken, maar besloot te blijven omdat alle kinderen hier erop aandrongen. Enkele kinderen wachten op Haar in Haripad. We zullen hen morgen zien op de terugreis. Toen Amma hier kwam, voelde Ze dat je ongelukkig was. Zoon, je hoeft je geen zorgen te maken over je jongen. Al zijn kattenkwaad zal verdwijnen als hij ouder wordt."

Toegewijde: "Amma, maar de kinderen doen vandaag de dag dingen waaraan ik zelfs niet durfde te denken toen ik jong was. Ik kan de reden hiervan niet begrijpen, hoeveel ik er ook over nadenk."

Laat dharma op jonge leeftijd beginnen

Moeder : "Zoon, in vroeger tijden groeiden kinderen op in guru-kula's onder het directe toezicht van een guru. Zij woonden bij de guru. En hun werd geleerd hoe de guru te respecteren, hoe zich tegenover hun ouders te gedragen en hoe in deze wereld te leven. Hun werd geleerd wat de essentie van God was. Niet alleen werden hun deze dingen geleerd, maar zij moesten dit ook opvolgen. Dienstbaarheid aan de guru, tapas en studie van de geschriften vormden de grondslag van hun opvoeding. Daardoor creëerde dat tijdperk mensen als Harischandra.

Wat voor iemand was koning Harischandra? Hij liet zien dat zijn woord voor hem belangrijker was dan zijn rijkdom, zijn vrouw en zijn kind. Dat is het ideaal dat de mensen van vroeger voor ons hebben gesteld. Het was het resultaat van de opvoeding die zij kregen. Als de kinderen na hun opvoeding terugkeerden van de gurukula en grihasthashrama begonnen, vertrouwden de ouders hun alle verantwoordelijkheden van het huishouden toe en begonnen zij het stadium van vanaprastha (afgezonderd leven in het bos). Zelfs een koning droeg slechts één doek en ging naar het bos om tapas te doen. Hij behield niet één van de

attributen van zijn koningschap. Zij leefden met het doel van
sannyasa voor ogen. In die dagen hadden de meeste mensen het
verlangen om alles op de een of andere manier op te geven en
een leven van sannyasa te beginnen. Door deze cultuur werden
de kinderen geworteld in dharma en kregen ze volop moed als
zij opgroeiden. Zij konden verdergaan zonder te wankelen onder
alle leefomstandigheden."
    Toegewijde: "Amma, maar nu is het juist het tegenover-
gestelde. Van dag tot dag vervalt onze cultuur."
    Moeder: "Hoe kunnen goede eigenschappen zich tegen-
woordig in kinderen ontwikkelen? Heel weinig mensen in de
wereld volgen de beginselen die bij hun levensstadium horen. Hoe
kunnen ze dan goede eigenschappen in hun kinderen inprenten?
In de dagen van weleer leidden de mensen met een gezin het leven
van echte grihasthashrami's. Ze vonden de tijd om tapas te doen
zelfs temidden van al hun werk. Ze dachten niet dat het leven
enkel om te eten en te drinken was. Zij aten om te leven. Ze gaven
hun kinderen goed advies en ze stelden een voorbeeld door te
leven in overeenstemming met het advies dat zij gaven. Maar wie
doet dat nu? Waar zijn er gurukula's? Zelfs in kinderdagverblijven
schreeuwen de kinderen politieke slogans. Er is politiek en zelfs
stakingen op scholen. Men ziet zelfs in kinderen de bereidheid
om leden van tegenpartijen te vernietigen. Zij worden zo op een
erg destructieve manier opgevoed.
    De zoon die zijn oude en zieke vader hoort te verzorgen en
troosten, eist in plaats daarvan zijn aandeel in het bezit op. Wanneer het huis en de grond verdeeld worden, staan op het deel van
zijn broer toevallig een paar kokospalmen meer en dus trekt hij
een mes om zijn vader neer te steken. De zoon is bereid om zijn
vader te doden voor een beetje rijkdom!
    Maar wat lieten Śri Rama en anderen ons zien? Om het woord
van zijn vader te respecteren was Rama bereid om het koninkrijk

op te geven. En ook week Dasaratha, zijn vader, niet van zijn woord. Hij hield zich aan de belofte die hij zijn vrouw Kaikeyi gedaan had. Hij had die belofte gedaan in ruil voor een groot offer dat zijn vrouw gebracht had. Wat op dat ogenblik indruk op Dasaratha gemaakt had was niet haar schoonheid of haar blijken van liefde, maar haar onbaatzuchtigheid op het slagveld, waar ze haar leven riskeerde om hem te redden. Hij kwam later niet met een egoïstisch doel op zijn belofte terug. En Rama accepteerde onvoorwaardelijk het woord van zijn vader.

En Sita? Maakte ze een hoop ophef toen Rama besloot om naar het bos te gaan? Ze zei niet tegen hem: 'Je moet niet naar het bos gaan. Je bent de rechtmatige erfgenaam van het koninkrijk. Je moet dat hoe dan ook innemen.' Toen haar man naar het bos ging, volgde zij hem stil. Zijn broer Lakshman vergezelde hen ook. En wat liet Bharata ons daarnaast zien? Hij zei niet: 'Ze zijn nu allemaal weg. Nu kan ik het koninkrijk regeren.' In plaats daarvan ging hij op zoek naar zijn broer. Hij kreeg Rama's sandalen, bracht die terug en zette ze op de troon om aan te geven dat hij het land alleen regeerde namens Rama. Zo ging het in vroeger dagen. Dat is het model dat we in ons leven moeten nastreven. Maar wie besteedt er nu aandacht aan die waarden of probeert ze in praktijk te brengen?

De ouden leerden ons de ware principes, maar wij besteden er geen aandacht aan. Nu zien we het resultaat van dat verzuim. Wat voor cultuur krijgen de kinderen vandaag de dag? Je ziet overal alleen tv en films. Ze gaan uitsluitend over liefdesavonturen, seks, huwelijk en geweld. Tijdschriften en boeken gaan meestal over wereldse zaken. Kinderen zien en lezen deze dingen. Dit is de cultuur die onze jongeren vandaag in zich opnemen. Dit helpt alleen maar om mensen als Kamsa te creëren. We zullen in de toekomst zelden mensen als Harischandra zien.

Als we dit willen veranderen, moeten we speciale aandacht aan onze kinderen schenken. We moeten voorzichtig zijn met wat wij hen te lezen geven. We moeten hun alleen dingen geven die hen helpen bij hun studie of die spirituele zaken uitleggen. Sterker nog, we moeten zelfs druk op hen uitoefenen om zulke dingen te lezen. Die cultuur, die gebaseerd is op spirituele principes, zal hen bijblijven wanneer ze opgroeien. Zelfs wanneer ze iets verkeerd doen, zullen ze dat diep in zich weten en ze zullen spijt hebben over wat ze gedaan hebben. Dit zal hen veranderen.

Veel kinderen kijken naar de tv en naar films en dromen over een huwelijksleven zoals dat afgeschilderd wordt in de films. Hoeveel mensen kunnen de gelukkige, luxueuze levens van die verhalen leiden? Wanneer ze volwassen worden en trouwen en ontdekken dat ze dat niet kunnen hebben, zijn ze teleurgesteld en dit schept afstand tussen man en vrouw. Eens kwam een jonge vrouw Amma opzoeken. Ze was getrouwd toen ze jong was en was reeds gescheiden. Toen Amma naar de reden vroeg, vertelde ze het verhaal. Ze had een film gezien over een rijk echtpaar met een groot huis, een auto en dure kleren. In de film reden ze 's avonds naar het strand en er was nooit een moment dat niet vol geluk was. Toen ze die film gezien had, begon het meisje over dit alles te dromen.

Spoedig was ze getrouwd, maar haar man had slechts een laagbetaalde baan. Er was niet genoeg geld en hij kon zich het soort leven dat zijn vrouw wenste, niet veroorloven. Zij wilde een auto, steeds meer sari's, dagelijkse uitstapjes naar de bioscoop, enzovoorts. Ze was altijd teleurgesteld. Wat kon de arme echtgenoot doen? Uiteindelijk begonnen ze ruzie te maken en ze sloegen er zelfs op los. Ze waren allebei ongelukkig. Dus werd het huwelijk ontbonden en dat bracht hun meer wanhoop dan ooit tevoren. Ze betreurden alles wat er gebeurd was. Wat konden ze doen?

Denk aan de dagen van weleer. In die tijd waren man en vrouw bereid om voor elkaar te sterven. Ze hielden werkelijk van elkaar. Hoewel gescheiden naar lichaam hadden, waren ze in hun hart één. Kinderen, liefde en onbaatzuchtigheid zijn de vleugels van het huwelijksleven. Ze helpen je om een hoge vlucht te nemen in de hemel van vreugde en tevredenheid."

Moeder kijkt zelfs zorgvuldig naar die dingen die anderen misschien niet belangrijk vinden. Ze veronachtzaamt Haar eigen comfort en gemak en geeft Haar kinderen alle mogelijke aandacht, waarbij Ze oplossingen suggereert voor hun problemen.

De toegewijde die aandachtig naar Moeders woorden geluisterd had, zei: "Wanneer ik thuiskom, wil ik alles wat U gezegd hebt, in praktijk brengen. Geef me Uw zegen, Amma!"

Moeder: "Zoon, geen enkel woord of activiteit dat met shraddha ondernomen wordt, kan ooit een verspilling zijn. Indien je het profijt niet vandaag krijgt, dan krijg je het morgen.

Amma zaait de zaadjes en gaat verder. Sommige ontkiemen morgen, andere overmorgen. Sommige zaden ontkiemen pas jaren later. Zelfs als er niemand is die het hoort, dan houdt Moeder Natuur toch een verslag bij van ieder oprecht gebed van ons. Doe de poging, kinderen, Amma is bij jullie!"

Zondag 3 november 1985

Zwakzinnige kinderen, wiens karma veroorzaakt hun handicap?

Moeder en de brahmachari's vertrokken van Gangadharan Vaidyar's huis om half zeven 's morgens. Onderweg begonnen de brahmachari's te praten over de zwakzinnige kinderen die de vorige dag naar Moeder gekomen waren.

"De toestand van die kinderen is betreurenswaardig. Hun lichaam groeit, maar hun geest ontwikkelt zich helemaal niet. Wat een leven!"
"De situatie van hun ouders is nog droeviger. Hebben zij enige vrijheid in het leven? Kunnen zij bij de kinderen weggaan en ergens heen gaan zonder zich zorgen te maken?"
"Wiens prarabdha is dit, van het kind of van de ouders?"
Ten slotte besloten zij om het Moeder te vragen. Zij had oplettend naar het gesprek geluisterd.
Moeder: "Die kinderen leven min of meer als in een droom. Zij zijn zich niet bewust van het lijden dat wij in hen zien. Als zij zich daarvan bewust zouden zijn, zouden ze met zichzelf te doen hebben en denken: 'Och hemel, waarom ben ik in deze wereld onder deze omstandigheden?' Zij hebben dat bewustzijn niet. Het is hun familie die lijdt. Zij zijn degenen die de moeilijkheden ondergaan. Dus moeten we denken dat het voornamelijk het prarabdha van de ouders is."
Brahmachari: "Arme ouders! Waar kunnen ze in dit leven naar uitzien? Wat kunnen we voor hen doen?"

Advies aan de brahmachari's

Moeder: "Kinderen, dit mededogen dat jullie voor hen voelen, zal hun op zich al vrede geven. En het zal jullie hart ook verruimen. We moeten meevoelen met hen die lijden. Hoe dieper de put is, des te meer water kan hij bevatten. Alleen mededogen zal de bron van de Paramatman laten stromen. Dat Hoogste Principe ontwaakt in ons door ons mededogen.
Zelfs wanneer zij zitten te mediteren, denken sommige mensen eraan hoe zij wraak kunnen nemen voor iets. Kinderen, jullie kunnen geen huis bouwen door alleen bakstenen op te stapelen. Je hebt cement nodig om de stenen bij elkaar te houden. Die cement is de liefde. Je kunt een vat dat niet schoon is, niet verzilveren.

Het moet eerst schoongepoetst worden. Op dezelfde manier kan devotie alleen wortel schieten in de geest wanneer die zuiver is. Dan kunnen we van de aanwezigheid van God genieten. Denk aan Kuchela. Zijn kinderen leden honger en hij ging om voedsel bedelen. Toen hij terugging, hield iemand anders zijn hand op en huilde dat zijn gezin van honger omkwam. Kuchela gaf hem het voedsel dat hij ontvangen had.

Kennen jullie het verhaal van de wijze Durvasas en Koning Ambarisha? De wijze ging naar Ambarisha om te proberen de gelofte die de koning gedaan had, te breken. Als hij dat kon doen, zou hij de koning vervloeken. Maar Ambarisha was een oprechte toegewijde. Hoewel Durvasas zeer kwaad op hem werd, behield Ambarisha de houding van een dienaar tegenover de wijze, zonder op enige manier op zijn woede te reageren. Hij was zich bewust van zijn macht, maar hij sprak de heilige op geen enkele manier tegen. Met samengevouwen handen bad hij tot Durvasas: 'Vergeef mij alstublieft als ik een fout gemaakt heb. Ik probeerde alleen om mij aan mijn gelofte te houden. Vergeef mij mijn onwetendheid.' Maar Durvasas vergaf hem niet. In plaats daarvan besloot hij om hem te doden, maar voordat dat kon gebeuren, kwam de sudarshana chakra van Heer Vishnu Ambarisha te hulp.

Heftig geschrokken van de sudarshana (goddelijk wapen) rende Durvasas naar de goden voor hulp. Toen de wijze vertrokken was, dacht Ambarisha van zijn kant niet: 'Fijn, die is weg. Nu kan ik op mijn gemak iets eten.' Omdat Durvasas geen hulp van de deva's kon krijgen, had hij alleen de keus om bij Ambarisha zelf zijn toevlucht te zoeken. Zelfs toen de wijze om zijn vergeving kwam smeken, wilde de koning zijn voeten wassen en dat water opdrinken. God is helemaal met zulke mensen. Hij zal degenen die zo nederig zijn, te hulp komen. Mensen die denken: 'Ik wil gelukkig zijn, ik wil rijk zijn, ik wil bevrijding!' zullen God niet aan hun zijde vinden."

Moeder hield op met praten en zat stil naar buiten te kijken door het kleine raam aan de rechterkant van de bus. Ze reden langs bomen en huizen. Een vrachtwagen passeerde en toeterde luid. Alle ogen waren op Moeder gericht. Een brahmachari verbrak de stilte en riep: "Amma!"

"Ja, wat wil je?" vroeg Moeder op een afstandelijke manier.

De brahmachari begon zachter te praten en zei: "Het spijt me dat ik Amma onlangs kwaad gemaakt heb."

Moeder: "Dat is allemaal verleden tijd. Waarom pieker je daar nu over? Amma vergat het meteen. Was het niet uit liefde voor jou dat Amma toen zo streng tegen je sprak, mijn zoon?"

Tranen begonnen over zijn wangen te stromen. Moeder veegde ze af met het uiteinde van Haar sari en zei: "Maak je geen zorgen, mijn lieveling."

Een paar dagen geleden had Moeder hem gevraagd om de veranda van de kalari schoon te maken voor het vertrek uit de ashram, maar in zijn haast om met Haar te reizen had hij dat vergeten. Moeder merkte de veranda op toen Ze zich klaarmaakte om te vertrekken. Hij was nog steeds vuil. Dus riep Ze de brahmachari en gaf hem ernstig op zijn kop. Toen begon Zij de plaats zelf schoon te maken. Anderen die dit zagen kwamen Haar helpen, terwijl de brahmachari daar stond met een hangend hoofd van schaamte. Moeder had de ashram pas verlaten nadat Ze de hele plek schoongemaakt had.

Moeder ging verder: "Wanneer Amma iets streng tegen jullie zegt, kinderen, is dat niet omdat Ze echt kwaad is. Het is alleen om jullie niet egoïstisch te laten worden. Amma zou al het huishoudelijke werk graag zelf doen. Ze zou dat graag willen doen zolang Ze gezond is, maar Haar geest is vaak voorbij dit niveau, dus is Ze geneigd om het te vergeten. Alleen hierom vraagt Ze jullie om aandacht aan bepaalde dingen te schenken. Amma zou graag Haar eigen kleren willen wassen. Zelfs nu probeert Ze dat, maar Gayatri laat dat niet toe. Amma wil niet graag iemand narigheid bezorgen.

Amma houdt ervan om anderen te dienen, niet om gediend te worden. Ze heeft geen enkele dienst nodig. Maar niettemin moet Ze dat soms accepteren om mensen gelukkig te maken. Zelfs dan denkt Amma alleen maar aan wat goed is voor jullie.

Kinderen, jullie zijn meer bevoorrecht dan de meeste mensen. Jullie hoeven je om niets zorgen te maken. Amma is hier om voor al jullie problemen te zorgen. Ze is hier om naar jullie verdriet te luisteren en jullie te troosten. Er is een gezegde dat men alleen de wereld in moet gaan na realisatie bereikt te hebben, maar dit is niet van toepassing op degenen die een satguru gevonden hebben. Een leerling die door een satguru uitgezonden wordt, heeft niets te vrezen. De guru is er om hem te beschermen."

Een brahmachari die naar dit alles luisterde, vroeg: "Amma, U heeft vaak gezegd dat iemand het Zelf in slechts drie jaar kan ervaren. Wat voor sadhana schrijft U daarvoor voor?"

Geschikt zijn voor realisatie

Moeder: "Iemand die een intens verlangen heeft, heeft geen drie jaar nodig. Hij heeft niet eens de tijd nodig die het kost om een lotusblad met een naald door te prikken. Maar zijn verlangen moet ongelofelijk intens zijn. Met iedere adem moet hij naar God uitroepen: 'Waar bent U?' Hij moet een staat bereiken waarin hij niet langer kan leven zonder God te bereiken.

Sommige mensen winnen er niets bij zelfs als ze vijftig of zestig jaar tapas gedaan hebben. Als je doet wat Amma zegt, kun je zeker in drie jaar je doel bereiken. Maar je hebt shraddha nodig. Je hebt echte lakshya bodha en echte toewijding nodig. Amma spreekt over mensen die dat hebben. Als je een gewone bus neemt, kun je er niet zeker van zijn wanneer die zijn bestemming bereikt, omdat hij op veel plaatsen stopt. Maar als je een snelbus neemt, kun je zeggen wanneer die zijn bestemming bereikt, omdat hij niet overal onderweg stopt. We kunnen niet zeker zijn over degenen wier onthechting slechts twee dagen duurt.

Zoon, wanneer de gedachte dat je geboren bent, sterft, dat is Zelfrealisatie. Wanneer je je bewust bent dat je Zuiver Bestaan bent zonder geboorte, groei en dood, dat is realisatie. Het is niet iets dat je ergens anders vandaan krijgt. Je moet je geest onder controle krijgen. Dat is wat nodig is.

Weet je hoe Amma's leven was? Ze liet zelfs Haar voetafdrukken niet achter als Ze de voortuin veegde. Als Haar voetstappen er nog waren, veegde Ze die weg. Want wanneer alles schoon was, moesten Gods voetstappen daar eerst komen. Ze had de overtuiging dat God daar liep. Als Ze toevallig ook maar één keer ademhaalde zonder zich God te herinneren, bedekte Ze Haar neusgaten om op te houden met ademen, dacht dan aan God en begon dan pas weer te ademen. Onder het lopen nam Ze iedere stap pas nadat Ze aan Hem gedacht had. Als Ze dat bij een stap niet deed, zette Ze een stap terug, dacht aan God en ging dan verder.

Ken je het verhaal van de man die op zoek ging naar de leeuw van Tambran[20]? Zo'n intensiteit moeten we krijgen. We moeten voortdurend zoeken 'Waar bent U? Waar bent U?' Door de intensiteit van onze speurtocht zal het overal zo heet worden dat God niet meer rustig kan zitten. Hij zal voor ons moeten verschijnen.

Voordat Amma begon te mediteren, besliste Ze hoelang Ze zou mediteren. Ze stond niet op voordat die tijd voorbij was. Als Ze niet zo lang kon zitten, viel Ze Moeder Natuur aan, brullend, klaar om Haar in elkaar te slaan. 's Nachts sliep Ze helemaal niet. Als Ze zich slaperig voelde, zat Ze daar en huilde. Gewoonlijk voelde Ze zich niet slaperig. Wanneer het tijd was om te slapen, was Ze er verdrietig over dat er weer een dag verspild was. Amma

---

[20] Zie 'Ontwaak kinderen, deel 5'.

kan zelfs de herinnering daaraan niet verdragen. Het was zo moeilijk."

Brahmachari: "Als een gewoon mens niet slaapt, zou dat zijn meditatie niet verstoren?"

Moeder: "Iemand die smacht naar de kennis van God, zal zelfs geen ogenblik ophouden aan Hem te denken. Hij heeft geen slaap en gaat ook niet liggen. Zelfs als hij gaat liggen, houdt zijn verdriet hem wakker. Amma spreekt nu over zulke mensen. Voor hen die onthechting hebben en het verlangen om God te kennen, is tapas de echte vorm van rust. Er is geen rust beter dan tapas. Zij die dat doen, hebben echt geen slaap nodig. We streven naar die staat."

Brahmachari: "Zegt de Gita niet dat iemand die te veel slaapt en iemand die helemaal niet slaapt, yoga (eenheid met het goddelijke) niet zal bereiken?"

Moeder: "Amma zegt niet dat je slaap helemaal op moet geven. Je moet genoeg slaap krijgen, maar net genoeg. Een sadhak zal niet kunnen slapen wanneer hij zich zijn doel herinnert. Hij zal niet gaan liggen om te slapen. Hij gaat door met zijn japa en zal in slaap vallen zonder het te weten. Studenten die voor een examen willen slagen, hebben geen zin om te slapen. Ze zullen 's nachts opblijven om te studeren. Studeren wordt hun tweede natuur. Zo'n houding komt bij een sadhak van nature.

De kinderen die werkelijk van Amma houden, moeten de principes die Zij onderwijst, in zich opnemen. Ze moeten bereid zijn alles op te offeren om volgens die principes te leven. Zij zijn degenen die werkelijk van Amma houden. Het doel van zo iemand is om zich voortdurend aan die principes te houden zelfs als dat betekent de dood onder ogen zien. Iemand die in plaats daarvan alleen de woorden mompelt 'Amma, ik hou van je', houdt niet echt van Haar.

Een koning heeft twee dienaren. Een van hen lanterfant bij de koning zonder één van zijn plichten te vervullen. De andere brengt ieder uur van de dag door met het doen van de dingen die de koning hem vraagt te doen. Hij ploetert zonder te eten of te slapen. Hij piekert er niet over of de koning het ziet of ervan afweet. Wie van die twee is de beste? Wie waardeert de koning het meest?"

Moeders ware aard

Moeder ging door met spreken en legde Haar eigen aard verder uit: "De rivier stroomt vanzelf. Hij zuivert alles wat erin komt. Hij heeft het water van een vijver niet nodig. Je hoeft niet van Amma te houden omwille van Haar. Amma houdt van ieder van jullie. Maar voor je eigen bestwil zal Zij Haar liefde niet altijd tonen. Naar buiten toe toont Amma Gayatri geen liefde, maar wanneer Gayatri er niet is, vullen Amma's ogen zich met tranen bij de gedachte aan Gayatri en haar harde werk en lijden. Waar Amma van houdt is de geest en de activiteiten van die dochter, en die liefde komt vanzelf. Amma creëert dat niet bewust. Maar toch toont Ze die liefde zelfs geen seconde. Ze heeft iets aan te merken op alles wat Gayatri aanraakt of doet. Ze spreekt haar meestal zelfs niet met 'mol' (dochter) aan.

Vaak denkt Amma: 'Ben ik echt zo wreed dat ik Gayatri niet wat compassie kan tonen? Ik laat haar altijd lijden!' Zelfs als Amma 's nachts besluit om Gayatri de volgende dag Haar liefde te tonen, geeft Ze haar uiteindelijk voor het een of ander op haar kop. Ze heeft Gayatri uit haar slaap gehaald en haar op laten staan. Ze heeft haar buitengezet en de deur dichtgedaan. Ze heeft haar op vele manieren zo gestraft, maar dit alles is niet omdat Amma niet van haar houdt. Amma's liefde voor haar is volledig. Amma is op haar geest uit. Maar Gayatri heeft nooit gewankeld. Dat is echte prema."

Regels voor dienstverlening

Brahmachari Pai stelde toen een vraag: "Amma, U zegt vaak dat een sadhak geen hechte banden moet hebben met wereldse mensen en dat hij hun kleren en andere bezittingen niet moet gebruiken of hun slaapkamers binnengaan. Hoe kan hij dan dienst verlenen?"

Moeder: "Dienstverlening kan geen kwaad, maar je moet nooit je shraddha verliezen. Het is waar dat alles hetzelfde Zelf is, dat alles God is en dat God in iedereen en alles is, maar je moet met onderscheid handelen in overeenstemming met de omstandigheden. Wanneer een sadhak een huis bezoekt, moet hij vermijden de slaapkamers binnen te gaan. Als je naar een plaats gaat waar steenkool verwerkt wordt, zal iets van de steenkool aan je blijven zitten, zelfs als je het niet aanraakt. Er wordt gezegd dat als je naar Kurukshetra gaat, je nog steeds de geluiden van de oude strijd die daar plaats vond, kunt opvangen. In de kamers die door wereldse mensen gebruikt worden, zullen de trillingen van hun gedachten aanwezig zijn. Als je enige tijd in die kamers doorbrengt, zullen de trillingen in je onbewuste doordringen en vroeg of laat onderga je de kwade effecten daarvan. Dus als je een huis bezoekt, blijf dan zoveel mogelijk in de pujakamer en praat daar met de gezinsleden.

Vermijd wereldse dingen in je gesprekken. Het is het beste is om niet over iets te praten dat niet spiritueel verrijkend is. Gesprekken over onnodige onderwerpen zijn als een draaikolk: het zal je geest naar beneden trekken zonder dat je het weet. De kleren die anderen dragen, bevatten de trillingen van hun gedachten. Daarom moeten sadhaks geen kleren dragen die door wereldse mensen gebruikt zijn. Het is ook niet goed om hun zeep te gebruiken. Als je iemand je zeep geeft, dan is het beter om die niet terug te nemen. Neem de nodige kleren en je asana mee waar je ook heengaat.

Sadhaks moeten geen onverbrekelijke banden met iemand handhaven, vooral niet met mensen die een gezinsleven leiden. Maar ons gedrag mag nooit iemand kwetsen. Als zij op iets aandringen, leg dan je standpunt in een paar woorden met een glimlach uit. Na een bepaald stadium in de sadhana raken deze dingen een zoeker niet erg. Zoekers blijven dan even onaangedaan als een lotusblad wanneer er water op valt. Maar ook dan moet men alert blijven."

Na de huizen van enkele toegewijden en Haar ashram in Ernakulam bezocht te hebben, bereikte Moeder Haripad rond twaalf uur. Professor N.M.C. Warrier en zijn gezin hadden de hele nacht op Haar gewacht zonder te gaan slapen omdat Moeder gezegd had dat Ze die avond zou komen. Omdat ze besloten hadden om niet te eten voordat Ze kwam, had niemand in het gezin iets gegeten. Zo had Moeder hun de kans op een goede meditatie gegeven. Wat doet God niet om de geest van de toegewijden stevig aan Hem gebonden te houden?

Om Moeder te verwelkomen had de zoon van de gastheer enkele kalams (traditionele ontwerpen op de vloer, getekend met rijstebloem en kurkumapoeder) getekend en een olielamp in het midden ervan aangestoken. Moeder keek aandachtig naar het ontwerp en zei: "Er is hier een kleine fout. Men moet geen enkele fout maken wanneer men een kalam maakt. Er wordt gezegd dat als je een fout maakt, er ruzie in het gezin zal komen. We moeten deze dingen met een bepaalde sankalpa tekenen. Zoon, je moet het eerst op het zand oefenen. Meet alles op en zorg ervoor dat het correct is. Pas als je voldoende geoefend hebt, moet je de kalam tekenen. Maar wat je gedaan hebt is prima omdat je het met een zuiver hart gedaan hebt vol liefde en devotie voor Amma. Maar de volgende keer moet je er aandacht aan besteden."

Moeder bezocht nog vijf huizen in Haripad. Telkens wanneer Ze naar een huis gaat, nodigen de buren Haar uit om hun ook te bezoeken. Hoe vermoeid Moeder ook is en ondanks de druk die anderen op Haar uitoefenen om wat rust te nemen, gaat Ze toch naar alle huizen. In de gelukzaligheid die de toegewijden ervaren doordat het stof van Haar heilige voeten hun huis heiligt, zijn zij geneigd om Moeders moeilijkheden te vergeten.

Toen Moeder in de ashram aankwam, ontdekte Ze dat veel toegewijden vanaf de morgen op Haar gewacht hadden. Hoewel Moeder fysiek erg moe was, verbrak Ze het schema van de bhava darshan niet.

Maandag 4 november 1985

Om drie uur 's middags was Moeder in de kamer van brahmachari Śrikumar en zat naast hem op bed. Hij had de laatste twee dagen koorts gehad. Een brahmachari bracht een pot met heet water zodat Śrikumar een stoombad kon nemen. De pot was goed afgesloten met een bananenblad dat over de opening gebonden was.

Moeder: "Ga op de grond zitten, mijn zoon. Neem een stoombad en dan zul je je beter voelen."

Er werd een strooien mat op de vloer gelegd en Moeder hielp Śrikumar rechtop te zitten op het bed. Ze hield zijn hand vast en liet hem op de mat op de vloer zitten. Hij was bedekt met een dik laken.

Moeder: "Zoon, breek nu de afsluiting van de pot. Neem een stoombad totdat je echt goed zweet. Dan zal de koorts overgaan."

Enkele toegewijden die voor Moeders darshan gekomen waren, kwamen naar de hut toen ze hoorden dat Ze daar was.

Moeder: "Śri mon (mijn zoon Śri) heeft nu al twee dagen koorts. Amma vond dat hij een stoombehandeling moest hebben. Wanneer zijn jullie gekomen, kinderen?"

Een vrouw: "Een tijdje terug. We zijn er net achtergekomen dat Amma hier zat."

Moeder verwijderde het laken dat Śrikumar bedekte. Hij had genoeg gezweet. Zij hielp hem om terug naar zijn bed te gaan en te gaan liggen. Moeder sprak met de toegewijden en na enkele inleidende uitwisselingen ging het gesprek over op meer serieuze zaken.

Vedanta: het echte en het onechte

Een toegewijde: "Amma, onlangs kwam een vriend me opzoeken. Hij is verliefd op de vrouw van een vriend van hem. Toen we hierover spraken, zei hij: 'Kabirdas gaf zijn vrouw weg toen iemand hem dat vroeg, nietwaar? Wat is hier dus verkeerd aan?'"

Moeder: "Maar gaf Kabirdas zijn vrouw niet blij weg aan degene die dat vroeg? Hij verried zijn vriend niet en stal zijn vrouw niet. Laat deze man, die over Vedanta praat, zijn vriend vragen of hij bereid is om zijn vrouw weg te geven. Als hij dat vraagt dan leeft hij misschien niet lang meer." Moeder lachte.

"Kabir was een rechtschapen mens. Voor hem was dharma belangrijker dan zijn vrouw of hemzelf. Dus aarzelde hij niet. Zijn gewoonte was om alles te geven waar iemand om vroeg. Hij week niet van zijn dharma zelfs niet toen iemand om zijn vrouw vroeg. Maar een echtgenote heeft haar eigen dharma. Een vrouw die echt toegewijd is aan haar echtgenoot, kijkt zelfs niet naar het gezicht van een andere man. Ravana stal Sita. Hij probeerde haar op zoveel manieren te verleiden, maar zij weifelde niet. Ze dacht alleen aan Rama. Ze besloot dat ze niet zou zwichten voor een andere man, zelfs niet als dat zou betekenen dat ze moest sterven. Dat is het dharma van een echtgenote.

Wat we in Kabir zien is het teken van een bevrijd wezen. Hij had alle begrip van 'ik' en 'mijn' opgegeven. 'Alles is het Zelf of God,' dit is de houding die een spiritueel persoon moet hebben. Hij moet alles als God zien of anders moet hij alles als zijn eigen Zelf zien. Vanaf het ene standpunt is alles God, dus kan er geen haat of woede voor iemand zijn, er is alleen aanbidding. Vanaf het andere standpunt is niets verschillend van ons eigen Zelf, er is geen tweede persoon. Verwijder de grens tussen twee gebieden en er is slechts één gebied. We zien onszelf in alles. Net zoals de rechterhand de wond op de linkerhand verzorgt, zien we het verdriet van een ander als ons eigen verdriet en we komen hem te hulp."

Een brahmachari ging een paar dagen naar Ernakulam om inkopen te doen. Hij pakte een paraplu uit de hut. Er zat geen handvat aan en de kleur was een beetje verschoten, dus legde hij hem terug. Er hing een nieuwe paraplu achter de deur. De brahmachari nam deze in plaats van de oude. Hij knielde voor Moeder en ging de hut uit, klaar om met zijn reis te beginnen.

Moeder riep hem terug. Ze pakte de nieuwe paraplu van hem af en vroeg hem om de oude te nemen, waar hij naar gekeken had. De brahmachari deed dit zonder te aarzelen en vertrok. Iedereen die dat zag, was hierover verbijsterd. Toen men Moeder daarover vroeg, zei Zij: "Hij wilde niet de oude paraplu, alleen de nieuwe. De geest van een brahmachari mag niet verstrikt zijn in uiterlijke bekoring. Je woont in de ashram om van de gehechtheid aan luxe af te komen."

Maar een paar tellen later vroeg Moeder iemand om de brahmachari terug te roepen. Ze nam de oude paraplu terug en gaf hem de nieuwe. Hij knielde weer voor Haar en stond toen op.

Moeder: "Zoon, een spirituele zoeker moet geen uiterlijke schoonheid achternalopen. Dat is vergankelijk. Het zal hem ruïneren. Hij moet naar de innerlijke schoonheid kijken die eeuwig is. Daardoor zal hij groeien. Alleen als hij de uiterlijke pracht volledig weggooit, kan hij vooruitgang boeken. Amma geeft je de nieuwe paraplu terug omdat Ze in jou een houding van overgave ziet, die je het goede en het slecht gelijk laat accepteren. Je koos de betere paraplu om de goedkeuring van anderen te krijgen, nietwaar? Je moet niet aangetrokken worden door de lof van anderen.

Als je wacht op het certificaat van goedkeuring van anderen, zul je geen certificaat van God krijgen. Wat we echt nodig hebben is Gods certificaat. Daarvoor moet je de geest die naar buiten kijkt, terugtrekken en hem naar binnen keren. Je moet zoeken en dat wat zich binnenin bevindt, ontdekken.

Ik zal aandacht schenken aan ieder aspect van het leven van mijn kinderen. Ik zal zelfs naar de kleine dingen kijken. Wie is er behalve Amma om zelfs je kleinste fouten te corrigeren? Maar je aandacht moet niet bij uiterlijke glans zijn. Je geest moet op God geconcentreerd zijn."

Als Moeder er is om zelfs aan de schijnbaar onbelangrijke dingen in het leven van Haar kinderen grondig aandacht te besteden, waarom zouden zij dan op uiterlijke dingen letten? Dit is Moeders houding.

Moeders bhakti bhava

Moeder: "Amma is Haar stem kwijt na deze laatste twee of drie dagen reizen. Er was geen rust. Nu is het moeilijk om bhajans te zingen. Amma heeft in al die jaren nooit zoveel problemen gehad. Wat is het nut van de tong als men geen bhajans kan zingen?"

Brahmachari: "U heeft de prarabdha op zich genomen van hen die U in Elūr kwamen opzoeken, Amma. Dat is de oorzaak hiervan. Er kwamen daar veel zieke mensen en ze waren niet hetzelfde toen ze teruggingen. Ze gingen glimlachend weg."

Moeder: "Als mijn pijn het resultaat is van hun prarabdha, als ik nu lijd wat zij hadden moeten lijden, dan ben ik niet ongelukkig. Per slot van rekening wordt iemand anders genezen. Maar zelfs dan kan ik geen dag doorbrengen zonder Gods naam te uiten."

Moeder begon plotseling te huilen. De tranen stroomden over Haar gezicht. Ze was het ware beeld van een toegewijde die met een pijnlijk hart treurde over Haar onvermogen om Gods naam te zingen. De omringende atmosfeer die zich baadde in de karmozijnrode kleur van de schemering, leek Haar verdrietige stemming te weerspiegelen. Moeders hoogste devotie verhoogde de straling van Haar gezicht. Haar snikken ging geleidelijk over. Moeder gleed in een toestand van samadhi die een uur duurde.

Iedereen die aanwezig was, kreeg van Moeder een les hoe te roepen en te huilen om God. Een poosje nadat Moeder uit samadhi teruggekomen was, ging Ze naar de kalari en deed mee met de bhajans.

Kanante Kalocha...

> *Ik hoorde de voetstappen van Kanna*
> *in een nacht met zilverachtig maanlicht.*
> *Ik hoorde de tonen van zijn fluit*
> *en mijn geest loste op in een gouden droom.*
>
> *O wintergeur, die bloeit*
> *in de witte, zilverachtige maan.*
> *Mijn geest danst gelukzalig*
> *in die honingzoete glimlach.*
>
> *O Kanna, ik heb talloze verhalen te vertellen.*
> *Kanna, ga alsjeblieft niet.*
> *Blijf alsjeblieft voor een bad*
> *in het zalige meer van mijn geest.*

Toen Moeder naar Haar kamer terugging, stond er een brahmachari op Haar te wachten. Zijn ogen waren opgezwollen en zijn hele gezicht was veranderd.

Moeder: "Wat is er met jou gebeurd, zoon?"

Brahmachari: "Het is vanochtend begonnen. Mijn gezicht zwelt op."

Moeder: "Er is niets te vrezen. Deze zwelling komt doordat er wat stof in je ogen gevallen is."

Moeder vroeg een brahmacharini om wat rozenwater te halen. Toen zij het bracht, vroeg Moeder de brahmachari om op de vloer te gaan liggen. Ze gaf hem Haar kussen om zijn hoofd op te leggen. Maar hij was onwillig om zijn hoofd daarop te leggen. Moeder: "Echte eerbied voor Amma betekent niet dat je deze dingen niet gebruikt omdat ze van Haar zijn. Amma ziet het niet zo. Het teken van eerbied voor Amma is jouw gehoorzaamheid aan Haar."

Ze legde het hoofd van de weerspannige brahmachari op het kussen en goot wat rozenwater in zijn ogen. Ze vroeg hem om een tijdje stil te blijven liggen.

Vrijdag 8 november 1985

Brahma muhurta

De morgenster kwam op. Toen de brahmachari's opstonden schemerde het licht in hun hutten door de gaatjes in de muren van palmblaren. Moeder ging langs iedere hut met een zaklantaarn in Haar hand om te controleren of Haar kinderen wakker waren. De meeste brahmachari's hadden hun bad genomen. Vedische mantra's weerklonken in de lucht.

In één hut was geen licht, dus scheen Moeder daar met de zaklantaarn naar binnen. De brahmachari lag heerlijk te slapen. Moeder trok aan de rand van het laken dat hem bedekte. Hij ging op zijn andere zij liggen, trok het laken terug en bedekte zich weer. Moeder genoot hiervan. Ze trok weer aan het laken. Hij duwde Haar hand weg die het laken vasthield en rolde zich weer op. Moeder kreeg van buiten wat water in een kopje en benaderde Haar zoon opnieuw. Ze sprenkelde wat water op zijn gezicht.

Hij sprong overeind en keek geïrriteerd rond vanwege zijn verstoorde morgenslaap. Twee doordringende ogen keken hem aan. Zelfs in deze toestand van halfslaap had hij er geen tijd voor nodig om die vorm gekleed in zuiver wit te herkennen. Hij stond trillend op. Toen Moeder zag dat hij op was, verdween Haar glimlach. Ze droeg nu een serieus masker.

Moeder: "Tijdens de archana komen alle godheden hier. Lig jij hier om hun vloek te krijgen? Als je 's morgens zelfs niet op kunt staan, waarom kom je dan in de ashram wonen? Waarom ga je niet trouwen met een meisje en samen gelukkig leven? Wanneer de kinderen dag en nacht om iets huilen, zul je voor ze moeten zingen en ze op je schouder in slaap wiegen. Slechts dan zullen mensen zoals jij het leren!"

Moeder hield nog niet op met Haar tirade: "Hoe lang is het geleden dat je naar de archana gegaan bent?"

De brahmachari zei aarzelend: "Twee dagen." Hij kon zijn hoofd niet optillen en Moeder aankijken.

"Je moet je schamen om dat te zeggen. Zelfs Achamma, die over de zeventig is, staat iedere morgen om half vijf op!"

De brahmachari's die nu terugkwamen van de archana, kregen een glimp van Moeder in Haar aspect van Kali. Zij knielden voor Haar. Toen Moeder uit de hut kwam, veranderde Haar stemming volledig. Ze zette een aardig, glimlachend, vriendelijk gezicht op. Ze ging met Haar kinderen bij de darshanhut zitten. Waar was die woeste stemming die een paar tellen terug te zien was? In een ogenblik was Haar lotusgezicht opgebloeid met een glimlach van tedere liefde.

Moeder: "Ik heb hem gevraagd waarom hij hier blijft als hij de ashramregels niet kan volgen en zijn sadhana doen. Het moet hem gekwetst hebben. Het doet Amma pijn om jullie op je donder te geven, kinderen, maar het zijn Amma's berispingen, meer dan Haar liefde die de onzuiverheden in jullie verwijderen. Als Amma alleen liefde toont, zullen jullie niet naar binnen kijken. Amma's berisping is niets anders dan Haar liefde voor jullie. Het is Haar mededogen. Het is echte liefde, kinderen. Jullie kunnen kwaad zijn als Amma jullie straft, maar Amma doet het om jullie vasana's te verzwakken en om jullie echte Zelf wakker te maken. Er is geen manier om de vasana's te verwijderen zonder een beetje pijn.

De beeldhouwer hakt de steen weg met zijn beitel, niet omdat hij kwaad op de steen is, maar om de echte vorm die erin zit, naar buiten te brengen. De smid verhit het metaal en slaat erop, alleen om het de juiste vorm te geven. Op dezelfde manier moet je om een ontstoken gezwel te genezen, erin knijpen om de pus eruit te krijgen. Soms snijdt de dokter het open. Zij die dit zien, denken misschien dat de dokter wreed is. Maar als de dokter uit genegenheid voor de patiënt alleen maar wat zalf op de wond doet omdat hij hem geen pijn wil doen door de ontsteking te openen, zal het helemaal niet genezen. Op dezelfde manier kunnen de berispingen en straffen van de guru de leerling wat pijn doen, maar zijn doel is alleen het verwijderen van de vasana's van de leerling.

Kinderen, wanneer een koe een jong kokospalmpje opvreet, heeft het geen zin om hem vriendelijk te zeggen: "Niet opeten, lieverd." Maar als je naar de koe schreeuwt 'Hé, ga weg!' zal de koe ophouden de plant te eten en weggaan. Amma's woorden moeten de bedoelde transformatie in jullie tot stand brengen. Daarom neemt Amma zo'n serieuze stemming aan."

Wie was er behalve Moeder voor de ashrambewoners om van hen te houden en hen op hun kop te geven en zelfs met het strafriet te zwaaien en hun zo nodig daarmee te slaan?

Moeder zweeg enkele momenten en ging toen verder: "Kinderen, als jullie geschokt zijn, zal Amma ophouden jullie standjes te geven. Amma ziet jullie graag gelukkig. Ze wil jullie niet kwetsen."

Toen de brahmachari's deze woorden hoorden, sloeg hun hart op hol. Iedere keer dat Amma hen onder handen nam, verdiepte hun liefde voor Haar zich verder en hun band met Haar werd alleen maar sterker.

Moeder stond op en liep naar de eetzaal. Ze sprak verder met de brahmachari's die Haar als een schaduw volgden.

Moeder: "Amma spreekt niet op deze serieuze manier met de bedoeling jullie pijn te doen. Het is om jullie zelf te laten zien hoe sterk jullie band met Amma is. Alleen zij die bereid zijn te blijven, ondanks dat ze zelfs geslagen en gedood worden, zullen vooruitgaan. Een brahmachari moet de hele wereld op zijn schouders dragen, dus hij moet niet door kleine dingen verzwakt worden. Ik zal mijn kinderen echt door elkaar schudden. Zij die alleen Zelfrealisatie verlangen, zullen blijven. De anderen zullen vertrekken."

Moeder vertelt oude verhalen

In de kalari waren de avondbhajans bezig. Al enkele dagen hoopte Ottūr wat tijd met Moeder door te brengen. Nu liep hij langzaam naar Moeders kamer. Hij werd erg blij toen hij Haar zag. Zij pakte zijn hand om hem naast Haar te laten zitten. Ottūr knielde voor Haar, legde zijn hoofd in Haar schoot en ging als een klein baby'tje liggen. Moeder aaide liefdevol over zijn rug. Ottūrs neef, Narayanan, en een andere brahmachari waren ook in de kamer.

Ottūr tilde zijn hoofd uit Moeders schoot op en zei: "De brahmachari's komen mij verhalen vertellen over vroeger. Ik vind het jammer dat ik niet het geluk had om die dingen met mijn eigen ogen te zien. Amma, het zou genoeg zijn als ik U die verhalen kon horen vertellen. Ze vertelden mij dat Uw familie U vastbond en U sloeg. Toen ik dat hoorde, moest ik aan de kleine Ambadi Kanna[21] denken. Waarom sloegen ze U?"

Moeder lachte en begon te vertellen: "In die tijd bracht Amma regelmatig voedsel naar de arme mensen hier in de buurt, zelfs als Ze het voedsel thuis moest stelen. Daarom sloegen ze Haar. Amma ging naar de huizen van die buren om tapiocaschillen en kadi (water van de rijstgruwel) op te halen om de koeien te voeren. In de meeste huizen leden de mensen honger en Amma had met hen te doen. Wanneer thuis niemand keek, nam Ze een pot en deed er wat gekookte rijst in. Ze deed alsof Ze kadi ging halen en bracht zo de rijst naar de hongerlijdende buren. In sommige families kregen de grootmoeders geen zeep of andere benodigdheden, dus bracht Amma hun zeep uit Haar eigen huis. Ze waste ook hun kleren."

Ottūr: "O, dat waren mensen die veel verdienste moeten hebben. Zij konden meespelen in Amma's lila's."

Moeder: "Amma heeft al deze dingen gedaan, maar later voelde Ze een intense onthechting van alles. Ze had er een hekel aan als er iemand dicht bij Haar kwam en Haar meditatie hinderde. Ze voelde een afkeer van alles. Ze kon zelfs Moeder Natuur niet uitstaan. Ze haatte Haar eigen lichaam, dus beet en verwondde Ze het. Ze trok zelfs Haar eigen haar uit. Pas later herinnerde Zij zich dat Zij die dingen zichzelf had aangedaan."

Ottūr (verrast): "Zagen Uw ouders al deze dingen?"

Moeder: "Toen Amma's vader Haar luid zag huilen, kwam hij en pakte Haar op en droeg Haar op zijn schouder. Hij had geen idee waarom Amma deze dingen deed of waarom Ze huilde. Op een dag vertelde Amma hem: 'Breng me naar een afgelegen plek. Breng me naar de Himalaya's!' en Ze begon te huilen. Amma was toen erg jong. Haar vader legde Haar tegen zijn schouder om Haar

---

[21] Krishna

te laten ophouden met huilen en zei: 'Ik zal je daar binnenkort heen brengen. Slaap nu wat, mijn kind!'"

Plotseling glipte Moeder in een toestand van diepe samadhi. Haar handen hield Ze in een mystieke mudra en waren bewegingloos. Alleen het zoete ritme en de harmonie van de bhajans in de kalari verbrak de stilte: *Amba Mata Jaganmata...*

> *O Goddelijke Moeder, Moeder van het universum,*
> *O allerdapperste Moeder,*
> *Schenkster van Waarheid en Goddelijke Liefde.*
> *U die het universum zelf zijt,*
> *U die Moed zijt,*
> *Waarheid en Goddelijke Liefde....*

Toen de bhajan zijn hoogtepunt bereikte, waren de brahmachari's helemaal verdiept in het zingen en vergaten al het andere. Moeder bleef in de toestand van samadhi. Langzaam kwam het lied tot een eind. De instrumenten werden stil, terwijl het harmonium voor de volgende kirtan gestemd werd. Moeder kwam langzaam uit Haar verheven stemming en kwam weer in Haar normale toestand. Het gesprek ging verder.

Ottūr: "Hoe oud was U toen?"

Moeder: "Zeven of acht. Amma's vader hield Haar op zijn schouder en liep rond. Had hij niet gezegd dat hij Haar naar de Himalaya's zou brengen? Ze geloofde hem volledig, net als ieder kind, en Ze viel op zijn schouder in slaap. Toen Ze wakker werd, begon Ze weer te huilen, omdat Ze zag dat hij Haar niet naar de Himalaya's gebracht had. In die tijd had mijn vader een hoop moeilijkheden. Ik zat 's nachts in de tuin te mediteren zonder te slapen. Vader bleef ook wakker om mij in de gaten te houden. Hij was bang om zijn dochter daar 's nachts alleen te laten.

Amma ging vaak takken verzamelen om de geit te voeren. Er was een grote boom die over het water leunde. Ze klom vaak in de boom en zat daar. Plotseling voelde Ze dat Ze Krishna was. Ze zat in die boom en zwaaide met Haar benen. Heel natuurlijk begon Ze het geluid van een fluit te maken. Als Ze wat takken van de boom afbrak en die op de grond liet vallen, raapten andere meisjes die op en Amma stelde zich voor dat zij de gopi's waren. Deze gedachten kwamen heel natuurlijk in Haar geest op. Ze vroeg zich af of Ze gek geworden was.

Omdat Amma's familie er niet van hield dat Zij met anderen omging, ging Zij gewoonlijk alleen water halen. Op een dag klom Ze plotseling in de banyanboom en lag daar op een tak zoals Heer Vishnu op Ananta[22] lag. Het was een heel dunne tak, maar hij brak niet. Die boom staat er nog langs de kust."

Ottūr: "U klom naar boven en lag op een dunne tak?"

Moeder: "Ja, net zoals de Heer die op Ananta rustte. Zij die toekeken, zeiden bijvoorbeeld dat Amma's lichaam verschillende kleuren had. Amma weet het niet. Dat was waarschijnlijk hun vertrouwen. Amma kan nu zelfs niet aan die wereld denken."

Ottūr: "Ik zou graag het verhaal willen horen hoe Amma water in panchamritam[23] veranderde."

Moeder: "Amma liet het degenen die niet in Haar geloofden, zelf doen. Ze raakte niets aan.

In die tijd waren er veel mensen die niet in Amma geloofden. Het was de periode dat de bhava darshan net begonnen was. Amma vroeg enkele mensen die zich tegen Haar verzetten, om wat water te brengen. Dus brachten zij water in een kruik. Ze vroeg hun om zich voor te stellen dat het water getransformeerd werd. Toen ze het water in hun handen hielden, veranderde het onmiddellijk in panchamritam."

De bhajans in de kalari eindigden. De mantra waarmee men om vrede bidt, weerklonk overal.

---

[22] Een grote slang die de tijd symboliseert

[23] Een nectarachtige stof

om pūrnamadah pūrnamidam
pūrnāt pūrnam udacyate
pūrnasya pūrnam ādāya
pūrnam evā vaśiśyate
om śantih śantih śantih
om śrī gurubhyo namah
hari om

Dat is het geheel, dit is het geheel.
Uit het geheel komt het geheel voort.
Wanneer men het geheel van het geheel afneemt,
blijft het geheel over.
Om, vrede, vrede, vrede!
Om, begroetingen voor de gurus!
Hari Om

Een paar momenten lang was er overal stilte. Toen begon de bel voor de arati te luiden. Narayanan hielp Ottūr overeind te komen en zij liepen naar de kalari om de arati bij te wonen. De brahmachari liep terug naar zijn kamer met een gevoel van ontzag en dankbaarheid dat hij van dit toneel getuige was geweest, waarin liefdevolle devotie aan de ene kant en diepe moederlijke liefde aan de andere kant zo mooi combineerden.

Woordenlijst

Advaita: non-dualisme. De filosofie die leert dat de Hoogste Realiteit één en ondeelbaar is.

Ahimsa: geweldloosheid. Geen enkel levend wezen pijn doen door gedachten, woorden of daden.

Arati: het ritueel aan het einde van een puja, waarbij licht geofferd wordt in de vorm van kamfer en waarbij een bel geluid wordt voor een heilig iemand of voor de godheid in de tempel. De kamfer laat bij verbranding geen resten achter, wat de totale vernietiging van het ego symboliseert.

Archana: een vorm van verering waarbij de 108 of de 1000 namen van een godheid worden gereciteerd.

Arjuna: de derde van de vijf Pandava's. Hij was een groot boogschutter en één van de helden van de Mahabharata. Hij was Krishna's vriend en leerling. Het is Arjuna tot wie Krishna in de Bhagavad Gita spreekt.

Asana: een klein matje waarop men zit tijdens de meditatie. Ook: yogahouding.

Ashram: een plaats waar spirituele zoekers wonen of die zij bezoeken om een spiritueel leven te leiden en sadhana te beoefenen. Het is gewoonlijk het verblijf van een spirituele leraar, heilige of asceet, die de leerlingen leidt.

Atman: het ware Zelf. Een van de fundamentele leerstellingen van de Sanatana Dharma is dat we niet het fysieke lichaam, de gevoelens, de geest, het intellect of de persoonlijkheid zijn. We zijn het eeuwige, zuivere, onaantastbare Zelf.

Backwaters: brakke wateren tussen het vasteland en het eiland waarop de ashram staat.

Bhagavad Gita: het onderricht van Heer Krishna aan Arjuna aan het begin van de Mahabharata-oorlog. Het is een praktische gids voor de gewone man in het dagelijks leven en het is de essentie van de Vedische wijsheid. Bhagavad betekent 'van de Heer' en Gita betekent 'lied', in het bijzonder een advies.

Bhajan: devotioneel lied.

Bhakti: devotie

Bhava: goddelijke stemming

Bhava darshan: de gelegenheid waarbij Amma de toegewijden in de verheven staat van de Universele Moeder ontvangt. In het begin ontving Amma de toegewijden ook in Krishna Bhava.

Brahmachari: een leerling die het celibaat in acht neemt, spirituele oefeningen doet en opgeleid wordt door een Guru.

Brahmacharini: een vrouwelijke brahmachari.

Brahmacharya: 'verblijf in Brahman'. Celibaat en discipline van de geest en van de zintuigen.

Brahma muhurta: heilige tijd voor de dageraad.

Brahman: de absolute Werkelijkheid, het Geheel, het hoogste Zijn voorbij alle namen en vormen, dat alles omvat en doordringt, dat één en ondeelbaar is.

Darshan: ontvangst door, of het zien van een heilige of godheid.

Devi: de Godin of Goddelijke Moeder.

Dharma: 'dat wat het universum ondersteunt'. Dharma heeft vele betekenissen zoals: goddelijke wet, juistheid, overeenstemming met de goddelijke harmonie, religie, plicht, verantwoordelijkheid, deugd, rechtvaardigheid, goedheid en waarheid. Dharma verwijst naar het innerlijke principe van religie. Het dharma van de mens is het realiseren van zijn innerlijke Goddelijkheid.

Gita: zie Bhagavad Gita.

Gopi's: koeienherderinnen, befaamd om hun hoogste devotie voor Śri Krishna.

Grihasthashrama: een gezinsleven volgens spirituele principes. Zie ook vanaprastha.

Grihasthashrami: iemand die een spiritueel leven leidt en tegelijkertijd in de wereld leeft en een gezin heeft.

Guru: 'iemand die de duisternis van onwetendheid verwijdert'; spirituele leraar en gids.

Gurukula: een ashram met een levende guru waar leerlingen wonen en onder leiding van de guru studeren.

Japa: herhaling van een mantra, gebed of de naam van God.

Jnana: spirituele of goddelijke kennis. Echte kennis is een directe ervaring die niet door de beperkte zintuigen, de geest of het intellect kan worden waargenomen. Hij wordt verkregen door spirituele oefeningen en de genade van God of de Guru.

Kanna: 'met prachtige ogen.' Een koosnaampje voor de kleine Krishna. Krishna wordt soms vereerd als het goddelijke kind.

Karma: handeling, activiteit.

Karma yoga: 'eenheid door handelen.' Het spirituele pad van onthechte, onbaatzuchtige dienstverlening, waarbij men de vrucht van alle activiteit aan God offert.

Kaurava's: de honderd zonen van Dhritarashtra die met hun vijanden, de Pandava's, in de Mahabharata-oorlog vochten.

Kirtan: hymne.

Krishna: de belangrijkste incarnatie van Vishnu. Hij werd in een koninklijk gezin geboren, maar groeide op bij pleegouders en leefde als een jonge koeienherder in Vrindavan, waar Hij bemind en vereerd werd door zijn toegewijde kameraden, de gopi's en gopa's. Hij was een neef en adviseur van de Pandava's, vooral van Arjuna, aan wie Hij het onderricht in de Bhagavad Gita gaf.

Lakshya bodha: voortdurend bewustzijn van en gerichtheid op het doel van Zelfrealisatie.

Lalita Sahasranama: duizend namen van de Goddelijke Moeder in de vorm van Lalitambika.

Mahatma: grote ziel of gerealiseerd iemand.

Mantra: heilige formule of gebed, die voortdurend herhaald wordt. Dit activeert iemands slapende spirituele kracht, zuivert de geest en helpt het doel van Realisatie te bereiken. Hij is het meest effectief als hij van een gerealiseerde leraar tijdens een initiatie ontvangen wordt.

Maya: illusie. De goddelijke 'sluier' waarmee God Zich in Zijn scheppingsspel verbergt en de indruk van veelheid wekt en daardoor de illusie van gescheidenheid schept. Omdat Maya de Werkelijkheid verbergt, misleidt Zij ons, en laat Zij ons geloven dat volmaaktheid, tevredenheid en geluk buiten onszelf gevonden kunnen worden.

Mol: Malayalam voor dochter.

Mudra: een houding van de hand die een spirituele waarheid aanduidt.

Pandava's: de vijf zonen van koning Pandu. Zij waren de helden van het epos Mahabharata.

Paramatman: de allerhoogste ziel of God.

Payasam: zoete rijstpudding.

Prarabdha: verantwoordelijkheden of lasten. Ook: de resultaten van handelingen in het verleden die zich in dit leven manifesteren.

Prasad: gewijde offergave uitgedeeld na een puja of door een gerealiseerde heilige.

Prema: diepe liefde, hoogste liefde.

Puja: aanbiddings- of vereringsceremonie.

Rama: de held van de Ramayana. Hij was een incarnatie van Heer Vishnu en de belichaming van dharma.

Ramayana: 'het leven van Rama.' Eén van India's grootste heldendichten, die het leven van Rama beschrijft.

Ravana: de duivelse koning van Lanka en de belangrijkste tegenstander van Rama in de Ramayana. Hij ontvoerde Rama's vrouw Sita en werd uiteindelijk door Hem gedood.

Rishi: een gerealiseerde ziener. Het verwijst gewoonlijk naar de zeven rishi's van het oude India. Zij konden de Hoogste Waarheid 'zien' en drukten dit inzicht uit in de Veda's.

Sadhak: iemand die zich wijdt aan het bereiken van het spirituele doel. Iemand die sadhana beoefent.

Sadhana: spirituele oefeningen en disciplines zoals meditatie, gebed, japa, het lezen van de heilige geschriften en vasten.

Samadhi: eenheid met God. Een staat van diepe op één punt gerichte concentratie, waarin alle gedachten ophouden en de geest opgaat in een volledige stilte, waar alleen Zuiver Bewustzijn is.

Samsara: de wereld van pluraliteit, de cyclus van geboorte, dood en wedergeboorte.

Samskara: neigingen van de geest ontstaan door handelingen in het verleden.

Sankalpa: scheppend, totaal besluit, dat zich manifesteert als gedachte, gevoel en activiteit. De sankalpa van een gerealiseerd iemand manifesteert altijd het bedoelde resultaat.

Sannyasi: een monnik die formele geloften van onthechting heeft afgelegd. Hij draagt traditioneel een okerkleurig kleed wat de verbranding van alle gehechtheid symboliseert.

Sarasvati: een vorm van de Goddelijke Moeder, Godin van kennis en kunst.

Satguru: een gerealiseerde, spirituele leraar.

Satsang: gezelschap van wijzen en verlichte zielen. Ook: een spirituele uiteenzetting door een wijze of geleerde.

Seva: onbaatzuchtige dienstverlening als spirituele oefening.

Shakti: het dynamische energieaspect van Brahman. Het is ook een naam van de Universele Moeder.

Shiva: 'de Gunstige, de Genadige, de Goede.' Het statische bewustzijnsaspect van Brahman. Het mannelijke principe. Shiva is ook het aspect van de drie-eenheid dat verantwoordelijk is voor de vernietiging van het universum, van dat wat niet-werkelijk is.

Shraddha: geloof. Amma gebruikt het met een speciale nadruk op alertheid gekoppeld aan liefdevolle zorg voor het werk waarmee men bezig is.

Siddhi: 'perfectie'. Buitengewone vermogens.

Tamas: duisternis, traagheid, apathie, onwetendheid. Tamas is een van de drie guna's of fundamentele eigenschappen van de natuur.

Tapas: letterlijk 'hitte'. Het beoefenen van spirituele soberheid, zelfdiscipline en zelfopoffering en spirituele oefeningen die de onzuiverheden van de geest verbranden.

Tapasvi: iemand die tapas of spirituele oefeningen beoefent.

Upanishaden: het laatste gedeelte van de Veda's, dat gaat over de filosofie van Vedanta of non-dualiteit.

Vanaprastha: Levensstadium waarin men als kluizenaar leeft. In de oude Indiase traditie waren er vier stadia in het leven. Eerst wordt het kind naar een gurukula gestuurd waar hij of zij het leven van een brahmachari leidt. Dan trouwt hij en leeft in de wereld en leidt tegelijkertijd een spiritueel leven (grihasthashrami). Wanneer de kinderen oud genoeg zijn om voor zichzelf te zorgen, trekken de ouders zich terug in een kluizenaarshut of ashram, waar zij een zuiver spiritueel leven leiden en spirituele oefeningen doen. In het vierde stadium van hun leven doen zij helemaal afstand van de wereld en leiden het leven van een sannyasi.

Vasana's: latente neigingen of subtiele verlangens in de geest die de neiging hebben zich te manifesteren in handelingen en gewoonten.

Veda: 'kennis, wijsheid.' Een verzameling van heilige teksten die in vier delen opgedeeld is: Rig, Yajur, Sama en Atharva. De Veda's bestaan gezamenlijk uit 100.000 verzen met daaraan nog proza toegevoegd. Zij zijn één van de oudste geschriften ter wereld. De Veda's worden beschouwd als de directe openbaring van de Hoogste Waarheid, die God aan de Rishi's schonk.

Vedanta: het 'einde van de Veda's'. De filosofie van de Upanishaden die de Uiteindelijke Waarheid verklaart als 'Eén zonder een tweede'.

Vishnu: 'de allesdoordringende.' Een naam van God. Hij daalt als een goddelijke incarnatie naar de aarde af wanneer de wereld Zijn Genade zeer hard nodig heeft. Hij wordt gewoonlijk aanbeden in de vorm van twee incarnaties: Krishna en Rama. Hij is ook het aspect van de drie-eenheid dat verantwoordelijk is voor de instandhouding van de schepping.

Yoga: 'eenheid'. Een aantal methoden waardoor men eenheid met het goddelijke kan bereiken. Een weg naar Zelfrealisatie.

Yogi: iemand die in eenheid is met de Hoogste Geest

Yogini: vrouwelijke yogi

www.ingramcontent.com/pod-product-compliance
Lightning Source LLC
LaVergne TN
LVHW051544080426

835510LV00020B/2843